Michael Crichton:
»Andromeda«

Mit 16 Abbildungen und Diagrammen

Droemer   Knaur

Inhalt

ANDROMEDA

STRENG GEHEIM!

Die Kenntnisnahme durch Unbefugte ist
verboten. Zuwiderhandlung wird mit
Gefängnis bis zu 20 Jahren sowie einer
Geldstrafe bis zu $ 20 000 geahndet.

ZURÜCKWEISEN, FALLS BEI ÜBERBRINGUNG
DURCH BOTEN SIEGEL VERLETZT!

Der Überbringer ist gesetzlich verpflichtet,
sich Ihren Ausweis 7592 vorlegen zu
lassen. Er ist nicht berechtigt, das Aktenstück ohne Prüfung dieses Ausweises
auszuhändigen.

FÜR DIE MASCHINELLE
DATENVERARBEITUNG:

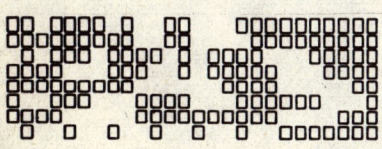

Für
Dr. med. A. C. D.,
der das Problem
als erster gesehen hat

Der Überlebenswert der menschlichen Intelligenz
ist noch nie zufriedenstellend bewiesen worden.

JEREMY STONE

Je mehr man erkennt, um so mehr kostet es.

R. A. JANEK

Dieses Buch berichtet über eine bedrohliche Fünf-Tage-Krise der amerikanischen Wissenschaft.

Wie bei den meisten Krisen stellen die Vorgänge um »Andromeda« eine Mischung aus Weitblick und Dummheit, Harmlosigkeit und Unwissenheit dar. Fast alle Beteiligten erlebten Augenblicke hervorragenden Scharfsinns ebenso wie Augenblicke unerklärlicher Verbohrtheit. Es ist deshalb unmöglich, die Vorgänge zu beschreiben, ohne einige der Beteiligten zu kränken.

Dennoch halte ich es für wichtig, daß diese Geschichte erzählt wird. Amerika unterhält die gewaltigsten wissenschaftlichen Einrichtungen, die es je in der Geschichte der Menschheit gegeben hat. Laufend werden neue Entdeckungen gemacht; viele dieser Entdeckungen haben bedeutsame politische oder soziale Auswirkungen. In naher Zukunft ist mit weiteren derartigen Krisen zu rechnen. Deshalb erscheint es mir als richtig, die Öffentlichkeit damit vertraut zu machen, wie Krisen der Wissenschaft entstehen und wie in einem solchen Falle verfahren wird.

Bei den Vorarbeiten zu dem Bericht über »Andromeda« und bei seiner Niederschrift ist mir die großzügige Unterstützung vieler Menschen zuteil geworden, die ebenso dachten wie ich. Sie ermutigten mich, diese Geschichte genau und bis ins Detail zu erzählen.

Mein besonderer Dank gilt Generalmajor Willis A. Haverford, United States Army; Leutnant d. R. Everett J. Sloane, United States Navy; Hauptmann L. S. Waterhouse, United States Air Force (Abteilung für Sonderprojekte, Vandenberg); Oberst Henley Jackson und Oberst Stanley Friedrich, beide Wright Patterson; Murray Charles von der Presseabteilung des Pentagon.

Für Unterstützung bei der Aufhellung der Hintergründe des Unternehmens »Wildfire« gilt mein Dank Roger White, Nationale Raumfahrtbehörde in Houston; John Roble, NASA, Kennedy-Komplex 13; Peter J. Mason, NASA-Nachrichtendienst, Arlington Hall; Dr. Francis Martin, Universität von Kalifornien, Berkeley, Mitglied des wissenschaftlichen Beirats des Präsidenten; Dr. Max Byrd, USIA (US-Informationsdienst); Kenneth Vorhees, Pressecorps des Weißen Hauses; Professor Jonathan Percy, Institut für Vererbungsforschung der Universität Chicago.

Für die Durchsicht einschlägiger Kapitel des Manuskripts und für technische Berichtigungen und Anregungen danke ich Christian P. Lewis, Goddard-Raumflugzentrum; Herbert Stanch, Firma Avco Inc.; James P. Baker, Raketenantriebs-Laboratorium; Carlos N. Sandos, Kalifornisches Institut für Technologie; Dr. Brian Stack, Universität von Michigan; Edgar Blalock, Hudson-Institut; Professor Linus Kjelling, RAND Corporation; Dr. Eldredge Benson, Nationales Gesundheitsinstitut.

Schließlich danke ich allen, die am Unternehmen »Wildfire« und an den Untersuchungen der sogenannten Andromeda-Erreger teilhatten. Alle gaben mir bereitwillig Auskunft; in manchen Fällen erstreckten sich die Besprechungen über einen Zeitraum von mehreren Tagen. Darüber hinaus wurde mir gestattet, die Niederschrift des Abschlußberichts einzusehen, der in Arlington Hall, Unterabteilung 7, aufbewahrt wird und mehr als fünfzehntausend maschinegeschriebene Seiten umfaßt. Dieses zwanzigbändige Material enthält eine lückenlose Darstellung der Vorgänge in Flatrock im Bundesstaat Nevada nach den Berichten aller Beteiligten. Ich konnte für meinen zusammenfassenden Bericht die unterschiedlichen Standpunkte auswerten.

Es handelt sich hier um einen weitgehend technischen Bericht über komplexe wissenschaftliche Fragen. Soweit es möglich war, habe ich alle wissenschaftlichen Fragen, Probleme und Verfahren erläutert. Ich habe der Versuchung widerstanden, die Fragen und die Antworten zu vereinfachen; deshalb bitte ich den Leser im voraus um Nachsicht, wenn er sich stellenweise mit einer trockenen Darstellung wissenschaftlich-technischer Einzelheiten abmühen muß.

Ich war außerdem darauf bedacht, die erregende Spannung dieser fünf Tage einzufangen, denn im Bericht über den Fall »Andromeda« ist viel an innerer Dramatik enthalten. Er ist eine Chronik tödlich dummer Fehler und Irrtümer, aber auch eine Chronik von Heldentum und Klugheit.

M. C.
Cambridge, Massachusetts
Januar 1969

1   Land der verlorenen Grenzen

Ein Mann stand mit seinem Feldstecher am Straßenrand, auf einem Hügel über einem kleinen Ort in Arizona. So begann das alles – an einem kalten Winterabend.

Leutnant Roger Shawn hatte sicher Schwierigkeiten mit seinem Feldstecher. Das Metall muß kalt gewesen sein, und sein pelzgefütterter Anorak und die dicken Handschuhe behinderten ihn wohl. Außerdem beschlugen die Linsen von seinem Atem, der im Mondschein dampfte. Er war gezwungen, das Glas immer wieder mit einem Handschuhfinger abzuwischen.

Er kann nicht gewußt haben, wie sinnlos das war, was er hier tat. Kein Feldstecher konnte in diesen kleinen Ort hineinsehen und seine Geheimnisse lüften. Leutnant Shawn wäre verblüfft gewesen zu hören, daß die Männer, denen das schließlich gelang, dazu Instrumente benutzten, die millionenfach stärker waren als ein Feldstecher.

Wenn man sich vorstellt, wie Shawn seine Arme auf einen Felsblock stützte und das Glas an die Augen preßte, dann spürt man von diesem Bild etwas Trauriges ausgehen, etwas Lächerliches, Menschlich-Allzumenschliches. Der Umgang mit dem Feldstecher war zwar schwierig, doch fühlte der Leutnant ihn in seinen Händen wohl als etwas Beruhigendes und Vertrautes. Es sollte eine seiner letzten vertrauten Empfindungen vor seinem Tode sein.

Was von diesem Augenblick an geschah, können wir nur versuchen uns vorzustellen und so die Ereignisse zu rekonstruieren.

Leutnant Shawn suchte den Ort langsam und gründlich ab. Er sah, daß er nicht groß war und nur aus einem halben Dutzend hölzerner Gebäude bestand, aufgereiht an der einzigen Straße. Alles war sehr still – kein Licht, keine Bewegung; auch der schwache Wind trug keinen Laut an sein Ohr.

Seine Aufmerksamkeit verlagerte sich von dem Ort auf die Hügel ringsum. Sie waren niedrig, staubbedeckt und kahl. Da und dort wuchsen ein paar karge Büsche, hin und wieder ragte eine einzelne, welke, schneeverkrustete Yukka-Staude auf. Dahinter lagen weitere Hügel, dann kam die endlose Weite der flachen, wegelosen Mojave-Wüste.

Die Indianer nannten sie das Land der verlorenen Grenzen. Leutnant Shawn fröstelte im kalten Wind. Der Februar ist hier der kälteste Monat, und es war schon nach zehn Uhr abends. Er ging die Straße entlang, zurück zu dem Ford Econovan mit der großen rotierenden Antenne auf dem Dach. Das leise Brummen des Motors im Leerlauf war das einzige Geräusch, das er hörte. Shawn öffnete die Tür an der Rückseite des Wagens, kletterte hinein und schloß sie wieder hinter sich.

Er wurde in tiefrotes Licht getaucht; die Nachtbeleuchtung war rot, damit er nicht geblendet wurde, wenn er ins Freie trat. Die Reihen der Instrumente und elektronischen Geräte schimmerten grünlich.

Der Soldat Lewis Crane, sein Elektroniktechniker, saß, ebenfalls in einen Anorak gehüllt, über eine Landkarte gebeugt. Er stellte Berechnungen an und las dabei gelegentlich die Skalen der Geräte vor ihm ab.

Shawn fragte Crane, ob er auch ganz sicher sei, daß sie den richtigen Ort vor sich hätten. Crane nickte. Die beiden Männer waren müde. Sie hatten auf ihrer Suche nach dem neuesten Scoop-Satelliten eine lange Fahrt von Vandenberg hierher hinter sich und waren den ganzen Tag unterwegs gewesen. Über die Scoop-Satelliten wußten sie beide nicht viel, nur daß es sich um geheime Raumkapseln handelte, die zur Erforschung der obersten Schichten der Atmosphäre dienten und dann zur Erde zurückkehrten. Shawn und Crane hatten die Aufgabe, die Kapseln nach ihrer Landung zu bergen.

Zur Erleichterung der Bergung waren die Raumkapseln mit elektronisch gesteuerten Funkgeräten ausgerüstet, die automatisch Signale sendeten, sobald die Höhe von fünf Meilen unterschritten wurde.

Das war auch der Grund, weshalb der Wagen mit den neuesten Funkortungsgeräten ausgerüstet und imstande war, eigene trigonometrische Messungen auszuführen. Im Jargon der Armee nannte man das »Einfahrzeug-Triangulation«. Dieses Verfahren war sehr zuverlässig, wenn auch zeitraubend, und im Grunde genommen ganz einfach: Der Wagen hielt an, bestimmte seinen Standort und verzeichnete Stärke sowie Richtung des vom Satelliten ausgestrahlten Funksignals. War das erledigt, fuhr man zwanzig Meilen weit in die Richtung, aus der das Signal kam. Dann hielt man abermals an, und die neuen Koordinaten wurden bestimmt. Auf diese Weise konnte auf der Karte eine ganze Serie trigonometrischer Messungen eingetragen werden: Das Fahrzeug näherte sich von zwanzig zu zwanzig Meilen im Zickzack dem gelandeten Satelliten, wobei jedesmal Fehler in der Richtungsbestimmung korrigiert werden konnten. Das erforderte zwar mehr Zeit als der Einsatz zweier Spezialfahrzeuge, war aber gleichzeitig weniger auffällig: Nach Ansicht der Heeresleitung konnten zwei Militärfahrzeuge in derselben Gegend leicht Neugier erregen.

Seit sechs Stunden schob sich der Wagen auf diese Weise an den Satelliten heran. Jetzt hatte man ihn beinahe erreicht.

Crane stieß nervös die Bleistiftspitze auf einen bestimmten Punkt der Karte und nannte den Namen des Ortes am Fuß des Hügels: Piedmont in Arizona. Einwohnerzahl: achtundvierzig. Darüber mußten sie beide lachen, obgleich sie sich insgeheim Sorgen machten. Nach Angaben des Versuchsgeländes Vandenberg lag der ESA (Estimated Site of Arrival), der voraussichtliche Landepunkt, zwölf Meilen nördlich von Piedmont. Diesen Punkt hatte Vandenberg anhand von Radarbeobachtungen und 1410 Bahnkurvenprojektionen der Computer errechnet; solche Berechnungen konnten normalerweise Abweichungen von höchstens ein paar hundert Meter enthalten.

Doch die Angaben der Funkortung waren nicht anzuzweifeln. Danach lag der Ausgangspunkt des Richtsignals genau mitten im Ort. Shawn konnte sich das nur so erklären, daß jemand aus dem Ort das Niedergehen des Satelliten beobachtet hatte – er glühte ja von der Reibungshitze –, ihn danach fand und nach Piedmont brachte.

Das war die logische Erklärung; nur etwas daran stimmte nicht: Wenn ein Einwohner von Piedmont einen amerikanischen Satelliten gefunden hatte, der frisch aus dem Weltraum kam, so hätte er das bestimmt weitergesagt: Reportern, der Polizei, der NASA, der Armee – irgend jemandem.

Aber sie hatten nichts davon erfahren.

Shawn kletterte wieder aus dem Wagen. Crane folgte ihm. Beide zitterten vor Kälte. Gemeinsam blickten die beiden Männer hinüber zu der Siedlung.

Sie lag friedlich, aber vollkommen ohne Licht da. Shawn bemerkte, daß sowohl die Tankstelle als auch das Hotel alle Lichter gelöscht hatten. Viele Meilen im Umkreis gab es keine andere Tankstelle und kein anderes Hotel.

Und dann fielen Shawn die Vögel auf.

Im Schein des Vollmonds sah er sie ganz deutlich: Große Vögel, die sich langsam in weiten Kreisen auf die Häuser senkten und wie schwarze Schatten am Mond vorbeistrichen. Er fragte sich, warum er sie nicht gleich bemerkt hatte.

Auf seine Frage erwiderte Crane, er könne sich das auch nicht erklären. Halb im Scherz fügte er hinzu: »Vielleicht sind es Geier.«

»Genauso sehen sie auch aus«, sagte Shawn.

Crane lachte nervös. Sein Atem stand als weiße Wolke in der kalten Nacht. »Aber was hätten Geier hier zu suchen? Sie kommen doch nur dahin, wo sie Aas finden.«

Shawn zündete sich eine Zigarette an. Dabei schirmte er die Flamme des Feuerzeugs mit beiden Händen gegen den Wind ab. Er sagte nichts, sondern betrachtete nur stumm die Häuser, die Umrisse des kleinen Ortes. Dann suchte er Piedmont noch einmal mit dem Feldstecher ab, sah aber keinerlei Anzeichen von Leben oder Bewegung.

Schließlich ließ er das Glas sinken und warf den Zigarettenstummel in den Schnee. Leise verzischte die Glut.

Er drehte sich zu Crane um und sagte: »Dann fahren wir mal hin und sehen uns die Sache aus der Nähe an.«

2 Vandenberg

Dreihundert Meilen entfernt saß Leutnant Edgar Comroe in dem großen, quadratischen, fensterlosen Raum, der als Kontrollzentrum für das Unternehmen Scoop diente. Er hatte die Füße auf die Tischkante gelegt und vor sich einen Stapel Artikel von wissenschaftlichen Fachzeitschriften liegen. Comroe war für diese Nacht Offizier vom Dienst, eine Aufgabe, die ihm einmal monatlich zufiel. Er leitete die Arbeit des zwölfköpfigen Stammpersonals. In dieser Nacht verfolgten die Männer den Weg und die Meldungen des Fahrzeugs, das den Decknamen »Caper 1« trug. Es gondelte irgendwo durch die Wüste von Arizona.

Comroe mochte diese Aufgabe nicht. Der Raum war graugestrichen und von Leuchtröhren erhellt; seinen kargen, nützlichkeitsbetonten Anstrich konnte Comroe nicht leiden. Sonst kam er nur bei einem Start ins Kontrollzentrum. Dann war die Atmosphäre hier ganz anders: der Raum vollbesetzt mit geschäftigen Technikern, von denen jeder eine einzige komplexe Aufgabe zu leisten hatte, jeder erfüllt von der eigenartigen kühlen Erwartung, die dem Start eines Raumfahrzeugs stets vorangeht.

Die Nächte hingegen waren langweilig. Nachts ereignete sich nie etwas. Comroe nutzte den Leerlauf dazu aus, die nötige Lektüre nachzuholen. Von Beruf war er Herzgefäßspezialist und Fachmann für die bei hohen Beschleunigungen auftretenden Belastungen.

An diesem Abend studierte Comroe gerade einen Aufsatz mit der Überschrift »Stöchiometrie der Kapazität der Sauerstoffzufuhr und des Diffusionsgefälles bei gesteigertem arteriellem Gasdruck«. Der Artikel war schwer lesbar und nur mäßig interessant. Er ließ sich deshalb gern stören, als sich der Lautsprecher meldete, über den die Stimmen von Shawn und Crane im Bergungswagen übertragen wurden.

Shawn meldete sich: »Hier Caper 1 für Vandal Deca. Caper 1 für Vandal Deca. Bitte melden. Ende.«

Leicht belustigt versicherte Comroe, daß er vorhanden sei.

»Wir sind gerade im Begriff, zur Bergung des Satelliten den Ort Piedmont zu betreten.«

»In Ordnung, Caper 1. Lassen Sie Ihr Gerät eingeschaltet.«

»Verstanden. Ende.«

Das entsprach den Anweisungen für den Ablauf der Bergung, wie sie in der Dienstvorschrift für das Projekt Scoop niedergelegt waren. Dieses dicke, in graue Pappe gebundene Buch stand stets griffbereit an der Ecke von Comroes Schreibtisch. Comroe wußte, daß der Sprechverkehr zwischen Caper 1 und der Zentrale auf Band aufgenommen und später dem laufenden Protokoll des Unternehmens einverleibt wurde. Warum das geschah, hatte er allerdings nie so recht einsehen können. In seinen Augen war die Bergung eine ganz simple Angelegenheit: Der Wagen wurde losgeschickt, holte die Raumkapsel und kam dann nach Hause.

Achselzuckend wandte er sich wieder dem Artikel über den arteriellen Gasdruck zu. Nur mit halbem Ohr hörte er Shawns Stimme: »Wir befinden uns jetzt in Piedmont. Sind soeben an der Tankstelle und am Hotel vorbeigefahren. Hier ist alles ruhig. Keinerlei Lebenszeichen. Die Signale des Satelliten werden lauter. Vor uns steht eine Kirche. Nirgendwo Licht, nichts rührt sich.«

Comroe legte den Aufsatz beiseite. Daß Shawns Stimme gepreßt klang, war nicht zu überhören. Normalerweise hätte Comroe der Gedanke amüsiert, daß zwei erwachsene Männer es mit der Angst zu tun bekamen, nur weil sie einen kleinen, verschlafenen Ort mitten in der Wüste betreten mußten. Aber er kannte Shawn persönlich und wußte, daß diesem Shawn bei allen Qualitäten, die er vielleicht aufzuweisen hatte, eine Gabe völlig abging, Er hatte keinen Funken Phantasie. Shawn brachte es fertig, in einem Horrorfilm einzuschlafen. Das war nun einmal seine Veranlagung.

Comroe begann aufmerksam zuzuhören.

Durch das Knistern atmosphärischer Störungen hörte er das Brummen des Automotors und die ruhigen Stimmen der beiden Männer im Führerhaus.

Shawn: »Ziemlich still hier.«

Crane: »Ja, Sir.«

Pause.

Crane: »Sir?«

Shawn: »Ja?«

Crane: »Haben Sie das gesehen?«

Shawn: »Was denn?«

Crane: »Da hinten auf dem Bürgersteig. Sah ganz wie ein Toter aus.«

Shawn: »Sie leiden ja unter Wahnvorstellungen.«

Wieder eine Pause. Comroe hörte, wie die Bremsen quietschten. Der Wagen hatte angehalten.

Shawn: »Großer Gott!«

Crane: »Schon wieder einer, Sir.«

Shawn: »Scheint wirklich tot zu sein.«

Crane: »Soll ich . . .«

Shawn: »Nein. Bleiben Sie im Wagen!«

Seine Stimme wurde lauter und deutlicher, als er seine Meldung durchgab: »Caper 1 für Vandal Deca. Bitte melden.«

Comroe griff nach dem Mikrofon. »Ich höre. Was ist denn passiert?«

Shawn sagte mit gepreßt klingender Stimme: »Sir, wir sehen lauter Leichen. Eine größere Anzahl. Es scheint sich tatsächlich um Leichen zu handeln.«

»Sind Sie ganz sicher, Caper 1?«

»Herr im Himmel, natürlich sind wir sicher!« explodierte Shawn.

Comroe sagte ruhig: »Fahren Sie zum Standort der Kapsel, Caper 1.«

Er sah sich im Raum um. Die zwölf anderen Männer vom Nachtdienst starrten ihn blicklos an, als sähen sie ihn gar nicht. Sie hörten nur angespannt der Übertragung zu.

Der Motor des Bergungswagens wurde lauter.

Comroe nahm die Beine von seinem Tisch und drückte den roten

Knopf auf seinem Armaturenbrett. Jetzt war der Kontrollraum automatisch von der Außenwelt abgeschnitten. Ohne Comroes Genehmigung konnte ihn niemand mehr verlassen oder betreten.

Dann griff er nach dem Telefon und sagte: »Verbinden Sie mich mit Major Manchek. M-A-N-C-H-E-K. Dringendes Dienstgespräch. Ich bleibe am Apparat.«

Manchek war in diesem Moment der leitende Offizier für das Unternehmen Scoop, der Mann, der im Februar für alles, was mit dem Satelliten zusammenhing, verantwortlich war.

Während er wartete, klemmte er sich den Hörer zwischen Ohr und Schulter und zündete sich eine Zigarette an.

Aus dem Lautsprecher an der Decke kam Shawns Stimme: »Crane, haben Sie auch den Eindruck, daß sie tot sind?«

Crane: »Ja, Sir. Sie sehen friedlich aus, aber tot sind sie.«

Shawn: »Irgendwie sehen sie nicht richtig tot aus. Es fehlt etwas. Komisch . . . Aber sie liegen überall herum. Müssen Dutzende sein.«

Crane: »Als ob sie tot umgefallen wären. Mitten im Schritt gestolpert und tot umgefallen.«

Shawn: »Überall auf der Straße, auf den Bürgersteigen . . .«

Wieder eine Pause, dann Crane: »Sir!«

Shawn: »Heiland!«

Crane: »Sehen Sie ihn? Den Mann im langen weißen Hemd, der die Straße . . .«

Shawn: »Klar sehe ich ihn.«

Crane: »Er steigt über sie hinweg wie . . .«

Shawn: »Er kommt genau auf uns zu.«

Crane: »Hören Sie, Sir, ich glaube, wir sollten von hier verschwinden. Verzeihen Sie meine . . .«

Jetzt folgten ein hoher, schriller Schrei und ein dumpfes Scharren. Damit endete der Funkkontakt. Dem Kontrollzentrum in Vandenberg gelang es nicht, die Verbindung mit den beiden Männern wieder aufzunehmen.

3 Krise

Der britische Ministerpräsident Gladstone soll, als er von Gordons Tod in Ägypten erfuhr, verärgert gemurrt haben: Der General hätte sich auch einen passenderen Zeitpunkt zum Sterben aussuchen können. Gordons Tod stürzte die Regierung Gladstone in Aufruhr und Krise. Ein Mann aus Gladstones Umgebung bemerkte, die Umstände des Sterbens seien immer einmalig und unvorhersehbar; darauf antwortete Gladstone mürrisch: »Alle Krisen sind gleich!«

Er meinte natürlich politische Krisen. 1885 und in den darauffolgenden knapp vierzig Jahren gab es noch keine wissenschaftlichen Krisen. Seitdem hat es acht solcher Krisen von großer Tragweite gegeben; zwei davon sind einer breiteren Öffentlichkeit bekanntgeworden. Es ist interessant, daß diese beiden – die Atomenergie und die Weltraumforschung – die Chemie und Physik betrafen, nicht aber die Biologie.

Das stand zu erwarten. Die Physik wurde als erste unter den Naturwissenschaften in vollem Umfang modern und weitgehend mathematisch – eine exakte Wissenschaft. Ihr folgte bald darauf die Chemie. Die Biologie hingegen blieb als Spätentwicklerin weit zurück. Selbst zur Zeit eines Galilei oder Newton wußten die Menschen mehr über den Mond und andere Himmelskörper als über ihren eigenen Körper.

Dieser Zustand änderte sich erst gegen Ende der vierziger Jahre. Die Nachkriegszeit brachte, angeregt durch die Entdeckung der Antibiotika, eine neue Ära der Biologie mit sich. Plötzlich waren sowohl Begeisterung als auch Geld für die Biologie da, und es folgte ein wahrer Strom von Entdeckungen: Psychotrope Drogen, Steroidhormone, die Immunologie, der genetische Code. 1953 wurde die erste Nierenverpflanzung vorgenommen, 1958 waren die Tests der ersten Pillen zur Geburtenkontrolle abgeschlossen. Es dauerte nicht lange, bis die Biologie zu der am raschesten sich entfaltenden Disziplin unter allen Wissenschaften geworden war; ihr Wissensbestand verdoppelte sich alle zehn Jahre. Forscher mit Weitblick sprachen bereits allen Ernstes von Eingriffen ins Erbgut, von einer Kontrolle der Evolution und von der Einflußnahme auf die Psyche. Solche Ideen hätte man noch zehn Jahre zuvor als wilde Spekulationen belächelt.

Und doch kam es nie zu einer Krise der Biologie. Der Fall »Andromeda« sorgte für die erste.

Nach der Definition von Lewis Bornheim ist eine Krise eine Situation, in der ein zuvor tragbares Gefüge von Gegebenheiten durch das Hinzutreten eines neuen Faktors plötzlich untragbar wird. Es spielt kaum eine Rolle, ob dieser neue Faktor ein politischer, wirtschaftlicher oder wissenschaftlicher ist; der Tod eines Nationalhelden, instabile Preise oder eine technologische Erfindung können die Ereignisse gleichermaßen auslösen. In diesem Sinne hatte Gladstone recht: Alle Krisen sind gleich.

Der bekannte Gelehrte Alfred Pockran hat in seiner Studie über die Krisen *(Culture, Crisis and Change)* einige interessante Punkte hervorgehoben. Zunächst stellte er fest, daß der Beginn einer jeden Krise weit vor ihrem eigentlichen Ausbruch zu suchen ist. Einstein veröffentlichte seine Relativitätstheorie in den Jahren 1905-1915, aber erst vierzig Jahre später erreichte sein Werk einen Kulminationspunkt – mit dem Ende eines Krieges, dem Beginn eines neuen Zeitalters und den Anfängen einer Krise.

Ein anderes Beispiel: Zu Beginn des zwanzigsten Jahrhunderts interessierten sich amerikanische, deutsche und russische Wissenschaftler für die Raumfahrt, aber nur die Deutschen erkannten die militärischen Möglichkeiten eines Einsatzes von Raketen. Und als nach dem Kriege die deutsche Raketenversuchsanlage in Peenemünde von Sowjets und Amerikanern demontiert wurde, waren es nur die Russen, die sich sofort und energisch um die Weiterentwicklung der Raumfahrttechnik bemühten. Die Amerikaner gaben sich damit zufrieden, ein wenig mit den Raketen herumzuspielen. Das führte zehn Jahre später zu einer Krise der Wissenschaft in Amerika, bei der es um Sputniks, das amerikanische Bildungswesen, interkontinentale ballistische Raketen und die Raketenlücke ging.

Pockran bemerkt weiterhin, daß bei einer Krise Individuen und Persönlichkeiten eine Rolle spielen, die in ihrer Art einmalig sind:

> So wenig man sich Alexander am Rubikon oder Eisenhower bei Waterloo vorstellen kann, so undenkbar ist es, daß Darwin an Roosevelt einen Brief über die Möglichkeit einer Atombombe schreibt. Eine Krise wird von Menschen ausgelöst, die mit ihren eigenen Vorurteilen, Neigungen und Veranlagungen in diese Krise eintreten. Eine Krise ist die Summe von Intuition und Verblendung, eine Mischung aus erkannten und übersehenen Fakten.
>
> Und doch liegt der Einmaligkeit einer jeden Krise eine beunruhigende Gleichartigkeit zugrunde. Ein Merkmal aller Krisen ist – rückblickend – ihre Vorhersehbarkeit. Ihnen scheint etwas Unausweichliches anzuhaften, als seien sie vorbestimmt. Das gilt nicht für alle Krisen, aber doch immerhin für so viele, daß auch der hartgesottenste Historiker zynisch und menschenfeindlich werden könnte.

Es ist interessant, im Licht von Pockrans Ausführungen die Hintergründe des Falles »Andromeda« und die darin verwickelten Persönlichkeiten zu betrachten. Als dieser Fall akut wurde, hatte es in der Biologie noch niemals eine Krise gegeben, und die ersten Amerikaner, die damit konfrontiert wurden, waren in ihrem Denken nicht auf eine derartige Krise eingestellt. Shawn und Crane waren zwar tüchtige, aber nicht sonderlich geistesstarke Männer; Edgar Comroe, der diensttuende Offizier in Vandenberg, war zwar Wissenschaftler, aber nicht darauf vorbereitet, zunächst an etwas anderes zu denken als die ärgerliche Störung eines ruhigen Abends durch ein unerklärliches Problem.

Nach der Dienstvorschrift rief Comroe seinen Vorgesetzten, Major Arthur Manchek, an. Von diesem Punkt an bekommt die Geschichte eine neue Wendung. Manchek war nämlich auf die Möglichkeit einer Krise allergrößten Ausmaßes sowohl vorbereitet als auch eingestellt.

Er war nur nicht bereit, sich diese Möglichkeit einzugestehen.

Major Manchek saß, immer noch verschlafen, auf der Kante von Comroes Schreibtisch und hörte sich die Bandaufnahme des Funksprechverkehrs mit dem Bergungswagen an.

Als das Band endete, sagte er: »Die sonderbarste Sache, verdammt noch mal, die ich je gehört habe«, und spielte es noch einmal ab. Dabei stopfte er bedächtig seine Pfeife, zündete sie an und drückte mit dem Daumen die Glut nieder.

Arthur Manchek war Techniker, ein ruhiger, stämmiger Mann mit zu hohem Blutdruck, der seine weitere militärische Karriere zu beenden drohte. Man hatte ihm schon vielfach geraten, abzunehmen, aber es war ihm noch nie gelungen. Er erwog deshalb, ob er nicht seinen Abschied nehmen und als Wissenschaftler in der Industrie arbeiten sollte, wo sich niemand um das Körpergewicht oder den Blutdruck der Mitarbeiter kümmert.

Nach Vandenberg war Manchek von Wright Patterson in Ohio gekommen; dort hatte er die Versuche für Landemethoden von Raumfahrzeugen geleitet. Seine Aufgabe war es gewesen, für die Raumkapsel eine Form zu entwickeln, die ein gleich sicheres Niedergehen auf dem festen Land wie auf dem Wasser zuließ. Manchek hatte drei neue, erfolgversprechende Modelle entwickeln können. Sein Erfolg brachte ihm eine Beförderung und die Versetzung nach Vandenberg ein.

Hier leistete er Verwaltungsarbeit, die er haßte. Menschen langweilten Manchek; die Grundsätze der Menschenführung reizten ihn ebensowenig wie die Launen von Untergebenen. Oft wünschte er sich wieder zurück an die Windkanäle von Wright Patterson.

Besonders ausgeprägt war dieser Wunsch nachts, wenn er wegen irgendeiner albernen Schwierigkeit aus dem Bett geholt wurde.

In dieser Nacht war er gereizt. Er spürte den Streß. Seine Reaktion darauf war typisch für ihn: Er wurde langsam. Er bewegte sich langsam, er dachte langsam, er ging mit bewußt sturer und schwerfälliger Gründlichkeit vor. Darin lag das Geheimnis seines Erfolgs. Wenn alle Leute ringsum aufgeregt wurden, schien Mancheks Interesse immer mehr abzunehmen, bis er beinahe einschlief. Mit diesem Trick brachte er es fertig, völlig objektiv zu bleiben und einen klaren Kopf zu behalten.

Seufzend paffte er an seiner Pfeife, als das Band ein zweitesmal ablief.

»Keine Störung in der Verbindung, nehme ich an?«

Comroe schüttelte den Kopf. »Wir haben von hier aus alle Schaltungen überprüft und überwachen die Frequenz immer noch.« Er schaltete den Empfänger ein. Zischende statische Geräusche füllten den Raum. »Sie kennen den Audiofilter?«

»Ungefähr«, antwortete Manchek und unterdrückte ein Gähnen. Der Audiofilter war ein Gerät, das er vor drei Jahren entwickelt hatte. Es handelte sich dabei, ganz einfach ausgedrückt, um eine Methode, mit Hilfe von Computern eine Nadel in einem Heuhaufen zu finden; das Gerät nahm scheinbar wirre, zufällige Geräusche auf und filterte gewisse Unregelmäßigkeiten heraus. So konnte man beispielsweise das Stimmengewirr bei einer Cocktailparty auf Band aufnehmen und dieses Band dem Computer eingeben; der filterte dann eine bestimmte Stimme heraus und trennte sie von den übrigen. Das Gerät wurde vom Geheimdienst zu verschiedenen Zwecken verwendet.

Comroe berichtete: »Nachdem die Sendung abgebrochen war, empfingen wir nichts mehr als die statischen Geräusche, die Sie hier hören. Wir fütterten den Audiofilter damit, um festzustellen, ob der Computer etwas damit anfangen konnte. Wir haben sie auch durch das Oszilloskop dort in der Ecke gejagt.«

Der grünliche Schirm des Oszilloskops auf der anderen Seite des Raums zeigte eine zuckende weiße Linie – die Darstellung der atmosphärischen Störungen.

»Dann haben wir den Computer zwischengeschaltet«, fuhr Comroe fort. »Hier!«

Er drückte einen Knopf auf seinem Armaturenbrett. Abrupt veränderte sich die Linie auf dem Bildschirm. Sie wurde ruhiger, regelmäßiger und zeigte rhythmische, gleichsam pochende Impulse.

»Ich verstehe«, sagte Manchek. Er hatte die Gesetzmäßigkeit der Impulse bereits entdeckt und ihre Bedeutung erkannt. Seine Gedanken wanderten und beschäftigten sich mit anderen Möglichkeiten, größeren Zusammenhängen.

»Jetzt das Audiofilter«, sagte Comroe und drückte auf einen anderen Knopf. Das gefilterte Signal ertönte. Es war ein gleichmäßiges mechanisches Mahlen, unterbrochen von einem rhythmisch wiederkehrenden metallischen Klacken.

Manchek nickte. »Ein Motor. Er klopft.«

»Ja, Sir. Unserer Meinung nach ist der Sender immer noch eingeschaltet, und der Motor läuft noch. Das hört man ganz deutlich, wenn die atmosphärischen Störungen weggefiltert sind.«

»Na gut«, sagte Manchek.

Seine Pfeife ging ihm aus. Er zog ein paarmal, zündete sie wieder an, nahm sie aus dem Mund und zupfte einen Krümel Tabak von der Zunge.

»Wir brauchen Beweise«, sagte er, fast wie zu sich selbst. Er dachte bereits über die möglichen Arten solcher Beweise nach, über mögliche Ergebnisse, Folgerungen . . .

»Beweise wofür?« fragte Comroe.

Manchek überhörte die Frage. »Haben wir eine Scavenger hier?«

»Ich bin nicht sicher, Sir. Wenn nicht, können wir aus Edwards eine bekommen.«

»Veranlassen Sie das.« Manchek stand auf. Er hatte seine Entscheidung getroffen und war jetzt wieder müde. Eine Nacht mit vielen Telefongesprächen stand ihm bevor, mit gereizten Beamtinnen und falschen Verbindungen und verständnislos klingenden Stimmen am anderen Ende der Leitung.

»Wir werden den Ort überfliegen müssen«, sagte er. »Eine vollständige Überprüfung. Alle nur möglichen Aufnahmen. Verständigen Sie die Labors.«

Er befahl Comroe außerdem, die Techniker zu holen, insbesondere Jaggers. Manchek mochte den schwächlichen, piekfeinen Jaggers nicht. Aber Manchek wußte auch, daß Jaggers tüchtig war. Und heute nacht brauchte er einen tüchtigen Mann.

Um 23.07 Uhr flog Samuel »Gunner« Wilson mit 1032 Stundenkilometern über die Mojave-Wüste. Voraus im Mondlicht sah er die beiden Leit-Düsenjäger; ihre Nachbrenner glühten bösartig am Nachthimmel. Die Maschinen wirkten schwer und drohend – unter ihrem Rumpf und den Tragflächen hingen Phosphorbomben.

Wilsons Maschine war ganz anders: schlank, lang und schwarz. Es war eine der sieben Scavenger, die es auf der Welt gab.

Die Scavenger war die taktische Version der X-18. Es handelte sich dabei um einen düsengetriebenen Mittelstrecken-Aufklärer mit kompletter Ausrüstung für Tag- und Nachterkundung. Er war mit zwei seitlich befestigten 16-mm-Kameras ausgestattet, eine für das sichtbare Spektrum, die andere für Niederfrequenzstrahlung. Unter dem Rumpf waren zusätzlich eine Homans-Infrarot-Mehrbereichskamera sowie die üblichen Geräte zur elektronischen und Funkortung angebracht. Alle Filme und Platten wurden automatisch schon in der Luft entwickelt und waren so bei der Rückkehr der Maschine zum Stützpunkt bereits fertig zur Auswertung.

Diese ganze technische Einrichtung machte die Scavenger zu einem geradezu unglaublich empfindlichen Instrument. Sie konnte Aufnahmen völlig verdunkelter Städte machen und einzelne Lastwagen oder Personenautos aus einer Höhe von dreitausend Metern verfolgen. Sie konnte ein U-Boot noch in einer Tauchtiefe von sechshundert Metern entdecken. Sie war in der Lage, Seeminen anhand der Störungen des Wellenmusters auszumachen und allein mit Hilfe der Wärmestrahlung präzise Aufnahmen von einer seit vier Stunden ruhenden Fabrik anzufertigen.

Die Scavenger war damit das ideale Instrument für die nächtliche Luftaufklärung über Piedmont in Arizona.

Wilson überprüfte sorgfältig sämtliche Geräte. Seine Finger glitten über Knöpfe und Hebel. Dabei beobachtete er aufmerksam die blinkenden grünen Lämpchen, die ihm anzeigten, daß alle Systeme einwandfrei funktionierten.

In seinen Kopfhörern knackte es. Der Pilot des Führungsjägers sagte lässig: »Nähern uns dem Ort, Gunner. Schon in Sicht?«

Gunner beugte sich in der überfüllten Kanzel vor. Er flog in geringer Höhe, nur ein paar hundert Meter über dem Boden. Im ersten Augenblick sah er nichts weiter als die verschwimmenden Umrisse von Sand, Schnee und Yukka-Stauden. Dann tauchten vor ihm mondbeschienene Häuser auf.

»In Ordnung, ich hab's ausgemacht.«

»Gut, Gunner. Halten Sie Abstand.«

Er ließ sich zurückfallen, bis zwischen ihm und den beiden anderen Maschinen eine halbe Meile lag. Sie nahmen die P-Quadrat-Formation zur direkten Sichtbeobachtung des Ziels mit Hilfe von Phosphorfackeln ein. Eigentlich wäre direkte Sicht nicht nötig gewesen; die Scavenger kam auch ohne sie aus. Aber Vandenberg hatte dringend um eine komplette Aufklärung über der Ansiedlung ersucht.

Die beiden Führungsjets schwenkten ab, bis sie parallel zur einzigen Straße des Ortes flogen.

»Gunner? Alles klar?«

Wilson legte die Finger leicht über die Knöpfe der Kameras. Vier Finger – wie beim Klavierspielen.

»Fertig.«

»Wir gehen jetzt ran.«

Die beiden Maschinen gingen tiefer und flogen in eleganter Kurve die Häuser an. Als sie die Bomben auslösten, sah es aus, als ob sie sich nur noch ein paar Zentimeter über dem Boden befanden. In dem Augenblick, in dem Bombe um Bombe den Boden berührte, flammte je eine grellweiße Flammenkugel auf, die den Ort in ein gespenstisches, gleißendes Licht tauchte und von den metallenen Leibern der Maschinen reflektiert wurde.

Damit hatten die Düsenjäger ihre Aufgabe erfüllt. Sie zogen hoch. Gunner sah sie nicht mehr. Er konzentrierte sich jetzt mit jeder Faser seines Körpers, mit jedem Nerv auf den kleinen Ort.

»Sie sind dran, Gunner.«

Wilson gab keine Antwort. Er drückte die Nase seiner Maschine nach unten und fuhr die Klappen aus. Ein Beben ging durch die Maschine, als sie wie ein Stein dem Boden entgegenfiel. Unter ihm war das Gebiet des Ortes auf Hunderte von Metern im Umkreis hell erleuchtet. Er drückte auf die Knöpfe. Das Vibrieren der laufenden Kameras konnte er zwar nicht hören, aber er glaubte es zu spüren.

Der Sturz schien endlos zu dauern. Dann zog er den Steuerknüppel heran. Die Maschine schien sich zu fangen, gehorchte wieder dem Steuer und ging in den Steigflug über. Er erhaschte einen flüchtigen Blick auf die Straße. Dort sah er Leichen liegen – überall nur Leichen; mit ausgespreizten Armen und Beinen lagen sie auf der Straße, auf den Bürgersteigen, quer über Autos . . .

»Herrgott!« stieß er hervor.

Dann war er darüber hinweg, zog die Maschine in weitem Bogen hoch, bereitete sich auf den zweiten Anflug vor und versuchte, das Gesehene aus seinem Gedächtnis zu streichen. Eine der obersten

Regeln für Aufklärungsflüge lautete: »Nicht auf die Gegend achten!« Analyse und Auswertung waren nicht Aufgabe des Piloten. Das blieb den dafür Zuständigen überlassen – wenn sich der Pilot zu sehr für das interessierte, was er zu fotografieren hatte, kam er leicht in böse Schwierigkeiten: Solche Piloten pflegten für gewöhnlich abzustürzen.

Als sich die Maschine im Tiefflug zum zweitenmal dem Ziel näherte, bemühte er sich, nicht nach unten zu blicken. Er tat es aber unwillkürlich doch und sah wieder die Leichen. Die Phosphorfackeln waren niedergebrannt, die Beleuchtung war schwächer, unheimlicher, gedämpfter. Aber die Leichen waren noch da: Er hatte sie sich nicht bloß eingebildet.

»Herrgott!« sagte er noch einmal. »Großer Gott!«

An der Tür stand zu lesen: DATENVERARBEITUNG EPSILON, und darunter, in roten Buchstaben: ZUTRITT NUR MIT SONDERAUSWEIS. Dahinter lag ein bequemer Besprechungsraum mit einem weißen Schirm an der einen Stirnseite, einem Projektor an der anderen und Stahlrohrstühlen dazwischen.

Als Manchek und Comroe den Raum betraten, stand Jaggers bereits wartend vorn an der Projektionswand. Jaggers war ein kleiner Mann mit elastischem Schritt und eifriger, recht optimistischer Miene. Keineswegs beliebt im Stützpunkt, wurde er doch als Meister der Bildauswertung uneingeschränkt anerkannt. Gerade die kleinen, rätselhaften Details machten ihm Spaß. Wegen dieser Begabung eignete er sich hervorragend für diese Aufgabe.

Jaggers rieb sich erwartungsvoll die Hände, während Manchek und Comroe Platz nahmen. »Nun gut!« sagte er. »Dann kommen wir am besten gleich zur Sache. Ich denke, heute abend haben wir etwas sehr Interessantes für Sie.« Er nickte dem Vorführer im Hintergrund zu. »Erstes Bild, bitte!«

Im Raum wurde es dunkel. Der Projektor ließ ein metallisches Klicken hören, dann erschien auf dem Schirm die Luftaufnahme eines kleinen Ortes mitten in der Wüste.

»Das ist eine ungewöhnliche Aufnahme aus unserm Archiv«, erklärte Jaggers. »Aufgenommen vor zwei Monaten von unserem Beobachtungssatelliten Janos 12. Seine Umlaufbahn liegt, wie Sie wissen, in einer Höhe von rund zweitausend Kilometern. Die technische Qualität ist recht gut. Die Autonummern kann man zwar noch nicht lesen, aber daran arbeiten wir gerade. Vielleicht nächstes Jahr.«

Manchek rutschte auf seinem Stuhl hin und her, sagte aber nichts. »Hier sehen Sie den Ort Piedmont in Arizona«, fuhr Jaggers fort. »Achtundvierzig Einwohner und nicht viel zu sehen, nicht einmal aus zweitausend Kilometer Höhe. Hier liegt das einzige Geschäft, da die Tankstelle – beachten Sie bitte, wie deutlich man die Aufschrift ›Gulf‹ lesen kann – und dahinter die Poststelle, hier das Motel. Sonst nur Wohnhäuser. Da drüben die Kirche. Schön – das nächste Bild.«

Wieder ein Klicken. Die Aufnahme war dunkel und rötlich getönt. Es handelte sich um eine Gesamtansicht des Ortes in Weiß und Dunkelrot. Die Umrisse der Gebäude waren tief schwarz.

»Hier beginnen wir mit den Infrarotaufnahmen unserer Scavenger. Sie wissen, daß auf den Infrarotplatten das Bild nicht durch die Einwirkung von Licht, sondern von Wärme entsteht. Alles, was Wärme ausstrahlt, erscheint weiß, was kalt ist, schwarz. Genug damit. Sie sehen, daß die Häuser schwarz erscheinen. Sie sind kälter als der Boden. Mit Einbruch der Nacht strahlen die Häuser die aufgespeicherte Wärme rascher ab.«

»Was bedeuten diese weißen Flecken?« fragte Comroe. Auf dem Bild waren vierzig bis fünfzig weiße Stellen zu erkennen.

»Das sind Leichen«, antwortete Jaggers. »Einige in den Häusern, andere auf der Straße. In manchen Fällen, wie zum Beispiel bei dieser hier, können Sie die Umrisse der vier Gliedmaßen und des Kopfes deutlich erkennen. Diese Leiche liegt ausgestreckt auf der Straße.«

Er zündete sich eine Zigarette an und deutete auf ein helles Viereck. »Soweit sich feststellen läßt, ist das hier ein Kraftfahrzeug. Sie sehen auf der einen Seite einen sehr hellen Fleck. Das heißt, der Motor läuft noch und erzeugt immer noch Wärme.«

»Der Bergungswagen«, sagte Comroe. Manchek nickte.

Jaggers erklärte weiter: »Nun erhebt sich die Frage: Sind diese Leute alle tot? Wir können sie nicht mit Sicherheit beantworten. Die Körper weisen offenbar Temperaturunterschiede auf. Siebenundvierzig sind ziemlich abgekühlt, was auf den Eintritt des Todes vor einiger Zeit hindeutet. Drei sind noch wärmer. Zwei von diesen befinden sich hier im Fahrzeug.«

»Das sind unsere Männer«, sagte Comroe. »Und der dritte?«

»Dieser dritte gibt uns einige Rätsel auf. Sie sehen ihn hier – offenbar steht er mitten auf der Straße, oder er hat sich geduckt. Wie Sie sehen, erscheint er noch ziemlich hell – er ist somit noch verhältnismäßig warm. Nach unserer Temperaturtabelle beträgt die ausgestrahlte Wärme rund fünfunddreißig Grad Celsius. Ein bißchen wenig. Aber die geringe Unterkühlung ist vermutlich auf äußere Gefäßverengungen in der kalten Wüstennacht zurückzuführen. Dadurch sinkt die Hauttemperatur. – Nächstes Dia.«

Das dritte Bild erschien auf dem Schirm.

Manchek betrachtete stirnrunzelnd den hellen Fleck. »Er hat sich bewegt.«

»Genau. Diese Aufnahme entstand beim zweiten Anflug. Der helle Punkt hat sich um rund zwanzig Meter weiterbewegt. Das nächste Bild.«

Es klickte wieder.

»Er hat sich noch einmal bewegt!«

»Ja. Wieder um fünf bis zehn Meter.«

»Ein Mensch in Piedmont ist also noch am Leben?«

»Das dürfte die mutmaßliche Schlußfolgerung sein.«

Manchek räusperte sich. »Wollen Sie damit sagen, das ist Ihre Ansicht?«

»Ja, Sir. Das ist unsere Ansicht.«

»Da unten gibt's also einen Menschen, der zwischen den Leichen umherwandert?«

Jaggers deutete achselzuckend auf den Bildschirm. »Es ist schwierig, die vorhandenen Unterlagen auf andere Weise zu deuten und . . .«

In diesem Augenblick trat ein Soldat mit drei kreisrunden Metallbehältern unter dem Arm ein.

»Sir, hier haben wir die Filmaufnahmen vom direkten Sichtanflug mit P-Quadrat.«

»Führen Sie vor!« sagte Manchek.

Der Film wurde in einen Projektor eingeführt. Einen Augenblick später wurde Leutnant Wilson hereingebracht. Jaggers erläuterte: »Ich habe diese Filme selbst noch nicht gesehen. Vielleicht sollte der Pilot selbst . . .«

Manchek nickte und sah Wilson an. Der ging nach vorn zum Bildschirm und wischte sich dabei nervös die Handflächen an seiner Hose ab. Er stellte sich neben den Projektionsschirm, das Gesicht seinen Zuhörern zugewandt, und begann mit monotoner Stimme: »Sir, meine Anflüge erfolgten heute abend zwischen 23.08 Uhr und 23.13 Uhr. Ich habe den Ort zweimal überflogen, einmal von Osten nach Westen und das zweite Mal in umgekehrter Richtung, mit einer durchschnittlichen Geschwindigkeit von dreihundertdreiundvierzig Stundenkilometern bei einer mittleren Höhe von zweihundertfünfzig Metern . . .«

»Einen Augenblick, mein Sohn«, unterbrach ihn Manchek mit erhobener Hand. »Das ist hier kein Verhör. Drücken Sie sich ganz normal aus.«

Wilson nickte und schluckte. Der Raum wurde abgedunkelt, der Projektor begann zu surren. Auf dem Schirm erschien das Bild der Ortschaft beim Anflug der Maschine, in grellweißes Licht gebadet.

»Das ist mein erster Zielanflug«, sagte Wilson. »Von Ost nach West, um 23.08 Uhr. Wir haben den Blick der linken Flügelkamera, die mit sechsundneunzig Bildern pro Sekunde läuft. Wie Sie sehen, nimmt meine Flughöhe sehr schnell ab. Genau vor uns haben wir die einzige Straße des Zielortes . . .«

Er brach ab. Die Leichen waren deutlich zu erkennen. Auch der Bergungswagen – er stand auf der Straße; die Dachantenne rotierte immer noch langsam. Als sich die Maschine dem Wagen näherte, konnte man auch den Fahrer erkennen, der über dem Steuerrad zusammengebrochen war.

»Hervorragende Bildschärfe«, sagte Jaggers. »Der Feinkornfilm gibt wirklich eine ausgezeichnete Auflösung, wenn man . . .«

»Wilson wollte uns über seinen Anflug berichten«, unterbrach ihn Manchek.

»Ja, Sir«, sagte Wilson rauh und räusperte sich. Er starrte auf den Schirm. »In diesem Augenblick befinde ich mich genau über dem Zielort und beobachtete die Toten, die Sie hier sehen. Meine Schätzung, Sir, belief sich zu diesem Zeitpunkt auf etwa fünfundsiebzig.«

Er sprach leise und gepreßt. Im Film gab es eine Unterbrechung. Es erschienen einige Zahlen, dann wieder das Bild des Wüstenortes.

»Nun befinde ich mich auf meinem zweiten Anflug«, sagte Wilson. »Die Fackeln sind bereits niedergebrannt, aber Sie können trotzdem sehen . . .«

»Film anhalten!« rief Manchek.

Der Vorführer ließ den Projektor stillstehen. Die Einzelaufnahme zeigte die lange, gerade Straße und die Leichen.

»Zurücklaufen lassen.«

Der Film lief rückwärts. Die Scavenger schien sich im Rückwärtsgang von dem Ort zu entfernen.

»Da! Anhalten!«

Das Bild erstarrte. Manchek stand auf und trat dicht vor den Bildschirm. Er betrachtete aus der Nähe eine Stelle am seitlichen Bildrand.

»Sehen Sie sich das hier an.« Er deutete auf eine Gestalt. Es war ein Mann in einem knielangen weißen Gewand, der aufrecht dastand und zu dem Flugzeug hinaufschaute – ein alter Mann mit verwittertem Gesicht. Er hatte die Augen weit aufgerissen.

»Was halten Sie hiervon?« wandte sich Manchek an Jaggers.

Jaggers trat näher. Er runzelte die Stirn. »Bitte ein Stück vorwärts.«

Der Film rückte vor. Es war deutlich zu erkennen, wie der Mann den Kopf drehte und mit den Augen rollte. Er verfolgte die Maschine, die ihn überflog.

»Und jetzt wieder zurück«, sagte Jaggers.

Der Film lief rückwärts. Jaggers lächelte matt. »Auf mich wirkt dieser Mann lebendig, Sir.«

»Ja, den Eindruck könnte man haben«, sagte Manchek barsch.

Damit verließ er den Vorführungsraum. An der Tür blieb er stehen und erklärte, daß er hiermit Alarm befehle; jeder im Stützpunkt habe sich bis auf weiteres an Ort und Stelle zu halten; sämtliche Telefongespräche und sonstige Verbindungen mit draußen seien verboten; alles, was sie in diesem Raum gesehen hätten, sei streng geheim. Dann trat er auf den Flur hinaus und ging, gefolgt von Comroe, zum Kontrollzentrum.

»Sie rufen jetzt bitte General Wheeler an«, sagte Manchek. »Sagen Sie ihm, ich hätte ohne die entsprechende Vollmacht Alarm befohlen, und bitten Sie ihn, sich sofort hierher zu bemühen.« Nach den Vorschriften hatte niemand außer dem Kommandanten selbst die Berechtigung, Alarm zu befehlen.

»Wollen Sie ihm das nicht lieber selbst mitteilen?« fragte Comroe.

»Ich habe jetzt anderes zu tun«, antwortete Manchek.

4   Alarm

Als Arthur Manchek die kleine, schalldichte Zelle betrat und sich ans Telefon setzte, wußte er genau, was er zu tun hatte. Nur warum er es tat, das wußte er nicht genau.

Als einer der leitenden Offiziere des Unternehmens Scoop hatte er vor knapp einem Jahr eine Unterweisung über das Unternehmen Wildfire erhalten. Manchek erinnerte sich noch an den Redner, einen kleinen, hageren Mann mit trockener, knapper Ausdrucksweise. Dieser Universitätsprofessor hatte das Projekt kurz umrissen. Die Einzelheiten hatte Manchek vergessen; er wußte nur noch, daß es irgendwo ein Labor gab und ein Team von fünf Wissenschaftlern, die im Notfall zur Besetzung dieses Labors alarmiert werden konnten. Die Aufgabe des Teams war die Untersuchung eventueller außerirdischer Lebensformen, die durch zurückkehrende amerikanische Raumfahrzeuge eingeschleppt wurden.

Manchek hatte nicht erfahren, wer diese fünf Männer waren; er wußte nur, daß es im Verteidigungsministerium einen besonderen Telefonanschluß gab, über den er sie erreichen konnte. Um diesen Anschluß zu erhalten, mußte man nur die binäre Form einer Nummer wählen. Er griff in die Tasche, holte seine Brieftasche hervor und suchte eine Weile nach dem Kärtchen, das ihm der Professor überreicht hatte:

> **BEI FEUER**
> Abteilung 87 verständigen
> *Nur im äußersten Notfall!*

Er betrachtete die Karte und überlegte, was wohl geschehen werde, wenn er die Dualzahl für 87 wählte. Er versuchte sich den Ablauf der Ereignisse vorzustellen: Mit wem würde er dann wohl verbunden? Ob wohl jemand zurückrief? Ob es vielleicht Rückfragen gab? Ob man ihn an eine vorgesetzte Stelle verwies? Manchek strich sich über die Augen und zuckte schließlich die Achseln. Nun, er würde es ja merken.

Er riß ein Blatt Papier von dem vor ihm liegenden Block und schrieb darauf:

$$2^0 \quad 2^1 \quad 2^2 \quad 2^3 \quad 2^4 \quad 2^5 \quad 2^6 \quad 2^7$$

Das war die Grundlage des binären Systems: Basis zwei, in die Potenzen erhoben: Zwei hoch Null war eins; zwei hoch eins ergab zwei; zwei hoch zwei war vier – und so weiter. Rasch schrieb Manchek eine zweite Zahlenreihe darunter:

2^0	2^1	2^2	2^3	2^4	2^5	2^6	2^7
1	2	4	8	16	32	64	128

Dann begann er die Zahlen zu addieren, die eine Summe von 87 ergaben. Um diese Zahlen malte er einen Kreis:

$$2^0 \quad 2^1 \quad 2^2 \quad 2^3 \quad 2^4 \quad 2^5 \quad 2^6 \quad 2^7$$

$$①\quad②\quad④\quad 8 \quad ⑯ \quad 32 \quad ⑭ \quad 128 = 87$$

Dann rechnete er nach dem binären Schlüssel um; dieses Dual-
zahlen-System war für Computer entwickelt worden, die nur mit
zwei Schaltungen rechnen konnten: ein-aus gleich ja-nein. Ein
Mathematiker hatte einmal im Scherz gesagt, das binäre System
sei die Art und Weise, wie Leute mit nur zwei Fingern zählen.
Im Grunde genommen wandelt man bei der Umrechnung die
Zahlen unseres gewohnten Dezimalsystems – bei dem neun
Ziffern und die Null gebraucht werden – in ein System um, das
nur auf zwei Ziffern beruht: Eins und Null.

$$2^0 \quad\quad 2^1 \quad\quad 2^2 \quad\quad 2^3 \quad\quad 2^4 \quad\quad 2^5 \quad\quad 2^6 \quad\quad 2^7$$

$$①\quad②\quad④\quad 8 \quad ⑯ \quad 32 \quad ⑭ \quad 128$$

$$1 \quad\quad 1 \quad\quad 1 \quad\quad 0 \quad\quad 1 \quad\quad 0 \quad\quad 1 \quad\quad 0$$

Manchek betrachtete die Zahl, die er gerade aufgeschrieben
hatte. Dann setzte er die Trennungen ein:

    1-110–1010

Eine vollkommen normale Telefonnummer.
Er griff nach dem Telefon und wählte.
Es war genau zwölf Uhr – Mitternacht.

5 Am frühen Morgen

Die Geräte waren vorhanden, Kabel, Codes und Fernschreiber hatten zwei Jahre lang erwartungsvoll geschlummert. Es bedurfte nur Mancheks Anruf, sie zum Leben zu erwecken.

Als er die Nummer gewählt hatte, hörte er es in der Leitung mehrfach klicken. Dann ertönte ein leises Summen. Was das bedeutete, wußte er genau: Der Anruf wurde auf eine der Verschlüsselungsleitungen geschaltet. Nach einem kurzen Augenblick hörte das Summen auf. Eine Stimme sagte: »Automatischer Anrufbeantworter. Geben Sie bitte Ihren Namen und Ihre Nachricht durch und legen Sie wieder auf.«

»Major Arthur Manchek, Luftwaffenstützpunkt Vandenberg, Kontrollzentrum Scoop. Ich halte es für notwendig, Wildfire-Alarm zu geben. Mir liegen hier zur Bestätigung Bildunterlagen vor. Der Stützpunkt wurde aus Sicherheitsgründen abgeriegelt.«

Während er das noch sagte, kam ihm alles selbst höchst unwahrscheinlich vor. Nicht einmal das Tonbandgerät am anderen Ende der Leitung würde ihm glauben. Er hielt den Hörer noch eine Weile ans Ohr und rechnete halb mit einer Antwort.

Aber es kam keine Antwort, sondern nur ein Klicken. Dann war die Verbindung unterbrochen. Die Leitung war tot. Er seufzte und legte auf. Das alles war höchst unbefriedigend.

Manchek erwartete, innerhalb der nächsten Minuten aus Washington zurückgerufen zu werden. Er blieb am Telefon, weil er damit rechnete, in den nächsten Stunden eine Menge Anrufe zu bekommen, doch es kam nicht ein einziger. Er konnte nicht wissen, daß er einen vollautomatischen Vorgang ausgelöst hatte. War der Wildfire-Alarm erst einmal gegeben, lief er automatisch ab und konnte zumindest in den ersten zwölf Stunden nicht widerrufen werden.

Knapp zehn Minuten nach Mancheks Anruf klapperte folgende Nachricht über die verschlüsselt arbeitenden, streng geheimen Fernschreibleitungen im ganzen Land:

+ + + + + + + + ANFANG + + + + + + +

STRENG GEHEIM

CODE WIE FOLGT

CBW 9/9/234/435/6778/9o

P-KOORDINATEN DELTA 8997

WORTLAUT DER DURCHGABE

ES WURDE WILDFIRE ALARM GEGEBEN

WIEDERHOLE WILDFIRE ALARM GEGEBEN

VERTEILER WIE FOLGT

NASA/AMC/NSC COMB DEC

ZEITPUNKT DES BEFEHLS WIE FOLGT

LL-59-o7 VON HEUTE

WEITERE ANWEISUNGEN

ABSOLUTE PRESSESPERRE

MÖGLICHE DIREKTIVE 7-L2

ALARMZUSTAND BIS AUF WEITERES

ENDE DER DURCHGABE

+ + + + + + + + ENDE + + + + + + +

Es war ein vollautomatisches Fernschreiben. Alles daran, auch die Anweisung der Pressesperre und die Ankündigung der Möglichkeit, daß die Direktive 7–12 in Kraft treten könnte, erfolgte automatisch, ausgelöst durch Mancheks Anruf.

Fünf Minuten später ging ein zweites Fernschreiben hinaus, in dem die Namen des Wildfire-Teams genannt wurden:

+ + + + + + + + + + ANFANG + + + + + + +

STRENG GEHEIM

CODE WIE FOLGT
CBW 9/9/234/435/6778/900

WORTLAUT DER DURCHGABE
DIE FOLGENDEN MÄNNLICHEN AMERIKANISCHEN STAATSBÜRGER
ERHALTEN ZET KAPPA STATUS.
VORANGEGANGENE SICHERHEITSÜBERPRÜFUNG WIRD BESTÄTIGT,
NAMEN WIE FOLGT +

STONE JEREMY   ++81
LEAVITT PETER   ++o4
BARTON CHARLES   +L51
CHRISTIANSENKRIKESTREICHEN DIESE ZEILE STREICHEN DIESE
MUSS LAUTEN
KIRKE CHRISTIAN   +142
HALL MARK   +L77

DIESE MÄNNER ERHALTEN BIS AUF WEITERES
ZET KAPPA STATUS

+ + + + + + + ENDE DER DURCHGABE + + + + + + +

Theoretisch war auch dieses Fernschreiben eine reine Routineangelegenheit. Es sollte die fünf Männer benennen, denen man den Zet-Kappa-Status zuerkannte – die mit anderen Worten »okay« waren. Leider verdruckte das Gerät einen der Namen und versäumte es, die gesamte Mitteilung zu wiederholen. (Normalerweise wurde, wenn der Fernschreiber einer Geheimverbindung einen Teil der Mitteilung falsch wiedergab, die ganze Meldung noch einmal gesendet, oder der Computer hatte sie noch einmal zu lesen, um die berichtigte Form zu bestätigen.)

So gab die Mitteilung Anlaß zu Zweifeln. In Washington und an anderen Stellen wurde je ein Computer-Experte hinzugezogen, um die Richtigkeit des Textes zu überprüfen. Das nannte man »Rückverfolgen«. Der Washingtoner Experte äußerte ernste Zweifel an der Gültigkeit des Textes, da das Gerät auch noch andere kleinere Fehler ausgedruckt hatte – zum Beispiel »L«, wenn es richtig »l« heißen mußte.

Das ganze Durcheinander führte dazu, daß den beiden zuerst Genannten der Status eines Geheimnisträgers zuerkannt wurde, den anderen jedoch bisher noch nicht.

Allison Stone war müde. Sie und ihr Mann, der Direktor der Bakteriologischen Abteilung an der Stanford-Universität, hatten in ihrem Haus auf den Hügeln über dem Universitätsgelände für fünfzehn Ehepaare eine Party gegeben, und alle Gäste waren sehr lange geblieben. Mrs. Stone war verärgert. Sie war im offiziellen Washington aufgewachsen; wenn dort die zweite Tasse Kaffee serviert wurde, und zwar absichtlich ohne Cognac, so verstand das jedermann als zarten Wink, sich zu verabschieden. Leider, dachte sie, halten sich Akademiker nicht an diese Regel. Schon vor Stunden hatte sie diese bewußte zweite Tasse Kaffee serviert, und es waren immer noch alle Leute da.

Kurz vor ein Uhr morgens klingelte es an der Tür. Sie öffnete und sah zu ihrer Überraschung zwei Männer in Militäruniformen nebeneinander im Dunkeln stehen. Sie machten einen verlegenen und nervösen Eindruck, als hätten sie sich verlaufen; in den Wohnvierteln verirren sich nachts oft Leute, die hier fremd sind.

»Kann ich Ihnen helfen?«

»Verzeihen Sie die Störung, Madam«, sagte einer der Uniformierten höflich. »Aber wohnt hier ein Dr. Jeremy Stone?«

»Ja, das stimmt«, bestätigte sie mit leichtem Stirnrunzeln.

Sie sah an den beiden Männern vorbei zur Einfahrt. Eine blaue Militärlimousine stand dort geparkt. Neben dem Wagen wartete noch ein Mann. Er schien etwas in der Hand zu halten.

»Hat der Mann dort eine Waffe in der Hand?« fragte sie.

»Madam«, sagte der Uniformierte, »wir müssen Dr. Stone sofort sprechen – bitte.«

Das alles kam ihr sehr seltsam vor. Ein wenig Angst überkam sie. Drüben an der Rasenfläche entdeckte sie einen vierten Soldaten, der auf das Haus zutrat und in die Fenster blickte. In dem fahlen Licht, das auf den Rasen herausfiel, sah sie ganz deutlich die Maschinenpistole in seiner Hand.

»Was geht hier eigentlich vor?«

»Madam, wir möchten Ihre Party nicht stören. Bitte, rufen Sie doch Dr. Stone an die Tür.«

»Ich weiß nicht, ob . . .«

»Ansonsten müssen wir ihn herausholen«, ergänzte der Mann.

Sie zögerte einen Augenblick, dann sagte sie: »Warten Sie hier.«

Sie trat zurück und wollte die Tür schließen, aber einer der Soldaten hatte sich bereits in den Flur geschoben. Stramm und höflich stand er neben dem Eingang, die Kopfbedeckung in der Hand. »Ich werde hier warten, Madam«, sagte er und lächelte sie an.

Sie ging zu den anderen zurück und gab sich Mühe, sich nichts anmerken zu lassen. Alle unterhielten sich und lachten. Lautes Stimmengewirr hing in der verräucherten Luft. Sie fand Jeremy in einer Ecke, in eine Diskussion über Protestaktionen und Unruhen verwickelt. Sie legte ihm leicht die Hand auf die Schulter; er entschuldigte sich bei seinen Gästen.

»Ich weiß, es klingt sehr seltsam, was ich dir jetzt mitteile«, sagte sie, »aber da draußen auf dem Flur steht ein Uniformierter, und zwei andere mit Waffen in den Händen und warten draußen auf dem Rasen. Sie wollten dich sprechen.«

Stone wirkte im ersten Augenblick sehr überrascht, dann nickte er. »Ich kümmere mich darum«, murmelte er. Sein Verhalten ärgerte sie. Es war fast, als hätte er diesen seltsamen Besuch erwartet.

»Wenn du Bescheid gewußt hast, dann hättest du . . .«

»Ich wußte es nicht«, unterbrach er sie. »Ich erkläre dir alles später.«

Er ging hinaus auf den Flur, wo der Offizier auf ihn wartete. Sie folgte ihm.

»Ich bin Dr. Stone«, stellte er sich vor.

»Captain Morton«, sagte der Offizier, ohne die Hand auszustrecken. »Es brennt, Sir.«

»Gut«, sagte Stone und warf einen Blick auf sein Dinnerjackett. »Habe ich noch Zeit zum Umziehen?«

»Ich fürchte nein, Sir.«

Allison sah zu ihrer Verwunderung, daß ihr Mann nickte. »In Ordnung.«

Er wandte sich zu ihr um und sagte: »Ich muß fort.« Sein Gesicht war dabei ganz leer und ausdruckslos. Dieses Gesicht war ihr fremd und unheimlich. Sie war verwirrt und hatte Angst.

»Wann kommst du zurück?«

»Das weiß ich nicht genau. In ein bis zwei Wochen. Vielleicht dauert's länger.«

Sie bemühte sich, ruhig zu sprechen, konnte aber ihre Bestürzung nicht meistern. »Was ist los?« fragte sie. »Bist du verhaftet?«

»Nein«, antwortete er mit leisem Lächeln. »Ganz und gar nicht. Bitte, entschuldige mich bei den anderen.«

»Aber die Waffen . . .«

Der Offizier unterbrach sie: »Mrs. Stone, es ist unsere Aufgabe, Ihren Mann zu schützen. Von diesem Augenblick an darf ihm nichts mehr zustoßen.«

»Stimmt«, sagte Stone. »Wie du siehst, bin ich plötzlich zu einer wichtigen Persönlichkeit geworden.« Er lächelte wieder und gab ihr einen Kuß. Es war ein eigenartiges, verzerrtes Lächeln.

Und dann ging er zur Tür hinaus, bevor sie noch recht wußte, wie ihr geschah. Captain Morton flankierte ihn auf der einen Seite, der andere Uniformierte auf der anderen Seite. Der Mann mit der Maschinenpistole marschierte wortlos hinter den dreien her. Der Mann am Wagen grüßte stramm und öffnete den Wagenschlag.

Dann wurden die Scheinwerfer eingeschaltet, die Türen schlugen zu, der Wagen wendete und fuhr in die Nacht hinein. Sie stand immer noch an der Haustür, als einer ihrer Gäste hinter sie trat und sich erkundigte: »Allison, fehlt Ihnen etwas?«

Sie drehte sich um, brachte ein Lächeln zustande und sagte: »Danke, es ist alles in Ordnung. Jeremy mußte weg. Das Labor hat ihn gerufen – bei irgendeinem der nächtlichen Experimente ist etwas schiefgegangen.«

Der Gast nickte und sagte: »Schade. Bei einer so großartigen Party . . .«

Im Auto lehnte sich Stone zurück und sah seine Begleiter an. Er erinnerte sich, wie leer und ausdruckslos ihre Gesichter waren. Er fragte: »Was haben Sie für mich?«

»Haben, Sir?«

»Ja, zum Teufel. Was hat man Ihnen für mich mitgegeben? Man muß Ihnen doch etwas gegeben haben!«

»Oh – ja, Sir.«

Ein dünnes Aktenstück wurde ihm überreicht. Auf dem Deckel waren die Worte aufgedruckt: ÜBERSICHT UNTERNEHMEN SCOOP.

»Sonst nichts?« fragte Stone.

»Nein, Sir.«

Stone seufzte. Von einem Unternehmen Scoop hatte er noch nie etwas gehört. Das Aktenstück müßte sorgfältig studiert werden, aber im Wagen war es zu dunkel zum Lesen. Später, im Flugzeug, war wohl Zeit dafür. Stone mußte fünf Jahre zurückdenken, an die recht seltsame Tagung auf Long Island und den ebenso seltsamen kleinen Redner aus England, mit dem die ganze Geschichte gewissermaßen angefangen hatte.

Im Sommer 1962 legte der englische Biophysiker J. J. Merrick dem Zehnten Biologen-Symposion in Cold Spring Harbor auf Long Island ein Arbeitspapier vor. Es trug den Titel »Über die Häufigkeit biologischer Kontakte nach der Wahrscheinlichkeit des Auftretens der Species«. Merrick war ein rebellischer, unorthodoxer Wissenschaftler, dessen Ruf als klarer, logischer Denker unter seiner kürzlichen Scheidung und der Anwesenheit einer hübschen blonden Sekretärin, von der er sich zu der Tagung begleiten ließ, ein wenig gelitten hatte. Nach dem Referat über die Theorie war es kaum zu einer ernsthaften Diskussion von Merricks Ideen gekommen, die er am Ende seiner Arbeit wie folgt zusammengefaßt hatte:

Daraus muß ich schließen, daß nach der Wahrscheinlichkeitstheorie der erste Kontakt mit außerirdischen Lebensformen von den bekannten Häufigkeiten der Species bestimmt wird. Es ist eine unbestreitbare Tatsache, daß auf der Erde hochkomplexe Organismen recht selten sind, während einfache Lebewesen überreichlich gedeihen. Es gibt Millionen verschiedener Species von Bakterien und viele Tausende von Insektenarten. Es gibt nur wenige Species von Primaten und nur vier bei den Menschenaffen. Und es gibt nur die eine Species Mensch.

Dieser Artenhäufigkeit entspricht eine zahlenmäßige Häufigkeit. Einfache Geschöpfe sind viel verbreiteter als komplexe Organismen. Auf der Erde gibt es über drei Milliarden Menschen; diese Zahl erscheint uns als hoch, solange wir nicht bedenken, daß man in einer einzigen Flasche zehnmal oder gar hundertmal so viele Bakterien unterbringen kann.

Alle verfügbaren Belege über den Ursprung des Lebens deuten auf einen Entwicklungsprozeß hin, der von den einfachen zu den komplexen Lebensformen verläuft. Das gilt für die Erde. Es gilt vermutlich auch im gesamten Universum. Shapley, Merrow und andere haben die Anzahl der Planetensysteme im näheren Universum berechnet, die ein Leben tragen könnten. Meine eigenen, weiter oben ausgeführten Berechnungen befassen sich mit der relativen Häufigkeit der verschiedenen Organismen im gesamten Universum.

Es war mein Ziel, die Wahrscheinlichkeit eines Kontaktes zwischen dem Menschen und einer anderen Lebensform zu ermitteln. Diese Wahrscheinlichkeit gestaltet sich wie folgt:

Lebensform	*Wahrscheinlichkeit*
Einzellige oder noch primitivere Organismen (nackte genetische Information)	.7840
Mehrzellige Organismen, einfach	.1940
Mehrzellige Organismen, komplex, aber ohne koordiniertes Zentralnervensystem	.0140
Mehrzellige Organismen mit integrierten Organsystemen einschließlich Nervensystem	.0078
Mehrzellige Organismen mit komplexem Nervensystem und der Fähigkeit zur Verarbeitung von 7 + Daten (menschliche Intelligenz)	.0002
	1.0000

Diese Überlegungen führen mich zu der Überzeugung, daß die erste Berührung des Menschen mit außerirdischem Leben aus einem Kontakt mit Organismen bestehen wird, die irdischen Bakterien oder Viren ähnlich, wenn nicht gar mit ihnen identisch sind. Die möglichen Folgen eines solchen Kontakts sind besorgniserregend, wenn man bedenkt, daß 3% aller irdischen Bakterien irgendwelche schädlichen Einflüsse auf den Menschen ausüben können.

Später hatte sich Merrick noch über die Möglichkeit verbreitet, daß der erste Kontakt aus einer Seuche bestehen könne, die von den ersten Mondfahrern eingeschleppt werden wird. Dieser Gedanke hatte bei den versammelten Wissenschaftlern Heiterkeit ausgelöst.

Einer der wenigen, die Merrick ernst nahmen, war Jeremy Stone. Der erst sechsunddreißigjährige Stone war damals der vielleicht berühmteste Tagungsteilnehmer. Seit seinem dreißigsten Lebensjahr Professor für Bakteriologie an der Stanford-Universität, war er gerade erst mit dem Nobelpreis ausgezeichnet worden.

Die Liste von Stones Leistungen – ganz abgesehen von jenen Versuchsreihen, die zur Verleihung des Nobelpreises führten – ist erstaunlich. 1955 benutzte er als erster die multiplikative Zählmethode für Bakterienkulturen. 1957 entwickelte er eine Methode für eine rein flüssige Aufschwemmung. 1960 veröffentlichte Stone eine radikal neue Theorie über die Funktionsweise der Operator-Gene von *Escherichia coli* und *Sarcina tabuli* und bewies die physikalische Natur der Induktor- und Repressor-Substanzen. Seine 1958 beendete Arbeit über lineare Transformationen von Viren eröffnete der Forschung ein weites Gebiet, das insbesondere vom Pasteur-Institut in Paris betreten wurde; dafür wurde dem Institut dann 1966 der Nobelpreis verliehen.

1961 hatte Stone selbst den Nobelpreis bekommen, und zwar für seine Arbeiten auf dem Gebiet der Rückmutation von Bakterien, die er als sechsundzwanzigjähriger Jurastudent an der Universität von Michigan in seiner spärlichen Freizeit geleistet hatte.

Das Bemerkenswerteste an Stone war vielleicht, daß er als Jurastudent auf einem so gänzlich anderen Gebiet etwas geschaffen hatte, das eines Nobelpreises für würdig befunden wurde; darin nämlich zeigte sich die erstaunliche Breite seiner Interessen. Ein Freund sagte einmal über ihn: »Jeremy weiß alles, und was er nicht weiß, fasziniert ihn.« Als Wissenschaftler mit Gewissen, Überblick und Einsicht in die wahre Bedeutung von Ereignissen hatte man ihn bereits mit Einstein und Bohr verglichen.

Äußerlich war Stone ein hagerer Mann mit beginnender Glatze und einem einzigartigen Gedächtnis, das wissenschaftliche Fakten und unanständige Witze mit der gleichen Zuverlässigkeit speicherte. Seine auffälligste Eigenart war seine Ungeduld, die allen Menschen in seiner Umgebung das Gefühl vermittelte, sie vergeudeten seine kostbare Zeit. Er hatte die schlechte Angewohnheit, anderen ins Wort zu fallen und Gespräche abrupt zu unterbrechen – eine Unart, die er nur mit mäßigem Erfolg zu zügeln versuchte. Seine herrische Art in Verbindung mit der Tatsache, daß er schon sehr jung mit dem Nobelpreis ausgezeichnet wurde, aber auch die Skandale in seinem Privatleben – er war viermal verheiratet, davon zweimal mit Kollegenfrauen – trugen keineswegs zu seiner Beliebtheit bei.

Und doch war es gerade Stone, der sich anfangs der sechziger Jahre in Regierungskreisen als Wortführer des neuen wissenschaftlichen Establishment in den Vordergrund schob. Er selbst urteilte über seine Rolle nachsichtig-amüsiert – er bezeichnete sie einmal als »ein Vakuum, das mit heißem Gas gefüllt werden muß« –, aber in Wirklichkeit war sein Einfluß doch sehr beträchtlich.

Anfangs der sechziger Jahre wurde sich Amerika widerstrebend der Tatsache bewußt, daß es als Nation den mächtigsten wissenschaftlichen Apparat in der Menschheitsgeschichte besaß. Während der drei voraufgegangenen Jahrzehnte waren achtzig Prozent aller wissenschaftlichen Entdeckungen von Amerikanern gemacht worden. Die Vereinigten Staaten besaßen fünfundsiebzig Prozent aller Computer auf der Welt und neunzig Prozent aller Lasergeräte. Sie verfügten über dreieinhalbmal so viele Wissenschaftler wie die Sowjetunion und gaben für die Forschung dreieinhalbmal so viel Geld aus; die USA hatten viermal so viele Wissenschaftler wie die Europäische Wirtschaftsgemeinschaft und wandten siebenmal so viel für Forschung auf. Der größte Teil dieses Geldes wurde direkt oder indirekt vom Kongreß bewilligt, und so herrschte im Kongreß ein großer Bedarf an Männern, die als Berater beim Ausgeben dieser Summen helfen konnten.

In den fünfziger Jahren waren noch alle einflußreichen Berater Physiker gewesen: Teller, Oppenheimer, Bruckman und Weidner. Als aber zehn Jahre später für die Biologie mehr Geld ausgegeben wurde und diese Wissenschaft größere Beachtung erfuhr, bildete sich eine neue Gruppe unter Führung von DeBakey in Houston, Farmer in Boston, Heggerman in New York und Stone in Kalifornien.

Stones Vorrangstellung war auf eine ganze Reihe von Faktoren zurückzuführen: das Prestige eines Nobelpreisträgers; seine politischen Verbindungen; seine neueste Frau, die Tochter des Senators Thomas Wayne aus Indiana; seine juristische Vorbildung. All das führte dazu, daß er wiederholt vor verwirrten Unterausschüssen des Senats in Erscheinung trat – und sich die Machtposition eines höchst vertrauenswürdigen Ratgebers schuf. Diese Macht warf er sehr erfolgreich in die Waagschale, als es um die Bewilligung von Geld für die Forschungs- und Bauvorhaben für das Unternehmen Wildfire ging.

Stone war von Merricks Ideen, die vieles mit gewissen eigenen Konzeptionen gemeinsam hatten, fasziniert. Diese Auffassungen veröffentlichte er in einer kurzen Abhandlung unter dem Titel »Sterilisation von Raumfahrzeugen«, die in der Fachzeitschrift

Science erschien und später in der britischen Zeitschrift *Nature* nachgedruckt wurde. Er argumentierte, die bakterielle Verseuchung sei ein zweischneidiges Schwert; man müsse sich nach beiden Seiten hin absichern.

Vor Stones Veröffentlichung drehte sich die Diskussion über die Verseuchung hauptsächlich um die Gefahr, die anderen Planeten von seiten der Raumschiffe und Sonden drohte, die unbeabsichtigt irdische Organismen verbreiten konnten. Um dieses Problem machte man sich in der amerikanischen Raumforschung schon frühzeitig Gedanken. 1959 erließ die NASA strenge Vorschriften zur Keimfreimachung aller von der Erde gestarteten Sonden.

Ziel dieser Vorschriften war die Verhütung einer Verseuchung anderer Welten. Es war klar, daß eine Sonde, die zur Erforschung neuer Lebensformen zum Mars oder zur Venus geschickt wurde, den Zweck des Experiments nicht erfüllen konnte, wenn sie Bakterien irdischen Ursprungs mitführte.

Nun aber befaßte sich Stone mit der umgekehrten Situation. Es sei, so erklärte er, ebensogut möglich, daß außerirdische Organismen auf dem Wege über die Raumsonden die Erde verseuchen könnten. Die beim Wiedereintritt in die Erdatmosphäre verglühenden Sonden freilich stellten kein Problem dar; bei »weichen« Landungen aber, zum Beispiel bei bemannten Flügen sei das eine ganz andere Sache. Hier, so sagte er, bestehe eine sehr große Gefahr der Verseuchung.

Als die Arbeit erschien, flackerte kurz das Interesse auf, aber es kam, wie er später sagte, dabei »nichts Bemerkenswertes« heraus. Deshalb gründete er 1963 ein Seminar zur Diskussion des Verseuchungsproblems. Es handelte sich um eine Gruppe, die sich zweimal monatlich im Zimmer 410, im obersten Stock der Biochemischen Abteilung von Stanford, zwanglos bei einem Essen zusammenfand. Diese fünfköpfige Gruppe war es – Stone und John Black von Stanford, Samuel Holden und Terence Lisset von der Medizinischen Fakultät der Universität von Kalifornien und Andrew Weiss vom Biophysikalischen Institut in Berkeley –, aus der sich allmählich der erste Kern des Projekts Wildfire entwickelte. Sie legten dem Präsidenten 1965 eine Petition vor; der Brief war bewußt nach dem Vorbild von Einsteins Brief an Roosevelt aus dem Jahre 1940 zur Frage der Atombombe abgefaßt:

Stanford-Universität
Palo Alto, Kalifornien

An den
1o. Juni 1965
Präsidenten der
Vereinigten Staaten
Weißes Haus
1600 Pennsylvania Avenue
Washington, D.C.

Sehr verehrter Herr Präsident:
Aus neueren theoretischen Erwägungen geht hervor, daß die Sterilisationsvorkehrungen für
landende Raumschiffe unter Umständen nicht dazu
ausreichen, eine sterile Rückkehr in die Atmosphäre unseres Planeten zu gewährleisten. Die
mögliche Folge könnte die Einschleppung virulenter
Organismen in das gegenwärtige ökologische Gefüge
auf der Erde sein.
Wir sind der Meinung, daß zurückkehrende Sonden
und bemannte Raumkapseln sich niemals völlig befriedigend sterilisieren lassen. Aus unseren Berechnungen geht hervor, daß die Wahrscheinlichkeit einer Verseuchung selbst dann, wenn im Raum
eine Sterilisierung der Kapseln vorgenommen würde,
immer noch eins zu zehntausend, vermutlich weitaus
höher, bliebe. Diese Schätzungen gründen sich auf
das uns bekannte organisierte Leben; andere Lebensformen könnten gegenüber unseren Sterilisationsver-
fahren sogar völlig resistent sein.
Daher empfehlen wir dringend, eine Einrichtung zu
schaffen, die sich mit einer außerirdischen Lebens-

form befassen könnte, falls eine solche unabsicht-
lich zur Erde gebracht werden sollte. Diese Einrichtung müßte einem zweifachen Zweck dienen: Erstens
die Ausbreitung dieser Lebensform verhindern und
zweitens im Hinblick auf den Schutz irdischer Lebensformen vor fremdem Einfluß Laboratorien zur Untersuchung
und Analyse bereitstellen.
Wir empfehlen, eine solche Einrichtung in
einem unbewohnten Teil der Vereinigten
Staaten zu schaffen; sie unterirdisch
anzulegen; sie mit allen bekannten Iso-
liertechniken auszustatten; sie für den
Notfall mit einer atomaren Vorrichtung zur
Selbstzerstörung zu versehen. Nach unserer
Kenntnis gibt es keine Lebensform, die eine
bei einer Kernexplosion entstehende Hitze
von zwei Millionen Grad überleben könnte.

             Mit vorzüglicher Hochachtung
Jeremy Stone, John Black, Samuel Holden,
             Terence Lisset, Andrew Weiss

Die Antwort auf diesen Brief erfolgte erfreulich prompt. Vierundzwanzig Stunden später wurde Stone von einem der Berater
des Präsidenten angerufen, und schon am darauffolgenden Tag
flog er zu Besprechungen mit dem Präsidenten und Mitgliedern
des Nationalen Sicherheitsrates nach Washington. Zwei Wochen
danach besprach er in Houston mit NASA-Beamten die weitere
Planung.
Stone erinnert sich zwar an ein oder zwei bissige Bemerkungen
über »das gottverdammte Zuchthaus für Ungeziefer«, doch die
meisten Wissenschaftler, mit denen er konferierte, standen dem
Projekt wohlwollend gegenüber. Es dauerte nur einen Monat,
dann war aus Stones informeller Arbeitsgruppe ein offizieller
Ausschuß zum Studium der Probleme einer Ansteckung und

Versuchung und zur Ausarbeitung von Empfehlungen geworden.

Dieser Ausschuß wurde vom Verteidigungsministerium auf seine Liste für »Fortgeschrittene Forschungsprojekte« gesetzt und von diesem Ministerium auch finanziert. Zu jenem Zeitpunkt lag das Schwergewicht der Förderung von Forschungsprojekten auf den Gebieten der Chemie und Physik – Ionenstrahlen, Umkehrduplikation oder pi-Mesonen-Substrate –, aber es war auch schon zunehmendes Interesse an biologischen Problemen festzustellen. So befaßte sich eine Forschungsgruppe mit elektronischen Schrittmachern für Gehirnfunktionen (ein beschönigender Ausdruck für psychische Beeinflussung); eine zweite hatte einen Bericht über Biosynergismen vorgelegt, die in Zukunft möglichen Kombinationen von Mensch und Maschine durch implantierte Apparate; eine weitere wertete das Projekt Ozma aus, die in den Jahren 1961-1964 durchgeführte Suche nach außerirdischem Leben. Eine vierte Gruppe arbeitete an den Vorentwürfen zu einer Maschine, die alle Funktionen des Menschen ausführen und sich selbst fortpflanzen konnte.

All diese Projekte waren höchst theoretisch, alle waren sie mit namhaften Wissenschaftlern besetzt. Wer auf die Forschungsliste kam, genoß beträchtliches Ansehen und durfte für die Zukunft sicher mit der Bewilligung von Mitteln für Planung und Entwicklung rechnen.

Als nun Stones Ausschuß einen vorläufigen Entwurf der »Denkschrift zur Analyse von Lebewesen« vorlegte, in dem dargestellt wurde, auf welche Weise jegliches Lebendige studiert werden kann, antwortete das Verteidigungsministerium mit der sofortigen Zuwendung von zweiundzwanzig Millionen Dollar für den Bau eines speziellen Isolierlabors. (Diese recht hohe Summe erschien gerechtfertigt, da das Projekt auch Berührungspunkte zu anderen, bereits eingeleiteten Untersuchungen hatte. Im Jahre 1965 wurde dem ganzen Gebiet des Sterilisierens und der Verseuchung besondere Bedeutung beigemessen. Die NASA beispielsweise baute ein Mondrückkehrlabor, eine streng geheime Einrichtung für Astronauten, die vom Mond zurückkehrten und möglicherweise für den Menschen schädliche Bakterien oder Viren mitbrachten. Jeder vom Mond heimkehrende Astronaut sollte dort drei Wochen lang unter Quarantäne gestellt werden, bis die Desinfektion abgeschlossen war. Ferner ging es dabei um das Problem »sauberer Räume« für die Industrie, in denen Keime und Staub auf ein Minimum eingeschränkt wurden, sowie um die in Bethesda untersuchten »sterilen Kammern«. Aseptisches Milieu, »Lebensinseln« und sterile Einrichtungen hatten für die Zukunft offensichtlich große Bedeutung; deshalb betrachtete man die Finanzierung von Stones Projekt als eine gute Investition für all diese Gebiete.)

Als das Geld erst einmal zur Verfügung stand, machte der Bau rasche Fortschritte. Das Endergebnis, das Wildfire-Laboratorium, wurde 1966 in Flatrock, Nevada, gebaut. Den Auftrag erhielt die Marine-Bauabteilung der Electric Boat Division von General Dynamics, da diese Firma große Erfahrung im Bau von Unterkünften auf Atom-U-Booten mitbrachte, wo Menschen auch für längere Perioden völlig abgeschlossen leben und arbeiten mußten.

Der Plan sah ein kegelförmiges unterirdisches Bauwerk mit fünf Stockwerken vor. Die einzelnen Stockwerke waren kreisförmig um einen gemeinsamen Kern angelegt, der alle Versorgungsleitungen und die Aufzüge enthielt. Nach unten hin wurden die Stockwerke immer steriler: Nummer eins war unsteril, zwei mäßig steril, drei streng steril und so weiter. Von einem Stockwerk zum nächsten gab es keinen freien Durchgang. Wer nach oben oder nach unten wollte, mußte sich einer umfangreichen Sterilisation und Quarantäne unterwerfen.

Nachdem das Labor vollendet war, mußte nur noch das Wildfire-Alarm-Team ausgewählt werden, jene Gruppe von Wissenschaftlern, die jeden bisher unbekannten Organismus zu untersuchen hatte. Nach der Erprobung verschiedener möglicher Zusammensetzungen wurden fünf Männer ausgesucht, zu denen auch Jeremy Stone selbst gehörte. Diese fünf waren bereit, sich im Falle eines biologischen Alarms sofort in Marsch zu setzen.

Knapp zwei Jahre nach seinem Brief an den Präsidenten konnte Stone zufrieden feststellen, daß »Amerika in der Lage ist, sich mit einem neu auftauchenden biologischen Agens auseinanderzusetzen«. Er erklärte, wie erfreulich die Antwort Washingtons ausgefallen und wie rasch seine Ideen ausgeführt worden seien. Ganz privat allerdings äußerte er sich gegenüber Freunden dahingehend, daß es fast zu leicht gewesen sei, da Washington sich beinahe allzu bereitwillig mit seinen Plänen einverstanden erklärt habe.

Stone konnte die Gründe nicht kennen, die hinter Washingtons Eifer steckten; er wußte auch nichts von der echten Sorge, mit der viele hohe Regierungsbeamte dieses Problem betrachteten. Stone wußte nämlich bis zu dem Abend, an dem er von der blauen

Militärlimousine mitten aus seiner Party heraus abgeholt wurde, nichts vom Unternehmen Scoop.

»Etwas Schnelleres konnten wir nicht auftreiben«, sagte der Offizier.

Stone kam sich beim Besteigen der Maschine ein wenig absurd vor. Es handelte sich um eine völlig unbesetzte Boeing 727. Leer lagen die Sitzreihen vor ihm.

»Nehmen Sie ruhig in der Ersten Klasse Platz«, sagte der Offizier mit leisem Lächeln. »Es spielt hier keine Rolle.« Einen Augenblick später war er verschwunden. Ihn löste nicht etwa eine hübsche Stewardeß ab, sondern ein gestrenger MP-Mann mit einer mächtigen Pistole an der Hüfte, der sich neben der Tür aufbaute. Die Triebwerke würden gestartet, sie jaulten leise in der Nacht.

Stone lehnte sich mit den Scoop-Unterlagen auf dem Schoß zurück und begann zu lesen. Die Lektüre war faszinierend; Stone blätterte das Aktenstück so rasch durch, daß der Militärpolizist meinte, sein Passagier überfliege den Inhalt lediglich. Doch Stone las jedes einzelne Wort.

Scoop war das geistige Kind von Generalmajor Thomas Sparks, dem Chef des Sanitätskorps der Armee, Abteilung Chemische und Biologische Kriegführung. Sparks waren die Forschungszentren für C- und B-Waffen Fort Detrick in Maryland, Harley in Indiana und Dugway in Utah unterstellt. Stone war ihm nur ein- oder zweimal begegnet und hatte ihn als einen liebenswürdigen Mann mit Brille in Erinnerung. Jedenfalls sah er ganz anders aus, als man sich einen Mann mit einem solchen Job gemeinhin vorstellt.

Stone las weiter und erfuhr, daß das Projekt Scoop im Jahre 1963 an das Strahlantriebslabor des Kalifornischen Instituts für Technologie in Pasadena vergeben worden war. Als Zweck des Unternehmens wurde das Einsammeln all solcher Organismen angeführt, die sich im »erdnahen Bereich« befinden mochten, also in den oberen Schichten der Erdatmosphäre. Genaugenommen handelte es sich um ein militärisches Projekt, obgleich es durch die NASA (National Aeronautics and Space Administration), eine angeblich zivile Organisation, finanziert wurde. In Wirklichkeit ist die NASA nichts anderes als eine staatliche Behörde mit stark militärischem Einschlag; 1963 liefen dreiundvierzig Prozent ihrer Vorhaben unter Streng geheim.

Theoretisch entwarf JPL, das Jet Propulsion Laboratory, einen Satelliten für den Grenzbereich zum leeren Raum, der dort zur weiteren Untersuchung Organismen und Staub einzusammeln hatte. Dieses Vorhaben betrachtete man als rein wissenschaftliches Projekt. Für ein solches hielten es auch alle beteiligten Wissenschaftler.

Die wahren Ziele sahen jedoch ganz anders aus.

Die eigentliche Aufgabe von Scoop bestand darin, neue Lebensformen ausfindig zu machen, die sich im Programm von Fort Detrick verwenden ließen. Im wesentlichen ging es also um das Bemühen, neue biologische Waffen für den Krieg zu finden.

Fort Detrick war eine ausgedehnte Forschungsanlage in Maryland, in der man sich um die Entdeckung von Waffen für die chemische und biologische Kriegführung bemühte. Mit einer Ausdehnung von rund 530 Hektar und Anlagen im Wert von etwa hundert Millionen Dollar gehörte Detrick zu den größten Forschungsanlagen, die es in den USA überhaupt gab. Nur fünfzehn Prozent der Ergebnisse wurden in wissenschaftlichen Zeitschriften veröffentlicht; alles übrige war ebenso geheim wie die Berichte aus Harley und Dugway. Harley war eine hermetisch abgeriegelte Anlage, die sich hauptsächlich mit Viren beschäftigte. Im Laufe von zehn Jahren war dort eine ganze Reihe neuer Viren entwickelt worden, angefangen von einer Gattung mit dem Decknamen Carrie Nation, die Diarrhoe hervorrief, bis zu den sogenannten Arnold-Viren, die zu rhythmischen Krampfzuständen und zum Tode führten. Das Dugway-Versuchsgelände in Utah war größer als der ganze Bundesstaat Rhode Island und diente in erster Linie zu Versuchen mit Giftgasen wie Tabun, Sklar und Kuff-11.

Stone wußte, daß nur wenige Amerikaner eine Ahnung vom Ausmaß der amerikanischen Forschungsbemühungen auf dem Gebiet der chemischen und biologischen Kriegführung hatten. Die staatlichen Gesamtausgaben für CBW (Chemical and Bacteriological Warfare) überstiegen eine halbe Milliarde Dollar pro Jahr. Ein Großteil dieser Summe verteilte sich auf akademische Forschungsstätten wie die Johns-Hopkins-Universität in Pennsylvania und die Universität von Chicago, an die zu vage formulierten Bedingungen Aufträge zur Untersuchung von Waffensystemen vergeben wurden. In manchen Fällen waren die Bedingungen allerdings nicht so vage. Das Johns-Hopkins-Programm wurde eingerichtet zur Auswertung von »Untersuchungen tatsächlicher oder möglicher Verletzungen und Krankheiten, Untersuchungen über Krankheiten mit potentieller Bedeutung für die chemisch-biologische Kriegführung und die Auswertung gewisser chemischer und immunologischer Reaktionen auf bestimmte Toxine und Vakzine«.

In den vergangenen acht Jahren war kein einziges Forschungsergebnis des Johns-Hopkins-Programms offen publiziert worden. Aus anderen Universitäten, wie der von Chicago und der von Kalifornien in Los Angeles, wurde gelegentlich einiges veröffentlicht, doch galten solche Arbeiten bei den Militärs als »Versuchsballons« – Paradebeispiele der laufenden Forschung zur Einschüchterung ausländischer Beobachter. Ein klassisches Beispiel dafür war ein von Tendron und fünf Mitautoren veröffentlichter Aufsatz über die »Erforschung eines Toxins, das zu einer raschen Aufhebung der oxydativen Phosphorylierung durch perkutane Absorption führt«.

Dieser Aufsatz beschrieb ein Gift – ohne es jedoch genau zu nennen –, das durch die Haut aufgenommen wurde und einen Menschen binnen weniger als einer Minute tötete. Man war sich im klaren darüber, daß es sich hierbei im Vergleich zu anderen, in den letzten Jahren entwickelten Giften um eine bescheidene Leistung handelte.

Bei all dem Geld und der Mühe, die für CBW aufgewandt wurden, hätte man meinen sollen, daß laufend neue und vollkommenere tödliche Waffen entwickelt würden. Das war jedoch von 1961 bis 1965 nicht der Fall; der Unterausschuß des Senats für Fragen der Verteidigungsbereitschaft gelangte 1961 zu dem Schluß, daß die »konventionelle Forschung alles andere als zufriedenstellend« verlaufe und daß »neue Wege und Methoden der Forschung« auf diesem Gebiet beschritten werden müßten.

Genau das beabsichtigte Generalmajor Thomas Sparks mit dem Projekt Scoop.

In seiner endgültigen Form sah das Scoop-Programm den Start von siebzehn Satelliten in eine Umlaufbahn um die Erde vor; sie sollten Organismen sammeln und sie zur Erde zurückbringen. Stone studierte die zusammenfassenden Berichte über die vorangegangenen Starts.

Scoop 1 war ein vergoldeter, kegelförmiger Satellit mit einem Gesamtgewicht von 16,6 Kilogramm. Er wurde am 12. März 1966 vom Luftwaffenstützpunkt und Versuchsgelände Vandenberg in Purisima, Kalifornien, aus gestartet. Vandenberg wird für West-Ost-Umlaufbahnen benutzt, während Kap Kennedy von Ost nach West startet. Vandenberg hat den zusätzlichen Vorteil, daß die Geheimhaltung hier einfacher ist als in Kap Kennedy.

Scoop 1 umkreiste die Erde sechs Tage lang, bevor er zurückgeholt wurde. Er landete ohne Zwischenfälle in einem Sumpf bei Athens in Georgia. Leider stellte sich heraus, daß er nur die üblichen irdischen Bakterien mitbrachte.

Scoop II verbrannte aufgrund eines Instrumentenfehlers beim Wiedereintritt in die Erdatmosphäre. Auch Scoop III verbrannte, obwohl er mit einem neuartigen Hitzeschild aus Plastik- und Wolfram-Lamellen ausgerüstet war.

Die Scoop-Satelliten IV und V wurden unversehrt im Indischen Ozean und in den Vorbergen der Appalachen geborgen, doch enthielt keiner von beiden grundlegend neue Mikroben. Was man isolieren konnte, waren harmlose Abarten von *Staphylococcus albus*, ein überall auf der menschlichen Haut anzutreffender Keim. Diese Mißerfolge führten zur weiteren Intensivierung der Sterilisation vor dem Start.

Scoop VI wurde am Neujahrstag 1967 gestartet. Er enthielt die allerletzten Verfeinerungen nach den Erfahrungen der früheren Experimente. Auf diesen verbesserten Satelliten wurden große Hoffnungen gesetzt. Er ging elf Tage später in der Nähe von Bombay in Indien nieder. Unter strengster Geheimhaltung wurde die 34. Luftlandedivision, damals in Evreux in Frankreich stationiert, zur Bergung der Kapsel befohlen. Diese Vierunddreißigste wurde bei jedem Raumstart in Alarmbereitschaft versetzt, und zwar entsprechend der Vorschriften der »Operation Scrub«; hierbei handelte es sich um einen Plan, der zunächst für den Fall entwickelt worden war, daß eine Mercury- oder Gemini-Kapsel gezwungen sein sollte, in Sowjetrußland oder einem Land des Ostblocks niederzugehen und Hilfe anzufordern. Die Operation Scrub war der ausschlaggebende Grund dafür, in der ersten Hälfte der sechziger Jahre eine einzelne Luftlandedivision in Westeuropa zu belassen.

Scoop VI wurde ohne besondere Zwischenfälle geborgen. Der Satellit brachte eine bisher unbekannte Form von einzelligen Organismen mit, kokkenähnlich in der Form, gramnegativ, koagulierend und Triokinase-positiv. Sie erwiesen sich jedoch als unschädlich für sämtliche Lebewesen mit Ausnahme von Haushühnern, die nach einer Infektion vier Tage lang gelinde Krankheitserscheinungen zeigten.

Bei den Männern von Detrick schwand bereits die Hoffnung auf die erfolgreiche Entdeckung eines tödlichen Stoffes mit Hilfe des Scoop-Programms. Dennoch wurde Scoop VII kurz nach Scoop VI gestartet. Das genaue Datum wird geheimgehalten, dürfte jedoch der 5. Februar 1967 gewesen sein. Scoop VII erreichte sofort eine stabile Umlaufbahn mit einer Erdferne von 507 Kilometern und einer Erdnähe von 358 Kilometern. Diese Bahn behielt der Satellit zweieinhalb Tage lang unverändert bei, dann verließ er aus ungeklärten Gründen plötzlich seine bis dahin stabile Umlaufbahn; es wurde beschlossen, durch Funksignal die Landung einzuleiten.

Der vorausberechnete Landungspunkt war ein menschenleeres Gebiet im nordöstlichen Arizona.

Mitten im Flug wurde Stone in seiner Lektüre durch einen Offizier unterbrochen, der ihm ein Telefon brachte und in respektvoller Entfernung wartete, während Stone sprach.

»Ja?« Stone kam sich komisch vor. Er war es nicht gewöhnt, während einer Flugreise zu telefonieren.

»Hier General Marcus«, meldete sich eine müde Stimme.

Stone kannte keinen General Marcus. »Ich wollte Ihnen nur mitteilen, daß alle Mitglieder des Teams herbeigerufen wurden, bis auf Professor Kirke.«

»Was ist mit dem?«

»Professor Kirke liegt im Krankenhaus«, sagte der General. »Sie erfahren weitere Einzelheiten sofort nach der Landung.«

Damit war das Gespräch beendet. Stone gab dem Offizier das Telefon zurück. Er dachte eine Weile über die anderen Mitglieder des Teams nach und überlegte, wie sie wohl reagiert haben mochten, als man sie aus dem Bett warf.

Da war zunächst Leavitt. Der würde natürlich rasch reagieren. Leavitt war ein klinischer Mikrobiologe, ein Mann mit reichen Erfahrungen in der Behandlung von Infektionskrankheiten. Leavitt hatte zeit seines Lebens genug Seuchen und Epidemien miterlebt, um zu wissen, wie wichtig rasches Handeln war. Außerdem war da noch sein tief verwurzelter Pessimismus, der ihn nie verließ. (Leavitt hatte einmal gesagt: »Auf meiner Hochzeit mußte ich nur immer daran denken, wieviel Alimente sie mich kosten wird.«) Er war ein reizbarer, knurriger, gewichtiger Mann mit einem griesgrämigen Gesicht und traurigen Augen, die in eine triste, elende Zukunft zu blicken schienen; aber er war auch scharfsinnig und phantasiebegabt und fürchtete sich nicht vor kühnen Gedankengängen.

Dann war da der Pathologe Burton aus Houston. Stone hatte Burton nie besonders gemocht, doch erkannte er ihn als begabten Forscher an. Burton und Stone waren ihrer Veranlagung nach ganz verschieden: Stone ordnungsliebend, Burton schlampig;

Stone beherrscht, Burton impulsiv; wenn Stone zuversichtlich war, erschien Burton nervös, reizbar und nörglerisch. Seine Kollegen nannten ihn den »Stolperer«, wobei sie teils auf seine lose hängenden Schnürbänder und die weiten Hosenumschläge anspielten, teils auch auf sein Talent, durch Zufall über eine wichtige Entdeckung nach der andern zu stolpern.

Kirke, der Anthropologe aus Yale, konnte offensichtlich nicht kommen. Falls der Bericht der Wahrheit entsprach, wußte Stone schon jetzt, daß er ihn sehr vermissen werde. Kirke war ein mangelhaft informierter, eingebildeter Mann, dem der Zufall einen überragend logischen Verstand beschert zu haben schien. Er besaß die Fähigkeit, sofort das Wesentliche an einem Problem zu erfassen und die nötigen Folgerungen daraus zu ziehen; zwar brachte er es nicht fertig, sein eigenes Bankkonto nachzurechnen, aber oft kamen Mathematiker zu ihm und baten ihn um seine Hilfe bei der Lösung höchst abstrakter Probleme.

Einen solchen Verstand würde Stone sehr vermissen. Der fünfte Mann war sicherlich keine große Hilfe. Stone legte die Stirn in Falten, als er über Mark Hall nachdachte. Hall war als Kompromißkandidat ins Team aufgenommen worden; Stone hätte lieber einen Arzt mit reicher Erfahrung auf dem Gebiet der Stoffwechselerkrankungen gehabt; die Wahl eines Chirurgen war erst nach langem Zögern erfolgt. Das Verteidigungsministerium und die Atomenergiekommission hatten starken Druck dahingehend ausgeübt, daß Hall aufgenommen wurde, weil diese Leute der Außenseiter-Hypothese anhingen. Schließlich hatten Stone und die anderen nachgegeben.

Stone wußte nicht viel über Hall; er fragte sich, was er wohl sagen würde, wenn man ihn von dem Alarm verständigte. Von den erheblichen Verzögerungen bei der Verständigung der Mitglieder des Teams konnte Stone nichts wissen. Burton, der Pathologe, war beispielsweise erst um fünf Uhr morgens abgeholt worden, Peter Leavitt, der Mikrobiologe, wurde erst um halb sieben verständigt, als er ins Krankenhaus kam.

Hall bekam die erste Nachricht genau um 7.05 Uhr.

Mark Hall sagte später darüber: »Es war ein erschreckendes Erlebnis. In einem einzigen Augenblick wurde ich aus meiner vertrauten Umwelt gerissen und in eine völlig fremde gestürzt.« Um 6.45 Uhr stand Hall im Waschraum neben dem OP 7 und schrubbte seine Hände und Arme für die erste Operation des Tages. Das war eine seit vielen Jahren vertraute tägliche Routine. Hall war entspannt und wechselte ein paar Scherzworte mit dem Stationsarzt, der sich neben ihm wusch.

Als er fertig war, betrat er den Operationssaal. Er hielt seine Arme vom Körper abgespreizt, bis ihm die Instrumentenschwester ein steriles Handtuch zum Abtrocknen reichte. Im OP befanden sich noch ein weiterer Arzt, der den Patienten für die Operation vorbereitete – er reinigte den Operationsbereich mit Jod und Alkohollösung –, sowie eine weitere Schwester. Sie wechselten kurze Grüße.

Im Krankenhaus war Hall als rascher, gern aufbrausender und unberechenbarer Operateur bekannt. Er arbeitete beinahe doppelt so schnell wie andere Chirurgen. Wenn alles glatt ging, lachte und scherzte er bei der Arbeit, neckte seine Assistenten, die Schwestern und den Anästhesisten. Wenn aber nicht alles reibungslos lief, wenn die Arbeit langwierig und schwierig wurde, konnte Hall ausgesprochen reizbar und unangenehm werden.

Wie die meisten Chirurgen bestand er auf strikter Einhaltung der Routine. Alles mußte in einer bestimmten Reihenfolge und auf ganz bestimmte Art ablaufen. Geschah das nicht, regte er sich auf.

Da die anderen im OP das wußten, blickten sie besorgt zur Zuschauergalerie empor, als dort Leavitt auftauchte. Leavitt schaltete das Sprechgerät ein, das den Zuschauerraum oben mit dem OP unten verband, und sagte: »Hallo, Mark.«

Hall hatte den Patienten gerade – bis auf den Unterbauch – mit sterilen grünen Tüchern abgedeckt. Überrascht hob er den Kopf. »Hallo, Peter.«

»Entschuldigen Sie die Störung, aber es handelt sich um eine sehr dringende Sache«, sagte Leavitt.

»Muß warten«, erwiderte Hall. »Ich beginne gerade zu operieren.«

Er war mit der Versorgung fertig und rief nach dem Hautskalpell. Schon tastete er das Abdomen nach Anhaltspunkten für die Lage des Einschnitts ab.

»Die Sache kann nicht warten«, sagte Leavitt.

Hall hielt inne. Er legte das Skalpell hin und schaute nach oben. Eine ganze Weile blieb es still.

»Wie, zum Teufel, meinen Sie das?«

Leavitt blieb ruhig. »Sie werden abbrechen müssen. Es ist wirklich dringend.«

»Hören Sie, Peter, ich habe hier einen Patienten zur Operation liegen. In Narkose. Ich kann doch nicht einfach . . .«

»Kelly wird das für Sie übernehmen.«

Kelly war einer seiner Mitarbeiter.

»Kelly?«

»Er bereitet sich schon vor«, sagte Leavitt. »Es ist alles arrangiert. Ich erwarte Sie in Ihrem Umkleideraum – in ungefähr dreißig Sekunden.«

Damit entfernte er sich.

Hall funkelte alle Anwesenden der Reihe nach wütend an. Keiner regte sich, niemand sagte ein Wort. Dann streifte er seine Handschuhe ab und stampfte mit einem lauten Fluch aus dem Operationssaal.

Hall betrachtete seine Verbindung zum Unternehmen Wildfire bestenfalls als nebensächlich. Im Jahre 1966 war Leavitt, der Chef der Bakteriologie im Krankenhaus, an ihn herangetreten und hatte ihm in großen Zügen den Zweck des Projekts erklärt. Hall hatte das alles recht amüsant gefunden und sich bereit erklärt, in dem Team mitzuwirken, falls seine Dienste jemals gebraucht werden sollten. Insgeheim war er davon überzeugt, daß doch niemals etwas aus Wildfire werden würde.

Leavitt hatte Hall angeboten, ihn die Akten über Wildfire lesen zu lassen und über das Projekt auf dem laufenden zu halten. Zuerst hatte Hall die Akten höflich entgegengenommen, aber bald wurde es klar, daß er sich nicht die Mühe machte, sie zu lesen. Deshalb hatte Leavitt ihm später keine Unterlagen mehr gegeben. Das konnte Hall nur recht sein. Er hatte es ohnehin nicht gern, wenn sein Schreibtisch voller Papier lag.

Vor einem Jahr hatte ihn Leavitt gefragt, ob er sich denn nicht für etwas interessiere, bei dem er freiwillig mitmache – eine Sache, die sich in Zukunft leicht als gefährlich erweisen könne.

»Nein«, hatte Hall rundweg geantwortet.

Als Hall nun im Arztraum stand, bedauerte er die Ablehnung. Der Arztraum war klein, fensterlos und ringsherum mit Einbauschränken versehen. In der Mitte des Raumes stand eine große Kaffeemaschine mit einem Stapel Pappbecher daneben. Leavitt goß sich gerade einen Becher voll ein. Sein langes, ernstes Gesicht, das an das eines Jagdhundes erinnerte, wirkte düster.

»Sicher ist der Kaffee wieder schrecklich«, sagte er. »In einem Krankenhaus bekommt man nirgendwo eine anständige Tasse Kaffee. Ziehen Sie sich rasch um.«

Hall knurrte: »Würden Sie vielleicht so freundlich sein, mir zuerst . . .«

»Nein, ich würde nicht«, unterbrach ihn Leavitt. »Ziehen Sie sich um. Draußen wartet schon ein Wagen, und wir sind ohnehin spät dran. Vielleicht sogar zu spät.«

Seine mürrische, melodramatische Ausdrucksweise hatte Hall schon immer geärgert.

Mit lautem Schlürfen probierte Leavitt den Kaffee. »Genau, wie ich's mir gedacht hatte«, sagte er. »Wie vertragen Sie das Zeug nur? Bitte, machen Sie schnell.«

Hall schloß seinen Schrank auf und lehnte sich an die offene Tür. Er zog die schwarzen Überschuhe aus Plastik aus, die im OP zur Vermeidung statischer Aufladung getragen werden mußten. »Jetzt sagen Sie mir nur noch, das hätte mit diesem verdammten Unternehmen zu tun.«

»Genau«, antwortete Leavitt. »Und jetzt sputen Sie sich. Der Wagen wartet schon. Er soll uns zum Flughafen bringen, und der Morgenverkehr ist schlimm genug.«

Hall zog sich rasch um. Im Augenblick konnte er keinen klaren Gedanken fassen. Sein Verstand war wie betäubt. Aus irgendwelchen Gründen hatte er es nie für möglich gehalten, daß dieser Fall eintreten würde. Er zog sich an und ging zusammen mit Leavitt zum Hauptportal. Draußen im Sonnenschein sah er einen olivgrünen Wagen der US-Army an der Bordsteinkante stehen. Das Rotlicht auf dem Dach kreiste. Da wurde ihm plötzlich zu seinem Entsetzen klar, daß Leavitt keinen Scherz gemacht hatte, daß überhaupt niemand scherzte, daß nun ein furchtbarer Alptraum Wahrheit werden sollte.

Peter Leavitt seinerseits war über Hall verärgert. Leavitt hatte ganz allgemein wenig für praktizierende Ärzte übrig. Er besaß zwar selbst ein medizinisches Diplom, hatte jedoch nie eine Praxis gehabt, sondern sich lieber ganz der Forschung gewidmet. Sein Gebiet war die klinische Mikrobiologie und Epidemiologie, und hier wiederum war er auf Parasiten spezialisiert. Er hatte auf der ganzen Welt Parasitenforschung betrieben. Seine Arbeit führte zur Entdeckung des Brasilianischen Bandwurms *Taenia renzi*, den er 1953 benannt und beschrieben hatte.

Mit dem Älterwerden hatte Leavitt jedoch das Reisen aufgegeben. Er sagte gern, das öffentliche Gesundheitswesen sei etwas für junge Leute. Nach dem fünften Fall von Amöbenruhr soll man damit aufhören. Seine fünfte Darmerkrankung zog sich Leavitt 1955 in Rhodesien zu. Drei Monate lang war er schwer krank und verlor vierzig Pfund an Gewicht. Danach zog er sich aus dem Gesundheitsdienst zurück. Die Stelle als Mikrobiologe im Krankenhaus wurde ihm angeboten; er nahm sie unter der Bedingung an, daß ihm noch genügend Zeit für seine Forschungen übrigblieb.

Bei den Kollegen im Krankenhaus war er als hervorragender klinischer Bakteriologe geachtet; sein eigentliches Interessengebiet jedoch blieben nach wie vor Parasiten. In der Zeit von 1955 bis 1964 veröffentlichte er eine Reihe brillanter Arbeiten über *Ascaris* und *Necator*, die von anderen Experten auf diesem Gebiet hochgerühmt wurden.

Leavitts Ruf ließ ihn als idealen Kandidaten für das Projekt Wildfire erscheinen; über Leavitt wurde die Berufung an Hall herangetragen. Leavitt kannte die Hintergründe, die zu Halls Wahl geführt hatten – Hall selbst allerdings kannte sie nicht.

Als Leavitt ihn aufgefordert hatte mitzumachen, hatte sich Hall nach dem Warum erkundigt. »Ich bin ja nur ein einfacher Chirurg«, war sein Einwand gewesen.

»Ja, aber Sie verstehen etwas von Elektrolyten.«

»Na und?«

»Das könnte wichtig werden. Blutuntersuchungen, pH, Säure- und Basenbestimmung und so weiter. Wenn es einmal so weit ist, kann das von ausschlaggebender Bedeutung sein.«

»Aber es gibt doch eine ganze Menge guter Elektrolytiker«, hatte Hall erklärt. »Viele sind weitaus besser als ich.«

»Ja, aber die sind alle verheiratet«, war Leavitts Antwort gewesen.

»Was hat das zu sagen?«

»Wir brauchen einen Junggesellen.«

»Wozu?«

»*Ein* Mitglied unseres Teams muß unverheiratet sein.«

»Verrückt!«

»Vielleicht«, hatte Leavitt gesagt. »Vielleicht auch nicht.«

Sie verließen das Krankenhaus und gingen hinunter zu dem Militärfahrzeug. Ein junger Offizier erwartete sie in strammer Haltung und salutierte, als sie näherkamen.

»Dr. Hall?«

»Ja.«

»Kann ich bitte Ihre Karte sehen?«

Hall reichte ihm die kleine Plastikkarte mit seinem Paßfoto. Er hatte diese Karte nun seit über einem Jahr in seiner Brieftasche mit sich herumgetragen. Es war eine ziemlich eigenartige Karte:

nur ein Name, ein Foto und ein Daumenabdruck, sonst nichts. Überhaupt nichts deutete darauf hin, daß es sich um einen amtlichen Ausweis handelte.

Der Offizier betrachtete die Karte, dann Hall, dann wieder die Karte. Er gab sie zurück.

»Sehr gut, Sir.«

Er öffnete den Wagenschlag der Limousine; Hall stieg ein. Leavitt folgte ihm und schirmte seine Augen gegen das zuckende Rotlicht auf dem Dach ab. Hall bemerkte es.

»Ist Ihnen nicht gut?«

»Alles in Ordnung. Ich mag einfach keine zuckenden Lichter. Sie erinnern mich an meine Zeit als Ambulanzfahrer während des Krieges.« Leavitt lehnte sich zurück. Der Wagen fuhr an. »So«, fuhr Leavitt fort. »Sobald wir am Flughafen angelangt sind, bekommen wir eine Akte, die wir unterwegs zu lesen haben.«

»Unterwegs? Wohin geht's denn?«

»Sie werden mit einer F-104 fliegen.«

»Wohin?«

»Nevada. Versuchen Sie, unterwegs die Akte durchzulesen. Sobald wir erst einmal da sind, wird es eine Menge zu tun geben.«

»Und die anderen aus unserem Team?«

Leavitt sah nach seiner Uhr. »Kirke liegt mit Blinddarmentzündung im Krankenhaus. Die anderen haben schon mit der Arbeit begonnen. Im Augenblick fliegen sie in einem Hubschrauber über Piedmont in Arizona hinweg.«

»Nie gehört«, sagte Hall.

»Niemand hat von dem Nest gehört«, sagte Leavitt. »Bis jetzt . . .«

6   Piedmont

Am gleichen Morgen um 9.59 Uhr hob ein K-4-Düsenhubschrauber von dem streng geheimen Hangar MSH-9 in Vandenberg ab und flog in Richtung Osten, nach Arizona.

Die Entscheidung, von einem MSH (Maximum Security Hangar) abzuheben, stammte von Major Manchek, der befürchtete, daß die Schutzanzüge Aufmerksamkeit erregen könnten. Im Hubschrauber saßen nämlich drei Männer, der Pilot und zwei Wissenschaftler, und alle drei trugen aufblasbare Anzüge aus Plastik. Darin sahen sie aus wie Marsmenschen oder, wie es einer der Techniker ausdrückte, »wie Ballons von einem Werbeumzug«.

Als sich der Hubschrauber in den klaren Morgenhimmel erhob, sahen sich die beiden Wissenschaftler an. Der eine war Jeremy Stone, der andere Charles Burton. Beide waren erst vor wenigen Stunden in Vandenberg angekommen – Stone von der Stanford-Universität und Burton von der Baylor-Universität in Houston.

Der Pathologe Burton war vierundfünfzig, Professor an der Medizinischen Fakultät und Berater des NASA-Zentrums für bemannte Weltraumflüge in Houston. Zuvor hatte er in den Staatlichen Instituten in Bethesda Forschungsaufträge erledigt. Sein Fachgebiet waren die Auswirkungen von Bakterien auf das menschliche Gewebe.

Es gehört mit zu den Eigentümlichkeiten in der Entwicklung der Wissenschaften, daß Burton dieses lebenswichtige Gebiet, als er darauf stieß, praktisch unberührt vorfand. Obgleich man seit Henles Hypothese aus dem Jahre 1840 wußte, daß Keime Krankheiten verursachen, war um die Mitte des zwanzigsten Jahrhunderts immer noch nichts darüber bekannt, warum und auf welche Weise Bakterien Schaden anrichten: Die spezifischen Mechanismen waren noch ganz unerforscht.

Burton begann, wie so viele andere Zeitgenossen auch, mit *Diplococcus pneumoniae,* dem Erreger der Lungenentzündung. Vor der Einführung des Penicillins in den vierziger Jahren herrschte großes Interesse an den Pneumokokken. Danach verflüchtigten sich sowohl das Interesse als auch die Mittel für die weitere Forschung. Burton wechselte zum *Staphylococcus aureus* über, einem weitverbreiteten Erreger von Hautkrankheiten wie »Pickel« und »Beulen«. Als er mit seiner Arbeit begann, lachten ihn seine Forscherkollegen aus; Staphylokokken waren, wie auch die Pneumokokken, äußerst anfällig gegen Penicillin. Man zweifelte daran, daß Burton jemals genug Geld bewilligt bekommen würde, um seine Arbeit fortsetzen zu können.

Fünf Jahre lang behielten sie recht. Die Mittel waren so knapp, daß Burton sich oft gezwungen sah, bei Stiftungen und Philanthropen betteln zu gehen. Aber er blieb hartnäckig und erforschte mit unendlicher Geduld die Schichten der Zellwand, die im Gewebe des Wirtes eine Reaktion hervorrufen; so trug er zur Entdeckung eines halben Dutzends verschiedener Toxine bei, die von den Bakterien abgesondert werden und Gewebe auflösen, die Infektion verbreiten und rote Blutkörperchen zerstören.

In den fünfziger Jahren tauchten plötzlich die ersten penicillin-resistenten Staphylokokken-Stämme auf. Diese neuen Formen waren virulent und führten zu bizarren Todesfällen, oft herbeigeführt durch Hirnabszesse. Praktisch über Nacht konnte Burton feststellen, daß seinem Werk größte Bedeutung zukam. Dutzende von Laboratorien im ganzen Land gingen zum Studium der Staphylokokken über, die zu einem »brennenden Problem« geworden waren. In einem einzigen Jahr schnellten Burtons Forschungsmittel von 6000 bis auf 300 000 Dollar hoch. Bald darauf wurde er zum Professor der Pathologie ernannt.

Rückblickend war Burton nicht sonderlich stolz auf seine Leistung. Es war, wie er wußte, ein reiner Glücksfall gewesen, daß er im entscheidenden Augenblick gerade am richtigen Platz die richtige Arbeit tat.

Und jetzt fragte er sich, wie das nun hier weitergehen sollte – warum er in diesem Augenblick hier im Hubschrauber saß.

Jeremy Stone saß ihm gegenüber und gab sich redliche Mühe, sich den Abscheu nicht anmerken zu lassen, den Burtons äußere Erscheinung in ihm weckte. Unter dem Plastikanzug trug Burton ein schmutziges buntes Sporthemd mit einem Fleck auf der rechten Brusttasche; seine Hose war schmierig und zerknittert, und selbst sein Haar wirkte auf Stone wirr und unordentlich.

Er sah zum Fenster hinaus und zwang seine Gedanken in eine andere Richtung. »Fünfzig Menschen«, sagte er kopfschüttelnd. »Alle innerhalb von acht Stunden nach der Landung von Scoop VII gestorben. Es geht hauptsächlich um die Frage nach der Übertragungsart.«

»Vermutlich Ansteckung durch die Luft«, sagte Burton.

»Ja. Vermutlich.«

»In unmittelbarer Umgebung der Stadt scheinen alle gestorben zu sein«, sagte Burton. »Liegen Berichte über Todesfälle aus der weiteren Umgebung vor?«

Stone schüttelte den Kopf. »Ich habe die Armee gebeten, diese Frage zu untersuchen. Sie arbeiten mit den Autobahnstreifen zusammen. Bisher wurden von außerhalb noch keine Todesfälle gemeldet.«

»Wind?«

»Damit haben wir Glück. Gestern abend wehte ein ziemlich steifer und gleichmäßiger Wind aus Norden. Rund fünfzehn Stundenkilometer. Aber um Mitternacht legte er sich. Ziemlich ungewöhnlich für diese Jahreszeit, wie man mir sagte.«

»Aber für uns ein Vorteil.«

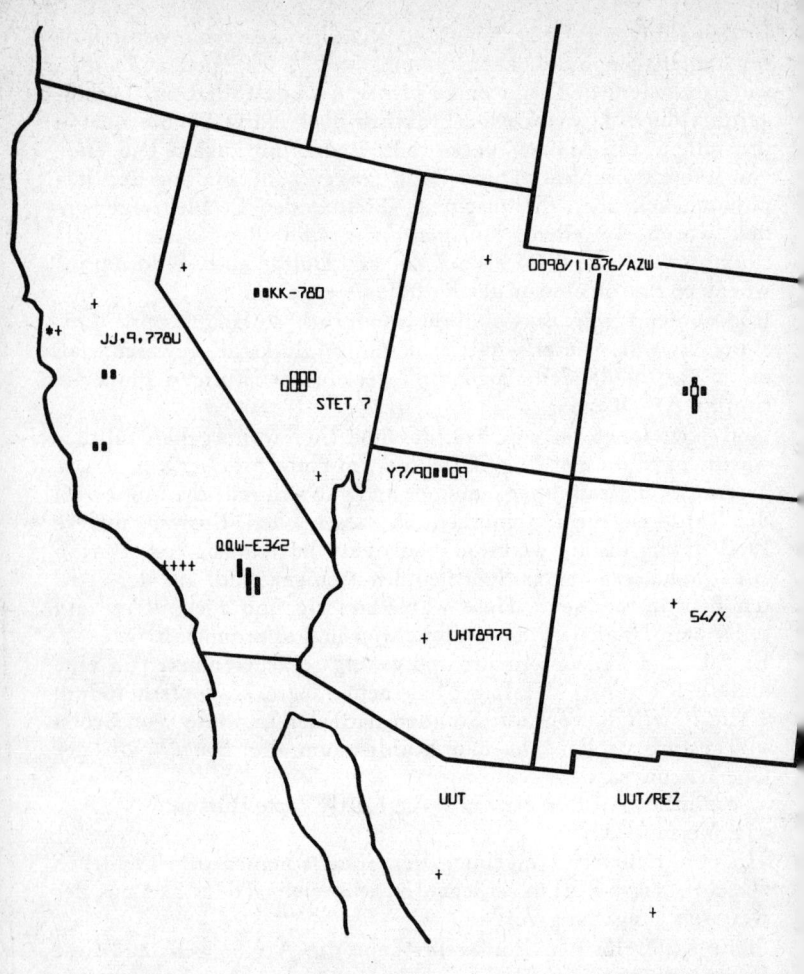

Anmerkung zu den Computer-Karten: Diese drei Karten sind Beispiele für die verschiedenen Stadien der durch Computer erstellten Output-Karten. Die erste Karte sieht noch verhältnismäßig normal aus; es kommen nur die Computer-Koordinaten in der Umgebung der besiedelten Flächen und anderer wichtiger Gebiete hinzu.

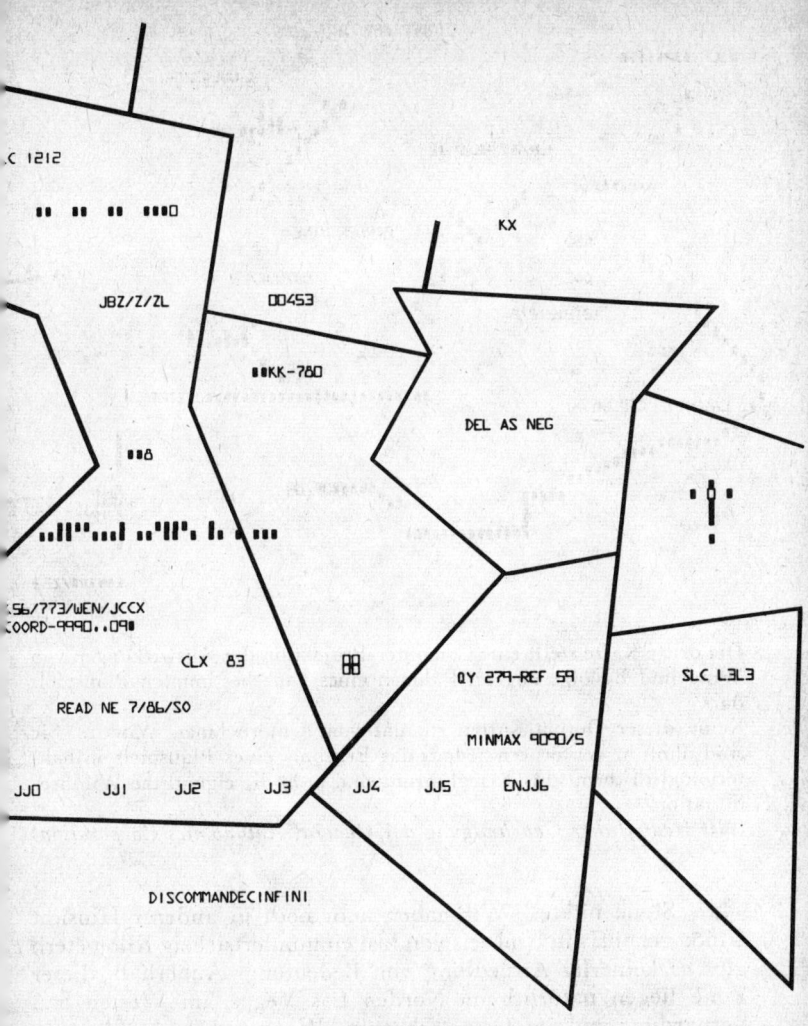

Die zweite Karte ist so abgewandelt, daß sie Angaben über die Windverhältnisse und über die Bevölkerung macht; sie ist daher verzerrt.

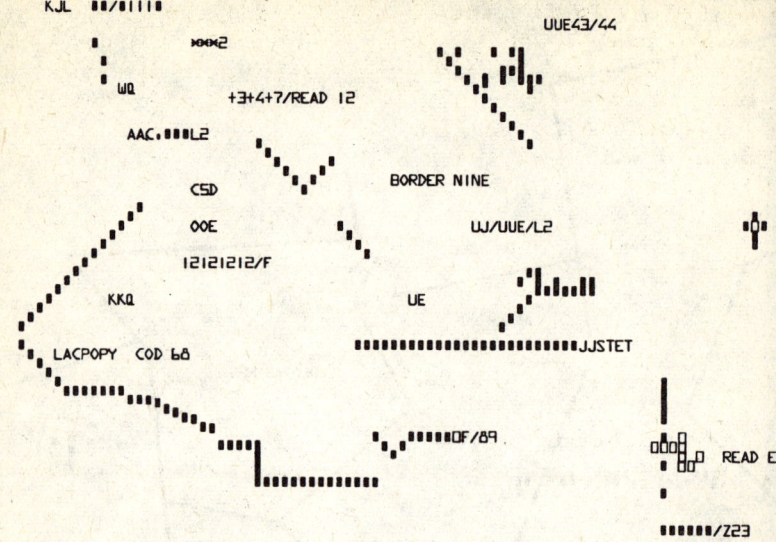

Die dritte Karte stellt eine Computer-Projektion der Auswirkungen von Wind und Bevölkerung im Rahmen eines ganz bestimmten Planspiels dar.

Keine dieser Output-Karten stammt vom Unternehmen Wildfire. Sie sind ähnlich, verkörpern jedoch das Ergebnis eines Planspiels in bakteriologisch-chemischer Kriegführung und nicht die eigentliche Wildfire-Situation.

(Mit freundlicher Genehmigung der General Autonomics Corporation)

»Ja.« Stone nickte. »Wir haben auch noch in anderer Hinsicht Glück gehabt. Im Umkreis von fast einhundertsiebzig Kilometern gibt es keinerlei Ansiedlung von Bedeutung. Außerhalb dieser Zone liegen natürlich im Norden Las Vegas, im Westen San Bernardino und im Osten Phoenix. Wäre nicht gerade angenehm, wenn die Keime eine dieser Städte erreichten.«

»Aber so lange es windstill bleibt, haben wir Zeit.«

»Vermutlich«, antwortete Stone.

Während der nächsten halben Stunde besprachen die beiden Männer das Übertragungsproblem. Dabei zogen sie immer wieder Verbreitungskarten zu Rate, die über Nacht von den Computern des Stützpunktes Vandenberg ausgearbeitet worden waren. Bei diesen Karten handelte es sich um äußerst verwickelte Analysen geographischer Probleme, in diesem Falle um Darstellungen des Südwestens der Vereinigten Staaten unter Berücksichtigung der Windrichtungen und der in dieser Jahreszeit vorherrschenden Windgeschwindigkeiten.

Das Gespräch wandte sich sodann dem zeitlichen Ablauf beim Eintreten des Todes zu. Beide hatten das Tonband vom Dialog mit dem Bergungswagen abgehört. Sie waren sich darin einig, daß in Piedmont alle Todesfälle ziemlich plötzlich eingetreten sein mußten.

Burton meinte: »Selbst wenn man einem Menschen mit einer Rasierklinge die Gurgel durchschneidet, tritt der Tod nicht so rasch ein. Auch nach Durchtrennung beider Halsschlagadern und beider Jugularvenen dauert es bis zum Eintritt der Bewußtlosigkeit noch zehn bis vierzig Sekunden und fast eine Minute bis zum Tode.«

»In Piedmont scheint es aber nur eine bis zwei Sekunden gedauert zu haben.«

Burton zuckte die Achseln. »Trauma«, vermutete er. »Ein Schlag auf den Kopf.«

»Ja. Oder ein Nervengas.«

»Ist sicher auch möglich.«

»Es kann nur das oder etwas sehr Ähnliches gewesen sein«, sagte Stone. »Auch wenn es sich um einen irgendwie gearteten enzymatischen Block gehandelt hätte, wie bei Arsen oder Strychnin, müßte man doch mit fünfzehn bis dreißig Sekunden rechnen, womöglich mit noch mehr. Aber eine Blockierung der Nervenbahnen oder der neuromuskulären Funktionen oder eine Vergiftung der Großhirnrinde – das kann sehr schnell gehen. Es kann augenblicklich zum Tode führen.«

»Wenn es sich um ein rasch wirkendes Gas handelt«, sagte Burton, »so muß es ein sehr hohes Diffusionsvermögen über die Lungen . . .«

»Oder die Haut«, unterbrach ihn Stone. »Schleimhäute – irgend etwas. Jede poröse Fläche.«

Burton berührte die Plastikhaut seines Schutzanzugs. »Wenn dieses Gas ein so hohes Durchdringungsvermögen aufweist . . .«

Stone lächelte ein wenig. »Das werden wir bald genug herausfinden.«

Über die Sprechverbindung sagte der Pilot: »Wir nähern uns Piedmont, meine Herren. Erbitte Anweisungen.«

Stone sagte: »Kreisen Sie einmal, damit wir uns die Sache ansehen können.«

Der Hubschrauber neigte sich steil. Die beiden Männer sahen den Ort unter sich liegen. Während der Nacht hatten sich die Geier niedergelassen und hockten jetzt um die Leichen herum.

»Das habe ich befürchtet«, sagte Stone.

»Sie könnten zu Trägern der Krankheitserreger werden«, sagte Burton. »Wenn sie infiziertes Fleisch fressen und die Keime verschleppen.«

Stone nickte und starrte zum Fenster hinaus.

»Was sollen wir machen?«

»Vergasen«, antwortete Stone. Er schaltete die Verbindung zum Piloten ein. »Haben Sie die Kanister mit?«

»Ja, Sir.«

»Kreisen Sie noch einmal und übersprühen Sie den Ort.«

»Jawohl, Sir.«

Der Hubschrauber zog einen weiten Kreis über Piedmont. Gleich darauf konnten die beiden Männer den Boden durch die blaßblauen Gaswolken nicht mehr sehen.

»Was ist das?«

»Chlorazin«, erklärte Stone. »In geringer Konzentration sehr wirksam auf den Stoffwechsel der Vögel. Vögel bestehen fast nur aus Federn und Muskeln und haben eine hohe Stoffwechselquote. Ihre Herzfrequenz liegt üblicherweise bei einszwanzig, und manche Arten fressen täglich mehr, als ihr eigenes Körpergewicht ausmacht.«

»Wirkt das Gas entkoppelnd?«

»Ja. Es wird sie ordentlich erwischen.«

Der Hubschrauber zog davon und schwebte dann an einem Punkt. In der sanften Brise wehte das Gas langsam nach Süden davon. Bald konnten sie den Boden wieder sehen. Dort lagen Hunderte von Vögeln. Einige zuckten noch mit den Flügeln, aber die meisten waren bereits tot.

Stone blickte stirnrunzelnd hinab. Er wurde das bohrende Gefühl nicht los, irgend etwas vergessen oder übersehen zu haben, eine Tatsache, einen wichtigen Hinweis, den die Vögel ihm gaben und den er nicht außer acht lassen durfte.

»Erbitte weitere Anweisungen, Sir«, kam die Stimme des Piloten über die Kopfhörer.

»Fliegen Sie bis zur Mitte der Straße«, sagte Stone. »Dort lassen

Sie die Strickleiter hinab. Sie bleiben sieben Meter über dem Boden und gehen keinesfalls tiefer. Ist das klar?«

»Jawohl, Sir.«

»Sobald wir ausgestiegen sind, gehen Sie auf eine Höhe von zweihundert Metern.«

»Jawohl, Sir.«

»Sie kommen zurück, sobald wir Zeichen geben.«

»Jawohl, Sir.«

»Und sollte uns etwas zustoßen . . .«

»Fliege ich auf geradem Wege zu Wildfire«, beendete der Pilot den Satz. Seine Stimme klang spröde.

»Richtig.«

Der Pilot wußte, was das bedeutete. Er wurde nach den höchsten Tarifsätzen der Luftwaffe bezahlt: Zusätzlich zu seinem regulären Sold bezog er Gefahrenzulage, den Zuschlag für Sonderaufgaben in Friedenszeiten, Feindeinsatzprämien und Flugzulagen. Für diesen einen Arbeitstag hatte er über tausend Dollar zu bekommen, und sollte er nicht zurückkehren, so erhielt seine Familie weitere zehntausend Dollar.

Es gab einen guten Grund für diese fürstliche Entlohnung: Sollte Burton und Stone da unten etwas zustoßen, hatte der Pilot Befehl, schnurstracks zum Wildfire-Laboratorium zu fliegen und so lange in einer Höhe von genau zehn Metern über dem Boden zu schweben, bis das Wildfire-Team sich auf die geeignetste Methode geeinigt hatte, ihn mitsamt seiner Maschine in der Luft einzuäschern.

Für dieses Risiko wurde er entsprechend bezahlt. Er hatte sich zu dieser Aufgabe freiwillig gemeldet. Und er wußte auch, daß in siebentausend Metern Höhe, genau über seinem Kopf, ein Düsenjäger der Luftwaffe mit Raketen für Luftziele kreiste. Der Düsenjägerpilot hatte den Auftrag, den Hubschrauber abzuschießen, falls dessen Pilot in letzter Minute die Nerven verlieren und nicht sofort zum Wildfire-Labor zurückfliegen sollte.

»Rutschen Sie nicht ab, Sir«, sagte der Pilot.

Der Hubschrauber flog die einzige Straße des Ortes an und blieb dann regungslos in der Luft hängen. Ein klapperndes Geräusch war zu hören: Die Strickleiter wurde hinabgelassen. Stone stand auf, stülpte seinen Helm über, klinkte den luftdichten Abschluß ein und ließ Luft in den durchsichtigen Anzug. Der blähte sich um seinen Körper auf. Eine kleine Sauerstoffflasche auf dem Rücken enthielt genügend Luft für zwei Stunden Erkundungstätigkeit.

Er wartete, bis auch Burton seinen Anzug hermetisch abgedichtet und aufgeblasen hatte, dann öffnete er die Luke und sah zum Boden hinunter. Der Rotor wirbelte eine mächtige Staubwolke auf.

Stone schaltete das Sprechfunkgerät ein. »Alles klar?«

»Alles klar.«

Stone begann die Leiter hinunterzuklettern. Burton wartete einen Augenblick, dann folgte er ihm. In dem Staubwirbel konnte er nichts sehen, aber dann spürte er, wie sein Schuh festen Boden berührte. Stones ballonartig aufgeblähten Anzug konnte er kaum ausmachen; er war nur ein verschwommener Umriß in einer düsteren Schattenwelt.

Die Strickleiter verschwand, als der Hubschrauber wieder stieg. Der Staub legte sich. Sie konnten wieder sehen.

»Gehen wir«, sagte Stone.

In den Schutzanzügen bewegten sie sich schwerfällig. So stapften sie die einzige Straße von Piedmont entlang.

7 »Ein ungewöhnlicher Vorgang«

Knapp zwölf Stunden nach dem ersten bekannten Kontakt eines Menschen mit dem tödlichen Rätselwesen trafen Burton und Stone in Piedmont ein. Noch Wochen später, in der Abschlußsitzung, erinnerten sich die beiden lebhaft an die Szene, die sich ihnen damals geboten hatte, und konnten sie in allen Einzelheiten beschreiben.

Die Morgensonne stand noch tief am blassen Himmel. Sie schien matt und spendete kaum Wärme. Lange Schatten krochen über den mit einer dünnen Schneekruste überzogenen Boden dahin.

Von der Stelle aus, wo die beiden Männer gelandet waren, konnten sie die Straße mit ihren grauen, verwitterten Holzhäusern nach beiden Seiten in voller Länge überblicken. Doch was ihnen zuallererst auffiel, war die Stille. Bis auf einen schwachen Wind, der mit leisem Wimmern durch die leeren Häuser strich, war es totenstill. Überall lagen Leichen. In einer Haltung, die von bassem Erstaunen sprach, lagen sie kreuz und quer auf dem Boden.

Aber es war keinerlei Geräusch zu vernehmen – kein beruhigendes Motorengebrumm, kein Hundebellen, kein Kindergeschrei.

Nur Stille.

Die beiden Männer sahen einander an. Sie wurden sich schmerzlich bewußt, wieviel es hier zu entdecken und zu tun gab. Eine unbekannte Katastrophe war über diesen Ort hereingebrochen; darüber hatten sie jetzt soviel wie nur möglich in Erfahrung zu bringen. Aber es gab praktisch keine Anhaltspunkte, nichts, wovon man ausgehen konnte.

Nur zweierlei wußten sie: Erstens, daß die Katastrophe offenbar mit der Landung von Scoop VII begonnen hatte. Zweitens, daß der Tod die Menschen dieses Ortes mit erstaunlicher Schnelligkeit befallen hatte. Wenn es sich um eine von dem Satelliten eingeschleppte Krankheit handelte, dann hatte die Geschichte der Medizin nichts Vergleichbares zu bieten.

Lange standen die beiden Männer schweigend mitten auf der Straße, sahen sich um und spürten, wie der Wind an ihren aufgeblähten Anzügen zupfte. Schließlich sagte Stone: »Warum sind sie alle im Freien, auf der Straße? Wenn diese Krankheit sie nachts überrascht hat, dann müßten sich doch die meisten in ihren Häusern aufhalten.«

»Nicht nur das«, fügte Burton hinzu. »Die meisten von ihnen tragen nur Pyjamas. Letzte Nacht war es sehr kalt. Man möchte meinen, daß sie sich wenigstens die Zeit genommen haben, eine Jacke oder einen Mantel überzuziehen. Irgend etwas Warmes.«

»Vielleicht hatten sie es eilig.«

»Weshalb?« fragte Burton.

»Weil es etwas zu sehen gab«, antwortete Stone mit einem Achselzucken.

Burton beugte sich über die erste Leiche, die sie erreichten. »Seltsam«, sagte er. »Sehen Sie einmal, wie dieser Mann da die Hand gegen die Brust drückt. Das tut übrigens eine ganze Reihe dieser Leute.«

Stone betrachtete die anderen Leichen und bemerkte, daß viele von ihnen die Hände an die Brust preßten, einige flach, andere verkrampft.

»Sie scheinen keine Schmerzen gelitten zu haben«, sagte Stone. »Ihre Gesichter wirken ganz friedlich.«

»Ja, beinahe erstaunt«, ergänzte Burton und nickte. »Sie sehen aus, als hätte irgend etwas sie mitten im Gehen niedergestreckt. Aber sie pressen die Hand an die Brust.«

»Koronarthrombose?«

»Das bezweifle ich. Wir würden Grimassen sehen – das ist ja sehr schmerzhaft. Dasselbe gilt auch für Lungenembolie.«

»Wenn es sehr rasch ging, haben sie es vielleicht gar nicht mehr gespürt.«

»Kann sein. Aber irgendwie scheint es mir, als seien diese Leute eines schmerzlosen Todes gestorben. Das bedeutet, sie greifen sich nur an die Brust, weil ...«

»Weil sie keine Luft bekamen«, ergänzte Stone.

Burton nickte. »Möglich, daß wir es mit Erstickung zu tun haben. Mit einem raschen, schmerzlosen, fast augenblicklich eingetretenen Erstickungstod. Aber auch das bezweifle ich. Wenn jemand keine Luft bekommt, lockert er zuerst seine Kleidung, besonders am Hals und um den Brustkasten. Sehen Sie sich den Mann dort drüben an. Er trägt eine Krawatte und hat sie nicht berührt. Und da die Frau mit dem hochgeschlossenen Kleid.«

Burton begann sich jetzt nach dem anfänglichen Schock wieder zu fassen. Das klare, logische Denken setzte wieder ein. Sie gingen zu dem Militärfahrzeug, das mitten auf der Straße stand. Die Scheinwerfer glommen noch schwach. Stone griff ins Führerhaus und schaltete sie aus. Dann schob er die starre Leiche des Fahrers vom Lenkrad und las den Namen auf der Brusttasche seines Anoraks.

»Shawn.«

Der andere Mann, der steif im hinteren Teil des Fahrzeugs hockte, war ein Soldat namens Crane. Bei beiden war die Totenstarre eingetreten. Stone deutete auf die Geräte.

»Ob das noch funktioniert?«

»Ich denke schon«, sagte Burton.

»Dann suchen wir zuerst den Satelliten. Um alles andere können wir uns später kümmern.«

Er blieb stehen und starrte Shawns Gesicht an. Im Augenblick des Todes schien er hart nach vorn aufs Steuerrad geschlagen zu sein. Sein Gesicht wies eine lange, bogenförmige Wunde auf, die quer über den Nasenrücken verlief.

»Das begreife ich nicht«, sagte Stone.

»Was?«

»Diese Verletzung. Sehen Sie sich das mal an.«

»Sehr sauber«, sagte Burton. »Bemerkenswert sauber sogar. Praktisch überhaupt keine Blutung ...«

Und dann ging Burton ein Licht auf. Verblüfft wollte er sich am Kopf kratzen, aber der Plastikhelm war ihm im Wege.

»Eine solche Schnittwunde im Gesicht«, sagte er. »Zerrissene Kapillaren, gebrochenes Nasenbein, verletzte Schädelvenen – das müßte doch bluten wie eine ...«

»Ja«, sagte Stone. »Müßte es. Und sehen Sie sich die anderen Leichen an. Selbst da, wo die Raubvögel schon am Werk waren – keinerlei Blutung!«

Burtons Verwunderung nahm immer mehr zu. Keine der Leichen wies auch nur einen einzigen Blutstropfen auf. Jetzt fragte er sich, warum ihm das nicht gleich aufgefallen war.

»Vielleicht liegt das am Wirkungsmechanismus dieser Krankheit . . .«

»Ja«, sagte Stone. »Da könnten Sie recht haben.« Ächzend zerrte er Shawn aus der Fahrerkabine. Es kostete ihn einige Mühe, bis er den steifen Körper hinter dem Steuerrad weggezogen hatte. »Los, holen wir uns den verdammten Satelliten«, sagte er. »Die Sache macht mir allmählich Sorgen.«

Burton ging nach hinten und zog Crane aus dem Wagen. Dann stieg er ein. Stone drehte den Zündschlüssel um. Der Anlasser machte ein paar schwerfällige Umdrehungen, aber der Motor kam nicht ins Laufen.

Stone versuchte es vergeblich ein paar Sekunden lang. Dann sagte er: »Das verstehe ich nicht. Die Batterie ist zwar ziemlich leer, aber es müßte doch noch reichen . . .«

»Und wie steht's mit dem Benzin?« fragte Burton.

Es entstand eine Pause, dann stieß Stone einen lauten Fluch aus. Lächelnd kroch Burton wieder aus dem Wagen. Sie gingen gemeinsam die Straße entlang bis zur Tankstelle, fanden einen leeren Eimer und füllten ihn mit Treibstoff, nachdem ihnen zunächst der Mechanismus der Pumpe einiges Kopfzerbrechen bereitet hatte. Mit dem Benzin gingen sie zum Wagen zurück, schütteten es in den Tank, und dann versuchte es Stone noch einmal mit dem Anlasser.

Der Motor sprang sofort an und lief ruhig durch. Stone lachte. »Los geht's!«

Burton stieg wieder nach hinten, schaltete die elektronische Ortung ein und ließ die Antenne auf dem Dach rotieren. Er hörte das leise piepsende Signal des Satelliten.

»Schwaches Signal, aber noch vernehmlich! Scheint irgendwo von links zu kommen.«

Stone legte den ersten Gang ein. Sie rumpelten davon. Den Leichen auf der Straße wichen sie aus. Das Piepsen wurde lauter. Sie fuhren an der Tankstelle und an dem Gemischtwarenladen vorbei. Plötzlich wurde das Piepsen schwächer.

»Wir sind daran vorbeigefahren! Umdrehen!«

Stone brauchte eine Weile, bis er den Rückwärtsgang gefunden hatte. Dann wendete er und richtete sich nach der Lautstärke des Signals. Nach einer Viertelstunde merkten sie, daß der Ursprung des Signals am nördlichen Rand von Piedmont liegen mußte.

Endlich hielten sie vor einem schlichten, einstöckigen Fachwerkhaus. Ein Schild knarrte im Wind: DR. ALLAN BENEDICT.

»Hätte ich mir gleich denken können, daß sie das Ding zum Doktor schleppen«, sagte Stone.

Die beiden Männer stiegen aus und gingen auf das Haus zu. Die Tür stand offen und schlug im Wind hin und her. Sie traten ein und standen in einem leeren Wohnzimmer. Rechts davon lag der Behandlungsraum des Arztes.

Hier fanden sie Dr. Benedict, einen wohlbeleibten weißhaarigen Mann. Er saß an seinem Schreibtisch, vor sich ein paar aufgeschlagene Fachbücher. Auf einem Regal an der einen Wand waren Flaschen, Spritzen sowie Fotos angeordnet, die anscheinend Familienangehörige und ein paar Männer in Kampfuniformen zeigten. Unter dem Gruppenbild grinsender GI's stand die Widmung: »Für Benny. Von den Boys der 87. Anzio.«

Benedict selbst starrte ausdruckslos in eine Ecke des Zimmers. Seine Augen waren weit geöffnet, seine Miene wirkte friedlich.

»Nun«, sagte Burton, »der gute Benedict hat wenigstens nicht . . .«

Da erblickte er den Satelliten.

Der schlanke, polierte Kegel stand aufrecht auf dem Fußboden; die Kanten waren von der Hitze beim Wiedereintritt in die Erdatmosphäre angesengt und gesprungen. Die Kapsel war mit roher Gewalt geöffnet worden, offenbar mit Hilfe einer Zange und eines Stemmeisens. Die Werkzeuge lagen noch daneben auf dem Boden.

»Der Idiot hat ihn aufgemacht«, sagte Stone. »So ein hirnverbrannter Blödsinn!«

»Woher sollte er es denn wissen?«

»Er hätte ja jemanden fragen können«, sagte Stone und seufzte. »Jedenfalls weiß er jetzt Bescheid. Er und neunundvierzig andere.« Er beugte sich über den Satelliten und schloß die klaffende dreieckige Klappe. »Haben Sie den Behälter?«

Burton zog den zusammengefalteten Plastiksack hervor und schüttelte ihn auseinander. Dann zog er ihn über den Satelliten und verschloß ihn luftdicht.

»Ich bete zu Gott, daß noch etwas von dem Zeug vorhanden ist«, sagte Burton.

»In gewisser Weise hoffe ich das Gegenteil«, sagte Stone.

Jetzt wandten sie ihre Aufmerksamkeit Benedict zu. Stone trat hinter ihn und schüttelte ihn. Steif kippte der Mann vom Stuhl und krachte auf den Boden.

Burton sah seine Ellbogen und wurde plötzlich ganz aufgeregt. Er beugte sich über den Toten. »Los, helfen Sie mir!« rief er Stone zu.

»Wobei?«

»Ausziehen.«

»Warum?«

»Ich möchte die Totenflecken nachsehen.«

»Aber warum denn?«

»Warten Sie nur«, sagte Burton. Er knöpfte Benedicts Hemd auf und löste seinen Hosenriemen. Schweigend arbeiteten die beiden, bis Benedicts Leiche nackt vor ihnen lag.

»Da!« rief Burton und trat zurück.

»Ich werd' verrückt!« sagte Stone.

Es waren keine Totenflecken vorhanden! Normalerweise ist es so, daß sich das Blut bei einem Toten infolge des eigenen Gewichts an den tiefsten Stellen ansammelt: Wenn jemand im Bett stirbt, bekommt er von der Blutansammlung einen violetten Rücken. Aber Benedict, der in seinem Sessel sitzend gestorben war, hatte keinerlei Totenflecken am Gesäß oder an den Hüften.

Auch nicht an den Ellbogen, die auf die Lehne aufgestützt gewesen waren.

»Das ist wirklich eine sehr seltsame Sache«, sagte Burton. Er sah sich um und entdeckte einen kleinen Sterilisator für ärztliche Instrumente. Er öffnete den Behälter und entnahm ihm ein Skalpell. Vorsichtig, um seinen luftdichten Schutzanzug nicht zu beschädigen, setzte er eine Klinge ein.

»Wir nehmen die am besten zugängliche größere Arterie und Vene«, erklärte er.

»Und die wäre?«

»Die Radialis am Handgelenk.«

Burton hielt das Instrument sehr vorsichtig und führte den Schnitt dicht an der Daumenwurzel quer über die Innenseite des Handgelenks. Die Haut klaffte über einer vollkommen blutleeren Wunde. Fettschichten und subkutanes Gewebe traten zutage. Aber kein Tropfen Blut.

»Erstaunlich.«

Er schnitt tiefer. Die Wunde blutete immer noch nicht. Plötzlich erfaßte er ein Blutgefäß. Eine krümelige, rotschwarze Masse fiel auf den Boden.

»Ich werd' verrückt!« sagte Stone noch einmal.

»Fest geronnen«, sagte Burton.

»Kein Wunder, daß die Leute nicht geblutet haben.«

Burton bat: »Helfen Sie mir ihn umdrehen.« Mit vereinten Kräften drehten sie den Toten auf den Rücken. Burton machte einen tiefen Einschnitt in der Hüftgegend und arbeitete sich bis zur Oberschenkelarterie und -vene vor. Auch hier kam es zu keiner Blutung, und als er die daumendicke Arterie erreichte, sah er, daß sie zu einer festen rötlichen Masse geronnen war.

»Unfaßbar!«

Den nächsten Schnitt setzte er an der Brust an, legte die Rippen frei und durchsuchte dann Dr. Benedicts Praxis nach einem sehr scharfen Messer. Ein Osteotom, ein Knochenmeißel, wäre ihm noch lieber gewesen, aber er konnte keinen finden. Er mußte sich mit dem Stemmeisen begnügen, das zum Aufbrechen der Raumkapsel verwendet worden war. Damit räumte er mehrere Rippen beiseite und legte Lungen und Herz frei. Wieder gab es keine Blutung.

Burton holte tief Luft, dann öffnete er das Herz. Er schnitt tief in die linke Herzkammer.

Das Innere der Kammer war mit einer roten, schwammigen Masse gefüllt. Flüssiges Blut war nicht vorhanden.

»Kein Zweifel – fest geronnen«, sagte er.

»Haben Sie eine Ahnung, was zu einer solchen Gerinnung führen könnte?«

»Im gesamten Gefäßsystem? Sechs Liter Blut? Nein.« Burton ließ sich schwer in den Sessel des Arztes fallen und starrte die Leiche an, die er gerade obduziert hatte. »So etwas ist mir noch nie zu Ohren gekommen. Es gibt zwar eine Erscheinung, die man ausgedehnte intravaskuläre Koagulation nennt, aber sie kommt außerordentlich selten vor. Alle möglichen ungewöhnlichen Umstände müssen zusammentreffen, um sie auszulösen.«

»Könnte ein einzelnes Toxin so etwas einleiten?«

»Theoretisch schon, nehme ich an. Aber in der Praxis gibt es kein einziges Toxin auf der ganzen Welt . . .«

Er brach ab.

»Ja«, sagte Stone. »Ich glaube, da haben Sie recht.«

Er hob den Satelliten Scoop VII hoch und trug ihn hinaus zum Bergungswagen. Als er wieder zurückkam, sagte er: »Ich denke, wir sollten jetzt einmal die Häuser durchsuchen.«

»Fangen wir gleich hier an?«

»Meinetwegen«, sagte Stone.

Burton fand Mrs. Benedict. Sie war eine nette ältere Dame, die mit einem Buch auf dem Schoß in einem Sessel saß; anscheinend hatte sie gerade umblättern wollen. Burton untersuchte sie flüchtig, dann hörte er, wie Stone ihn rief.

Er ging hinüber zur anderen Seite des Hauses. Stone stand in einem Schlafzimmer und beugte sich über einen Jungen von dreizehn oder vierzehn Jahren, der in seinem Bett lag. Es mußte sein Zimmer sein: Pop-Posters an den Wänden, Flugzeugmodelle auf einem Regal an der Wand.

Der Junge lag mit geöffneten Augen auf dem Rücken und starrte zur Decke empor. Sein Mund stand offen. Eine Hand schloß sich fest um eine leere Tube Alleskleber. Über das ganze Bett waren leere Flaschen von Firnis, Lackverdünner und Terpentin verstreut.

Stone trat zurück. »Sehen Sie sich das mal an.«

Burton schaute dem Jungen in den Mund, fuhr mit dem Finger hinein und betastete die nun hart gewordene Masse.

»Großer Gott!« sagte er.

Stone runzelte die Stirn. »Das dauerte einige Zeit«, sagte er. »Ganz unabhängig davon, was ihn dazu veranlaßt hat – es dauerte eine Weile. Anscheinend haben wir uns das, was hier geschehen ist, zu einfach vorgestellt. Es sind nicht alle auf der Stelle gestorben. Ein paar Leute starben zu Hause; andere liefen hinaus auf die Straße. Und dieser Junge hier ...«

Er schüttelte den Kopf. »Sehen wir uns in den anderen Häusern um.«

Auf dem Rückweg betrat Burton noch einmal das Sprechzimmer und machte einen Bogen um die Leiche des Arztes. Beim Anblick der tiefen Einschnitte in Handgelenk und Schenkel, des freigelegten Brustraums, und das alles ohne einen Tropfen Blut, überkam ihn ein eigenartiges Gefühl. Das alles war irgendwie abwegig, unmenschlich. Als ob Bluten ein Zeichen des Menschseins sei. Nun, dachte er, vielleicht ist es das wirklich. Vielleicht macht uns erst die Tatsache, daß wir verbluten können, zu Menschen.

Für Stone war Piedmont ein Rätsel, das seinen Scharfsinn herausforderte. Er mußte es lösen. Er war überzeugt, daß ihm dieser kleine Ort alles über die Art dieser Krankheit sagen konnte, über ihren Verlauf und ihre Auswirkungen. Es kam nur darauf an, die Angaben richtig zu kombinieren.

Aber je länger sie suchten, um so mehr mußte er zugeben, daß diese Angaben höchst verwirrend waren.

In einem Haus fanden sie einen Mann, eine Frau und deren junge Tochter. Sie alle saßen um einen gedeckten Tisch, machten einen ausgeruhten und fröhlichen Eindruck. Keiner von den dreien hatte so viel Zeit gehabt, seinen Stuhl zurückzuschieben. Sie waren im trauten Beisammensein erstarrt und lächelten einander über die Teller mit dem inzwischen verdorbenen, fliegenübersäten Essen hinweg an. Stone fielen die Fliegen auf, die leise umhersummten. Diese Fliegen darf ich nicht vergessen, sagte er sich.

Eine alte Frau mit weißem Haar und faltigem Gesicht, auf dem ein gütiges Lächeln lag. Ihr Hals hing in einer Schlinge, die an einem Deckenbalken befestigt war. Das Hanfseil schabte leise am Holz.
Zu ihren Füßen lag ein Umschlag mit einer sorgfältig und ordentlich geschriebenen Adresse: »An die Überlebenden!«
Stone öffnete den Brief und las: »Der Tag des Gerichts ist gekommen. Erde und Wasser werden sich auftun und die Menschheit verschlingen. Gnade Gott meiner armen Seele, und möge Er alle die gütig aufnehmen, die mir Güte bewiesen haben. Zur Hölle mit den anderen. Amen.«
Burton ließ sich den Brief vorlesen und sagte: »Die alte Dame ist verrückt geworden. Altersschwachsinn. Sie sah die anderen ringsumher sterben und drehte durch.«
»Und beging Selbstmord?«
»Ja, ich denke schon.«
»Ziemlich ungewöhnliche Art, aus dem Leben zu scheiden, meinen Sie nicht auch?«
»Auch der Junge hat sich eine ungewöhnliche Methode ausgesucht«, sagte Burton.
Stone nickte.

Roy O. Thompson war alleinstehend. Sein ölverschmierter Overall ließ darauf schließen, daß er die Tankstelle betrieb. Roy hatte seine Badewanne voll Wasser laufen lassen, war davor niedergekniet und hatte den Kopf ins Wasser gesteckt, bis er tot war. Als sie ihn fanden, war er schon erstarrt; sein Kopf befand sich noch immer unter Wasser. Sonst war niemand in der Nähe, nichts deutete auf eine Auseinandersetzung hin.
»Unmöglich«, sagte Stone. »Auf diese Weise kann kein Mensch Selbstmord begehen.«

Lydia Everett, von Beruf Näherin, war ganz still auf ihren Hinterhof hinausgegangen, hatte sich auf einen Stuhl gesetzt, mit Benzin übergossen und mit einem Streichholz angezündet. Neben ihrer versengten Leiche fanden sie den vom Feuer geschwärzten Benzinkanister.

William Arnold, ein Sechzigjähriger, saß steif und aufrecht auf einem Stuhl in seinem Wohnzimmer. Er trug seine Uniform aus dem Ersten Weltkrieg. Damals war er Hauptmann gewesen und nun war er für kurze Minuten noch einmal Hauptmann geworden, bevor er sich mit einem 45er Colt eine Kugel in den Kopf jagte. Als sie ihn fanden, war nirgendwo im Wohnzimmer eine Blutspur zu entdecken. Der Mann wirkte fast lächerlich, wie er mit einem sauberen, trockenen Loch im Kopf steif dasaß.

Neben ihm stand ein Tonbandgerät, auf dem noch seine linke Hand ruhte. Burton warf Stone einen fragenden Blick zu, dann schaltete er das Gerät ein.

Eine zitternde, ärgerliche Stimme sprach zu ihnen.

»Ihr habt euch schön viel Zeit gelassen, wie? Trotzdem bin ich froh, daß ihr doch noch gekommen seid. Wir brauchen dringend Verstärkung. Ich kann euch sagen, das war ein heißer Kampf gegen die Hunnen. Letzte Nacht haben wir beim Sturm auf den Hügel vierzig Prozent verloren, und zwei von unseren Offizieren haben auch ins Gras gebissen. Sieht nicht gut aus, gar nicht gut. Wenn nur Gary Cooper hier wäre. Solche Männer brauchen wir – Männer, die Amerika stark gemacht haben. Ich kann euch gar nicht sagen, was das für mich bedeutet, bei den Riesen da draußen in den fliegenden Untertassen. Jetzt brennen sie uns nieder, und das Gas kommt. Man sieht sie sterben, und wir haben doch keine Gasmasken. Nicht eine einzige. Aber das werde ich nicht abwarten. Ich weiß, was ich zu tun habe. Es tut mir nur leid, daß ich nur ein Leben habe, das ich für mein Vaterland opfern kann.«

Das Band lief weiter, blieb aber stumm.

Burton schaltete das Gerät ab. »Übergeschnappt«, sagte er. »Glatt verrückt geworden.«

Stone nickte.

»Einige sind auf der Stelle gestorben, und die anderen – die anderen sind still und leise verrückt geworden.«

»Wir kommen immer wieder auf dieselbe Grundfrage zurück: Warum? Worin besteht der Unterschied?«

»Vielleicht gibt es gegen diese Erreger eine Art abgestufter Immunität«, sagte Burton. »Manche Menschen sind dafür empfänglicher, anfälliger als andere. Einige sind immun, zumindest für eine gewisse Zeit.«

»Sie wissen doch«, sagte Stone, »da war der Bericht des Piloten, der den Ort überflogen hat. Und die Filmaufnahmen von dem Mann, der da unten noch lebte. Ein Mann in langem, weißem Gewand.«

»Glauben Sie, daß er noch am Leben ist?«

»Ich weiß nicht recht«, sagte Stone. »Einige Leute haben länger gelebt als andere – lange genug, um noch eine Abschiedsrede auf Band zu sprechen oder sich aufzuhängen. Da fragt man sich unwillkürlich, ob es nicht auch jemanden geben könnte, der die Infektion sehr lange überlebt. Man fragt sich, ob es nicht in diesem Ort einen Menschen gibt, der jetzt noch am Leben ist.«

Genau in diesem Augenblick hörten sie das Weinen.

Zuerst glaubten sie, es sei nur der Wind. Es war ein hoher, dünner, klagender Ton, völlig rätselhaft zuerst und dann Erstaunen erregend. Aber das Weinen hörte nicht auf. Es wurde nur ab und zu durch ein kurzes, trockenes Husten unterbrochen.

Sie liefen hinaus.

Der Ton war so leise, daß man nur schwer feststellen konnte, woher er kam. Sie eilten die Straße hinauf. Das Weinen schien lauter zu werden, es spornte sie an.

Dann hörte es unvermittelt auf.

Keuchend und nach Atem ringend blieben die beiden stehen, mitten auf der verlassenen Straße in der warmen Sonne.

»Haben wir vielleicht den Verstand verloren?« fragte Burton.

»Nein«, antwortete Stone. »Das haben wir tatsächlich gehört.«

Sie warteten. Minutenlang blieb es vollkommen still. Burton sah die Straße, die Häuser entlang, bis hin zu dem Militärfahrzeug, das vor Dr. Benedicts Haus am anderen Ende parkte.

Dann setzte das Weinen wieder ein. Es klang jetzt lauter, mehr wie ein verzagtes Heulen.

Die beiden Männer rannten los.

Es kam aus dem zweiten Haus auf der rechten Seite. Draußen auf dem Fußweg lagen ein Mann und eine Frau, die Hände an die Brust gepreßt. Sie liefen an den beiden Leichen vorüber ins Haus. Das Weinen wurde noch lauter. Es hallte in den leeren Räumen.

Sie stürzten hinauf ins Obergeschoß und fanden das Schlafzimmer. Ein breites, ungemachtes Doppelbett, Frisiertisch, Spiegel, Wandschrank.

Und eine Kinderwiege.

Sie beugten sich darüber und zogen die Decken von einem sehr kleinen, sehr unglücklichen Baby mit sehr rotem Gesichtchen weg. Sofort unterbrach das Baby sein Geschrei, gerade lange genug, um die beiden Gesichter hinter den Plastikmasken zu mustern. Dann ging das Geschrei von neuem los.

»Wir haben dem armen Ding einen schönen Schrecken eingejagt«, sagte Burton.

Er hob das Baby behutsam aus der Wiege und schaukelte es auf den Armen. Es brüllte weiter. Der zahnlose Mund stand weit offen, die Bäckchen waren dunkelrot angelaufen, die Venen an der Stirn traten hervor.

»Hat vermutlich Hunger«, sagte Burton.

Stone furchte die Stirn. »Ist noch sehr jung, kaum mehr als zwei Monate. Ein Er oder eine Sie?«

Burton schlug die Decken auseinander und warf einen prüfenden Blick in die Windeln. »Ein Er. Die Windeln müssen dringend gewechselt werden. Und gefüttert muß er werden.« Er sah sich im Zimmer um. »Vermutlich in der Küche . . .«

»Nein«, entschied Stone. »Zu essen bekommt er nichts.«

»Warum denn nicht?«

»Wir werden mit diesem Kind nichts anstellen, bis wir von hier weg sind. Vielleicht spielt die Nahrungsaufnahme bei dem Krankheitsprozeß eine Rolle. Vielleicht wurden gerade die Leute nicht so rasch und nicht so hart betroffen, die länger nichts mehr gegessen hatten. Vielleicht war in der Babynahrung ein Stoff, der immunisierend wirkte. Vielleicht . . .« Er hielt inne. »Was es auch sein mag, wir werden keinerlei Risiko eingehen. Wir müssen warten, bis wir den Kleinen unter klinischen Bedingungen kontrollieren können.«

Burton seufzte. Er wußte, daß Stone recht hatte, aber er wußte auch, daß der Kleine seit mindestens zwölf Stunden keine Nahrung mehr bekommen hatte. Kein Wunder, daß er wie am Spieß brüllte.

Stone sagte: »Das ist eine sehr bedeutsame Wendung. Jetzt haben wir einen entscheidenden Anhaltspunkt. Wir müssen dafür sorgen, daß dem Kind nichts zustößt. Ich bin dafür, daß wir sofort zurückfliegen.«

»Wir sind mit der Bestandsaufnahme noch nicht fertig.«

Stone schüttelte den Kopf. »Macht nichts. Was wir gefunden haben, ist weitaus wertvoller, als wir uns erhoffen durften. Wir haben einen Überlebenden!«

Das Baby hörte für einen Augenblick zu weinen auf, schob einen Finger in den Mund und sah Burton fragend an. Dann, als es merkte, daß von dieser Seite kein Futter zu erhoffen war, begann es erneut zu schreien.

»Schade, daß er uns nicht erzählen kann, was geschehen ist«, sagte Burton.

»Ich hoffe, er wird es uns sagen«, antwortete Stone.

Sie stellten den Bergungswagen mitten auf die Straße, genau unter den hoch oben schwebenden Hubschrauber, und gaben dem Piloten das Zeichen, tieferzugehen. Burton hielt das Baby in den Armen. Stone den Scoop-Satelliten. Seltsame Trophäen bringen wir mit, dachte Stone – von einem seltsamen Ort. Der Kleine war jetzt still; vom Weinen endlich müde geworden, schlief er, wenn auch unruhig. Immer wieder wachte er auf, wimmerte leise und schlief wieder ein.

Der Hubschrauber ging nieder und wirbelte Staubschwaden auf. Burton schlug dem Baby die Decken übers Gesicht, um es davor zu schützen. Die Strickleiter wurde herabgelassen. Mit einigen Schwierigkeiten kletterte er hinauf.

Stone wartete unten mit der Kapsel im Arm im Wind und Staub und Pochen des Hubschrauberrotors.

Plötzlich spürte er, daß er nicht allein auf der Straße stand. Er drehte sich um und sah einen Mann hinter sich.

Es war ein alter Mann mit dünnem, grauem Haar und einem zerknitterten, ausgemergelten Gesicht. Er trug ein langes weißes Nachthemd, das schmutzbeschmiert und gelb vom Staub war. Barfüßig stolperte und schwankte er auf Stone zu. Sein Brustkasten unter dem Nachthemd hob und senkte sich heftig vor Anstrengung.

»Wer sind Sie?« fragte Stone. Aber er kannte die Antwort: Es war der Mann von den Filmen – der Mann, den man vom Flugzeug aus aufgenommen hatte.

»Ihr . . .«, begann der Mann.

»Wer sind Sie?«

»Ihr . . . habt's . . . getan . . .«

»Wie heißen Sie?«

»Tut mir nichts! Ich . . . ich bin nicht . . . wie die anderen . . .«

Zitternd vor Angst starrte er Stone in seinem Plastikanzug an. Wir müssen ihm seltsam vorkommen, dachte Stone. Wie Marsmenschen, Männer von einem andern Stern.

»Tut mir nichts . . .«

»Wir tun Ihnen nichts«, versicherte Stone. »Wer sind Sie?«

»Jackson. Peter Jackson, Sir. Bitte, tut mir nichts.« Er deutete auf die Toten, die herumlagen. »Ich bin nicht so wie die anderen . . .«

»Wir tun Ihnen bestimmt nichts«, sagte Stone noch einmal.

»Ihr habt aber die anderen . . .«

»Nein, das waren nicht wir.«

»Sie sind tot.«

»Damit haben wir nichts . . .«

»Sie lügen!« schrie der Mann mit weit aufgerissenen Augen. »Sie lügen mich an! Sie sind kein . . . Mensch. Sie tun nur so. Sie wissen, daß ich ein kranker Mann bin. Sie wissen, daß Sie es mit mir machen können. Ich bin ein kranker Mann. Ich verblute langsam. Ich weiß. Ich hab' diese . . . diese . . .«

Seine Stimme versagte. Er beugte sich vor, hielt sich den Magen und wimmerte vor Schmerzen.

»Fehlt Ihnen etwas?«

Der Mann fiel um. Er atmete schwer, seine Haut wurde fahl. Schweiß stand ihm auf dem Gesicht.

»Mein Magen«, keuchte er. »Es ist mein Magen.«

Dann übergab er sich. Der Auswurf war dunkelrot von Blut.

»Mr. Jackson . . .«

Aber der Mann hörte ihn nicht. Mit geschlossenen Augen lag er auf dem Rücken. Einen Augenblick lang glaubte Stone schon, er sei tot, aber dann sah er, wie die Brust sich bewegte – langsam zwar, aber sie bewegte sich.

Burton kam wieder herunter.

»Wer ist es denn?«

»Unser wandelndes Gespenst. Helfen Sie mir, ihn hinaufzuschaffen.«

»Lebt er denn noch?«

»Bis jetzt schon.«

»Ich werd' verrückt!« sagte Burton.

Mit dem Flaschenzug holten sie den bewußtlosen Peter Jackson nach oben. Dann ließen sie den Haken noch einmal herunter und bargen auch die Raumkapsel. Langsam stiegen Burton und Stone sodann wieder hinauf in den Bauch des Hubschraubers.

Sie behielten die Schutzanzüge an und schlossen eine zweite Sauerstoffflasche an, deren Inhalt für weitere zwei Stunden reichen würde. Dann mußten sie im Wildfire-Labor sein.

Der Pilot stellte die Funkverbindung mit Vandenberg her, damit Stone mit Major Manchek sprechen konnte.

»Was haben Sie gefunden?« fragte Manchek.

»Der Ort ist ausgestorben. Wir haben Hinweise darauf gefunden, daß sich dort etwas Ungewöhnliches abspielt.«

»Vorsicht, das ist eine offene Leitung«, warnte Manchek.

»Das weiß ich. Werden Sie 7–12 anfordern?«

»Ich werde es versuchen. Jetzt gleich?«

»Ja, jetzt gleich.«

»Piedmont?«

»Ja.«

»Sie haben den Satelliten?«

»Ja, den haben wir.«

»Gut«, sagte Manchek. »Ich gebe die Anweisung weiter.«

8 Direktive 7–12

Die Direktive war Bestandteil des endgültigen Wildfire-Protokolls über die Maßnahmen im Falle eines biologischen Alarms. Sie betraf die Zündung einer thermonuklearen Waffe von begrenzter Sprengwirkung an dem Ort, wo irdisches Leben fremden Organismen ausgesetzt war. Das Deckwort für die Direktive lautete »Kauter«, da es Aufgabe der Bombe war, die Infektion zu kauterisieren – sie auszubrennen wie eine Wunde und damit die weitere Verbreitung zu verhindern.

Die zuständigen Behörden – Exekutive, Außenministerium, Verteidigungsministerium und Atomenergiekommission – hatten diesem Schritt erst nach langem Zögern zugestimmt. Besonders die Atomenergiekommisssion war schon nicht glücklich darüber gewesen, daß dem Wildfire-Laboratorium ein atomarer Sprengkörper zugewiesen worden war; sie hatte sich energisch gegen das Kauterisieren als Programmpunkt ausgesprochen. Und von den beiden betroffenen Ministerien war eingewandt worden, daß jede oberirdische thermonukleare Sprengung, gleich für welchen Zweck, ernste internationale Folgen nach sich ziehen werde.

Schließlich stimmte der Präsident der Kauterisation zu, allerdings mit dem Vorbehalt, daß er allein die Entscheidung über den Einsatz einer Atombombe zu diesem Zweck in der Hand behielt. Stone war davon nicht begeistert, mußte sich aber wohl oder übel fügen; auf den Präsidenten war erheblicher Druck ausgeübt worden, den Vorschlag ganz zurückzuweisen, und erst nach langen Auseinandersetzungen hatte er sich auf diesen

Kompromiß eingelassen. Schließlich gab es da noch eine Studie des Hudson-Instituts.

Das Hudson-Institut war mit einer Untersuchung der möglichen Auswirkungen einer Kauterisation beauftragt worden. Aus dem Abschlußbericht ging hervor, daß der Präsident in vier verschiedenen Situationen gezwungen sein könnte, die Direktive 7–12 in Kraft treten zu lassen. Diese vier Möglichkeiten waren nach dem Grad der Ernsthaftigkeit geordnet:

1. Ein Satellit oder ein bemanntes Raumfahrzeug landet in einem unbewohnten Gebiet der Vereinigten Staaten. In diesem Falle konnte der Präsident die Kauterisation der Umgebung ohne schwerwiegende innenpolitische Folgen oder Menschenverluste anordnen. Die Russen konnte man vertraulich über die Gründe dieses Verstoßes gegen den Moskauer Vertrag von 1963, der oberirdische Atomwaffenversuche verbietet, unterrichten.

2. Ein Satellit oder ein bemanntes Raumfahrzeug landet in einer größeren amerikanischen Stadt (als Beispiel wurde Chicago angeführt). Die Kauterisation erfordert die Vernichtung eines weiten Gebietes und großer Teile der Bevölkerung. Die innenpolitischen Folgen werden schwerwiegend sein, die internationalen Konsequenzen zweitrangig.

3. Ein Satellit oder ein bemanntes Raumfahrzeug landet in einem dichtbewohnten Stadtgebiet eines neutralen Staates (Beispiel: Neu-Delhi). Die Kauterisation erfordert zur Verhinderung der Ausbrechung von Krankheiten eine amerikanische Intervention mit nuklearen Waffen. Aus den Planspielen ergaben sich siebzehn mögliche Konsequenzen für die amerikanisch-sowjetischen Beziehungen nach der Vernichtung Neu-Delhis. Zwölf davon führten unmittelbar zum Atomkrieg.

4. Ein Satellit oder ein bemanntes Raumfahrzeug landet in einem wichtigen sowjetischen Stadtgebiet (Beispiel: Wolgograd). Eine Kauterisation setzt voraus, daß die Vereinigten Staaten die Sowjetunion über den Vorfall unterrichten und ihr anraten, selbst die betreffende Stadt zu vernichten. Den Planspielen des Hudson-Instituts zufolge gab es nach diesem Vorfall sechs mögliche Konsequenzen für die amerikanisch-sowjetischen Beziehungen, und alle sechs führten unmittelbar zum Krieg. Deshalb wurde empfohlen, daß die Vereinigten Staaten die Sowjetunion nicht unterrichten sollten, falls ein Satellit in der Sowjetunion oder in einem Land des Ostblocks landete. Grundlage dieser Entscheidung war die Vorausberechnung, daß eine Seuche in

Rußland zwischen zwei und fünf Millionen Menschenleben kosten würde, während die gesamten sowjetisch-amerikanischen Verluste bei einem nuklearen Schlagabtausch unter Verwendung sowohl primärer als auch sekundärer Einsatzreserven sich auf über zweihundertfünfzig Millionen Tote belaufen würden.

Der Bericht des Hudson-Instituts hatte zur Folge, daß der Präsident und seine Berater den Standpunkt einnahmen, die Verantwortung für eine Kauterisation müsse in den Händen von Politikern und nicht von Wissenschaftlern liegen. Die letzten Konsequenzen der Entscheidung des Präsidenten ließen sich zu dem Zeitpunkt, als diese Entscheidung gefällt wurde, natürlich nicht vorausberechnen.

Nach Mancheks Bericht traf Washington innerhalb einer Stunde eine Entscheidung. Die Hintergründe waren nie ganz klar, dafür aber das Endergebnis: Der Präsident verschob die Direktive 7–12 um vierundzwanzig bis achtundvierzig Stunden. Statt dessen beauftragte er die Nationalgarde, das ganze Gebiet um Piedmont in einem Radius von hundert Meilen abzuriegeln.

Dann wartete er ab.

9 Flatrock

Mark William Hall, Doktor der Medizin, saß auf dem engen zweiten Sitz des F-104-Düsenjägers und sah über seine Sauerstoffmaske aus Gummi hinweg auf das Aktenstück, das er auf den Knien liegen hatte. Leavitt hatte ihm das dicke, schwere Bündel Papier in dem grauen Pappeinband kurz vor dem Start überreicht. Hall sollte es unterwegs durchlesen; aber die F-104 ist nicht fürs Lesen konstruiert: Vor ihm war kaum genug Platz, die verschränkten Hände unterzubringen, geschweige denn auch noch zu blättern und zu lesen.

Hall las trotzdem.

Auf dem Umschlag stand das Wort WILDFIRE, darunter die ominöse Warnung:

> STRENG GEHEIM
> Die Kenntnisnahme durch Unbefugte ist verboten und wird mit Gefängnis bis zu 20 Jahren sowie einer Geldstrafe bis zu $ 20 000 geahndet.

Als Leavitt ihm das Aktenstück gegeben und Hall diesen Hinweis bemerkt hatte, reagierte er mit einem Pfiff.

»Sie glauben's wohl nicht?« bemerkte Leavitt.

»Nur eine Drohung?«

»Zum Teufel mit der Drohung«, sagte Leavitt. »Wenn der falsche Mann diese Akte zu Gesicht bekommt, dann verschwindet er ganz einfach.«

»Wie hübsch.«

»Lesen Sie es«, sagte Leavitt. »Dann werden Sie wissen, warum.«

Der Flug dauerte eine Stunde und vierzig Minuten. Sie jagten in unheimlicher Lautlosigkeit mit 1,8facher Schallgeschwindigkeit dahin. Hall überflog dabei den größten Teil der Akte; alles richtig zu lesen war unmöglich. Ein guter Teil der 274 Seiten bestand aus Querverweisen und Anmerkungen, von denen Hall wenig begriff. Aber schon die erste Seite war schlimm genug:

Seite 1 von 274 Seiten

PROJEKT: WILDFIRE
BEHÖRDE: NASA/AMC
EINSTUFUNG: STRENG GEHEIM (AUFGRUND NTK)
PRIORITÄT: NATIONAL (DX)
GEGENSTAND: Einrichtung einer streng geheimen Anlage zur Verhinderung der Verbreitung toxischer außerirdischer Krankheitserreger.
QUERVERWEIS: Projekt CLEAN, Projekt ZERO CONTAMINANTS, Projekt CAUTERY.
INHALTSANGABE DER AKTE:

Beginn der Vorplanung gemäß Regierungsverordnung im Januar 1965. Planungsstadium März 1965 erreicht. Beratungen Fort Detrick und General Dynamics (EBD) Juli 1965. Errichtung mehrstöckiger Anlage in abgelegener Gegend zur Untersuchung möglicher oder wahrscheinlicher Krankheitserreger empfohlen. Einzelheiten im August 1965 geprüft. Gleichzeitig Zustimmung mit Änderungen. Endgültige Entwürfe zu den Akten AMC unter WILDFIRE, Kopien Detrick, Hawkins. Empfohlenes Grundstück nordöstliches Montana geprüft im August 1965. Empfohlenes Grundstück südwestliches Arizona geprüft im August 1965. Empfohlenes Grundstück nordwestliches Nevada geprüft im September 1965. Zustimmung für Grundstück Nevada erteilt im Oktober 1965.

Bau abgeschlossen im Juli 1966. Finanzierung durch NASA, AMC, VERTEIDIGUNG (Mittel aus geschlossenem Haushalt). Bewilligung der

Mittel für Unterhaltung und Personal durch Kongreß unter denselben Titeln.

Hauptsächliche Abänderungen: Mikroporenfilter, siehe Seite 74. Anlage zur Selbstvernichtung (nuklear), Seite 88. Entfernung UV-Strahler, siehe Seite 81. Junggesellenhypothese (Außenseiter-Hypothese), Seite 255.

PERSONALANGABEN WURDEN AUS DIESER AKTE ENTFERNT. HINWEISE BETREFFS PERSONAL SIND AUSSCHLIESSLICH IN DEN AMC-AKTEN ›WILDFIRE‹ ZU FINDEN.

Auf Seite zwei waren die Richtlinien des Programms aufgeführt, wie sie von der ursprünglichen Planungsgruppe für das Projekt Wildfire aufgestellt worden waren. Hier wurde der wichtigste Grundgedanke der Anlage erläutert: der Aufbau aus etwa ähnlichen, untereinander liegenden Stockwerken, sämtliche unterirdisch. Jedes Stockwerk sollte steriler sein als das vorhergehende.

Seite 2 von 274 Seiten

PROJEKT: WILDFIRE

GRUNDLEGENDER AUFBAU

1. FÜNF STUFEN SIND VORGESEHEN:

Stufe I: Nicht keimfrei, aber sauber. Etwa dieselbe Sterilität wie in einem Krankenhaus-OP oder in einem ›sauberen Raum‹ der NASA. Keine zeitliche Verzögerung beim Zutritt.

Stufe II: Minimale Sterilisierungsmaßnahmen: Hexachlorophen- und Methitol-Bad, aber kein völliges Untertauchen erforderlich. Einstündiger Aufenthalt mit Kleidungswechsel.

Stufe III: Mittlere Sterilisierungsmaßnahmen: Bad mit völligem Untertauchen, UV-Bestrahlung, anschließend zweistündiger Aufenthalt mit Voruntersuchung. Fieberfreie Infektionen von Harn- und Verdauungstrakt dürfen passieren. Viren-Symptome dürfen passieren.

Stufe IV: Maximale Sterilisierungsmaßnahmen: Völliges Untertauchen in vier verschiedenen Bädern von Biocain, Monochlorophin, Xantholysin und Prophin mit zwischengeschalteter UV- und IR-Bestrahlung. Auf dieser Stufe werden alle Infektionen aufgrund von Symptomatologie oder klinischen Anzeichen gestoppt Routineüberprüfung aller Personen. Sechsstündiger Aufenthalt.

Stufe V: Zusätzliche Sterilisierungsmaßnahmen: Keine weiteren Bäder oder Untersuchungen, aber täglich zweimal Vernichtung der Kleidung. In den ersten achtundvierzig Stunden prophylaktische Behandlung mit Antibiotika. Während der ersten acht Tage tägliche Untersuchung auf Superinfektion.

2. ZU JEDER STUFE GEHÖREN:

1. Ruheräume, einzeln.
2. Freizeiträume einschließlich Kino und Speisesaal.
3. Café, automatisch.
4. Bibliothek; führende Zeitschriften werden über Xerox oder TV aus der Hauptbibliothek auf Stufe I übertragen.
5. Schutzraum; ein streng gesicherter Antimikroben-Komplex, der im Falle einer Verseuchung der Stufe Schutz bietet.
6. Laboratorien:

   a) Biochemie, mit allen erforderlichen Einrichtungen für automatische Aminosäuren-Analyse, Kettenstruktur-Tests, O/R-Potential, Erkennung von Lipoiden und Kohlenhydraten an menschlichen, tierischen und anderen Objekten.

   b) Pathologie, mit Licht-, Phasen- und Elektronenmikroskop, Mikrotomen und Präparierräumen. Ständig für Techniker in jeder Stufe. Ein Autopsieraum. Ein Raum für Tierexperimente.

   c) Mikrobiologie, mit allen Einrichtungen zur Untersuchung von Nährlösungen und Kulturen, für Analyse und Immunologie. Unterabteilungen für Bakterien, Viren, Parasiten usw.

   d) Pharmakologie, mit Material zur Untersuchung von Dosierung und Rezeptierbedingungen bekannter Verbindungen. Apotheke mit Medikamenten laut Inventar im Anhang.

   e) Hauptraum, Versuchstiere. 75 genetisch reine Züchtungen von Mäusen; 27 Ratten; 17 Katzen; 12 Hunde; 8 Primaten.

   f) Mehrzweckraum für zuvor nicht vorgesehene Experimente.
8. Chirurgie: Versorgung und Behandlung des Personals einschließlich OP für akute Notfälle.
9. Nachrichtenzentrale: Verbindung der Stufen untereinander durch Audiophone und andere Nachrichtenmittel.

ZÄHLEN SIE DIE SEITEN

MELDEN SIE FEHLENDE

SEITEN SOFORT!

ZÄHLEN SIE DIE SEITEN

Hall las weiter und erfuhr, daß sich nur in der Stufe I, also im obersten Stockwerk, ein Computer zur Datenverarbeitung befand, daß dieser Computer jedoch allen anderen Stufen anteilig zur Verfügung stand. Diese Lösung betrachtete man als die praktischste, da bei biologischen Problemen die Zeit, die der Computer benötigte, im Rahmen des gesamten Zeitablaufs keine Rolle spielte und man mehrere Probleme gleichzeitig eingeben und lösen lassen konnte.

Er blätterte die übrigen Seiten durch und suchte nach einer Stelle, die ihn besonders interessierte – nach der Außenseiter-Hypothese –, als er auf eine recht ungewöhnliche Seite stieß.

Seite 255 von 274 Seiten

GEMÄSS VERFÜGUNG DES VERTEIDIGUNGSMINISTERIUMS WURDE DIESE SEITE AUS EINER STRENG GEHEIMEN AKTE ENTFERNT

DIESE SEITE TRÄGT DIE ZAHL: zweihundert-fünfundfünfzig / 255

DIE AKTE LÄUFT UNTER DEM CODE: Wildfire

GEGENSTAND DES ENTFERNTEN AKTENTEILS: Außenseiter-Hypothese

BEACHTEN SIE BITTE, DASS ES SICH HIER UM EINE AMTLICH VERFÜGTE ENTNAHME HANDELT, DIE FÜR DEN LESER NICHT ANZEIGEPFLICHTIG IST.
SPEICHER FÜR MASCHINELLE DATENVERARBEITUNG

255 WILDFIRE 255

Hall überlegte gerade stirnrunzelnd, was diese Seite wohl bedeuten könnte, als er die Stimme des Piloten hörte: »Dr. Hall?«

»Ja?«

»Wir haben gerade den letzten Kontrollpunkt überflogen, Sir. Wir landen in genau vier Minuten.«

»Schön.« Hall machte eine Pause. »Können Sie mir sagen, wo wir genau landen werden?«

»Ich glaube, daß es sich um Flatrock in Nevada handelt«, antwortete der Pilot.

»Aha«, sagte Hall.

Ein paar Minuten später wurden die Landeklappen ausgefahren. Hall hörte ein Heulen, als der Düsenjäger die Geschwindigkeit verringerte.

Nevada eignete sich ideal für die Wildfire-Zentrale. Dieser amerikanische Bundesstaat rangiert der Größe nach an siebter, der Einwohnerzahl nach jedoch erst an neunundvierzigster Stelle; nur Alaska ist unter den amerikanischen Bundesstaaten noch dünner besiedelt. Es kommt noch hinzu, daß fünfundachtzig Prozent der 440 000 Einwohner in den Städten Las Vegas, Reno und Carson City leben. Bei einer Bevölkerungsdichte von nur 1,2 Personen pro Quadratmeile eignet sich Nevada hervorragend für Projekte wie Wildfire; es wurden denn auch mehrere nach hier verlegt.

Außer dem berühmten Atomzentrum Vinton Flats gibt es hier noch die Ultra-Energie-Teststation Martindale und das Prüfgelände der Luftwaffe bei Los Gados. Die meisten derartigen Einrichtungen befinden sich im südlichen Dreieck des Staates; sie wurden angelegt, als Las Vegas noch keine zwanzig Millionen Besucher pro Jahr hatte. Neuerdings wird für staatliche Versuchsanlagen die immer noch sehr einsame Nordwestecke Nevadas bevorzugt. Das Pentagon betreibt in diesem Gebiet fünf neue Anlagen; bei keiner dieser Einrichtungen ist etwas über den Zweck bekannt.

10   Stufe 1

Hall landete kurz nach Mittag, um die heißeste Zeit des Tages. Die Sonne brannte von einem fahlen, wolkenlosen Himmel herab. Als Hall vom Landefeld zu der kleinen Nissenhütte hinüberging, fühlte sich der Asphalt unter seinen Schuhen weich an. Hall kam dabei der Gedanke, daß dieser Landestreifen sicher überwiegend für den Gebrauch bei Nacht gebaut worden war. Die nächtliche Kühle ließ den Asphalt fest werden.

Zwei mächtige, brummende Klimaregler kühlten die Nissenhütte. Die Einrichtung war spartanisch: Sie bestand aus einem Kartentisch in einer Ecke, an dem zwei Piloten saßen, Poker spielten und Kaffee tranken. Der Posten in der anderen Ecke telefonierte gerade. Er trug eine Maschinenpistole über der Schulter und sah nicht einmal auf, als Hall den Raum betrat.

Neben dem Telefon stand eine Kaffeemaschine. Hall ging mit seinem Piloten hinüber. Sie ließen sich jeder einen Becher Kaffee einlaufen. Hall trank einen Schluck und fragte: »Wo liegt nun eigentlich dieser Ort? Ich habe beim Anflug nichts davon bemerkt.«

»Das weiß ich nicht, Sir.«

»Waren Sie denn noch nie hier?«

»Nein, Sir. Flatrock liegt nicht auf unseren regulären Routen.«

»Und wofür ist dieser Flugplatz dann gedacht?«

In diesem Augenblick kam Leavitt herein und winkte Hall zu sich. Der Bakteriologe führte ihn durch den Hinterausgang der Nissenhütte wieder hinaus in die brütende Hitze. Ein hellblauer Falcon parkte hier. Er wies keinerlei besondere Merkmale auf, und es war auch kein Fahrer in Sicht. Leavitt setzte sich ans Steuer und lud Hall mit einer Handbewegung zum Einsteigen ein.

Als Leavitt den Gang einlegte, bemerkte Hall: »Hier scheint man uns nicht mehr so wichtig zu nehmen.«

»O doch. Man nimmt uns sehr wichtig. Aber hier draußen gibt es keine Fahrer. Wir setzen so wenig Personal wie nur möglich ein. Je weniger Leute etwas ausplaudern können, um so besser.«

Sie fuhren durch eine verlassene hügelige Landschaft. In der Ferne flimmerten in der Wüstenhitze blaue Berge. Die Straße war voller Schlaglöcher und staubbedeckt. Sie sah aus, als sei sie seit Jahren nicht mehr benutzt worden.

Hall machte eine Bemerkung über den Zustand der Straße.

»Das täuscht«, sagt Leavitt. »Es hat uns viel Mühe gemacht. Wir haben allein für diese Straße fast fünftausend Dollar aufgewandt.«

»Warum?«

Leavitt zuckte die Achseln. »Die Spuren der Traktorreifen mußten beseitigt werden. Über diese Straße wurde im Laufe der Zeit eine ganze Menge schweres Gerät transportiert. Die Leute sollten sich über die möglichen Hintergründe keine Gedanken machen.«

Hall schwieg eine Weile, dann sagte er: »Da wir gerade von Vorsichtsmaßnahmen sprechen – ich habe das Aktenstück durchgesehen. Da steht etwas über eine atomare Vorrichtung zur Selbstvernichtung drin . . .«

»Und was ist damit?«

»Existiert die wirklich?«

»Sie existiert wirklich.«

Diese Vorrichtung hatte bei der vorbereitenden Planung des

Projekts Wildfire einen gewaltigen Stein des Anstoßes geliefert. Stone und die anderen hatten darauf bestanden, die Entscheidung über Zünden oder Nichtzünden in der Hand zu behalten; Atomenergiekommission und Regierung wollten nicht mitspielen: Noch nie zuvor war eine atomare Sprengladung Privatleuten anvertraut worden. Stone führte an, daß im Falle eines Versagens der Sicherheitsvorkehrungen im Wildfire-Labor die Zeit nicht ausreichen könnte, sich erst mit Washington in Verbindung zu setzen und vom Präsidenten die Anordnung zum Zünden einzuholen. Es dauerte lange, bis der Präsident diese Möglichkeit widerwillig einsah.

Hall fuhr fort: »Ich habe etwas davon gelesen, daß diese Vorrichtung irgendwie mit der Außenseiter-Hypothese zusammenhängt.«

»Stimmt.«

»Wie? In meiner Akte fehlt die betreffende Seite.«

»Ich weiß«, erwiderte Leavitt. »Darüber unterhalten wir uns später.«

Der Falcon bog von der holperigen Straße ab und rollte, in eine dichte Staubwolke gehüllt, einen Feldweg entlang. Trotz der herrschenden Hitze mußten sie die Fenster schließen. Hall zündete sich eine Zigarette an.

»Das wird Ihre letzte sein«, bemerkte Leavitt.

»Ich weiß. Deshalb möchte ich sie noch genießen.«

Auf der rechten Seite tauchte ein Schild mit der Aufschrift auf:

STAATSBESITZ – BETRETEN VERBOTEN!

Aber es war kein Zaun zu sehen, kein Posten, kein Wachhund, sondern nur ein windschiefes, verwittertes Schild.

»Großartige Sicherheitsvorkehrungen«, sagte Hall ironisch.

»Wir wollen jedes Aufsehen vermeiden. Die Absicherung ist besser, als es den Anschein hat.«

Sie fuhren noch ungefähr eine Meile weit über den schlechten, ausgewaschenen Fahrweg, dann kamen sie über eine Hügelkuppe. Plötzlich sah Hall vor sich einen weiten, eingezäunten Kreis von etwa hundert Meter Durchmesser. Der Zaun war drei Meter hoch und sehr stabil. In Abständen war er mit Stacheldraht durchflochten. Im Innern des Kreises befand sich ein nüchternes Gebäude aus Holz inmitten eines Maisfeldes.

»Mais?« fragte Hall.

»Ich finde das sehr schlau.«

Sie gelangten an das Einfahrtstor. Ein Mann in verwaschener

Arbeitshose und Trikothemd kam heraus und öffnete ihnen. Während er mit einer Hand das Tor öffnete, hielt er in der anderen ein Butterbrot, von dem er abbiß und hungrig kaute. Er blinzelte ihnen freundlich zu und gab mit der Hand das Zeichen zum Passieren.

Das Schild am Tor besagte:

STAATSEIGENTUM
US-LANDWIRTSCHAFTSMINISTERIUM
PRÜFSTATION FÜR LANDGEWINNUNG
IN DER WÜSTE

Leavitt fuhr durch das Tor, parkte vor dem Holzhaus und ließ den Zündschlüssel stecken. Dann stiegen er und Hall aus.

»Und was nun?«

»Kommen Sie«, sagte Leavitt. Sie betraten das Gebäude und gelangten unmittelbar in einen kleinen Raum. Ein Mann mit einem Cowboyhut, kariertem Sporthemd und schmalem Binder saß an einem wackeligen Schreibtisch. Er las in einer Zeitung und war, wie auch sein Kollege draußen, mit Frühstücken beschäftigt. Er hob den Kopf und lächelte die beiden freundlich an.

»Hello!« sagte er.

»Hello«, grüßte Leavitt.

»Kann ich irgendwie helfen?«

»Wir sind nur auf der Durchfahrt«, sagte Leavitt. »Unterwegs nach Rom.«

Der Mann nickte. »Wissen Sie, wie spät's ist?«

»Mir ist gestern die Uhr stehengeblieben«, antwortete Leavitt.

»Was 'ne Schande!«

»Das liegt an der Hitze.«

Damit war das Ritual absolviert. Der Mann nickte wieder. Sie gingen an ihm vorbei und einen Korridor entlang. An den Türen hingen handgeschriebene Schilder: »Keimproben« – »Feuchtigkeitskontrolle« – »Bodenanalyse«. Ein halbes Dutzend Leute arbeiteten in dem Holzhaus. Sie waren alle lässig gekleidet, aber offenbar vollbeschäftigt.

»Hier handelt es sich tatsächlich um eine landwirtschaftliche Versuchsanlage«, erklärte Leavitt. »Wenn nötig, kann der Mann vorn am Schreibtisch Sie durch den Betrieb führen und Ihnen den Zweck der Station sowie die Experimente, die hier durchgeführt werden, erklären. In der Hauptsache soll hier eine Maissorte gezogen werden, die in einem Boden mit niedrigem Feuchtigkeits- und hohem Alkaligehalt gedeiht.«

»Und das Wildfire-Labor?«

»Hier«, sagte Leavitt. Er öffnete eine Tür mit der Aufschrift »Lager«. Sie hatten ein winziges Viereck mit Rechen, Hacken und Wasserschläuchen vor sich.

»Treten Sie ein«, sagte Leavitt.

Hall betrat die kleine Kammer. Leavitt folgte ihm und schloß die Tür hinter sich. Dann spürte Hall, wie der Fußboden unter ihnen nachgab. Mitsamt Rechen, Hacken und Schläuchen sanken sie nach unten.

Einen Augenblick später fand er sich in einem modernen, kahlen Raum wieder, hell erleuchtet von Leuchtstoffröhren an der Decke. Die Wände waren rot gestrichen. Der einzige Gegenstand in diesem Raum war eine rechteckige, hüfthohe Kiste, die Hall entfernt an ein Podium erinnerte oder an ein Rednerpult. Die Oberseite bestand aus grün leuchtendem Glas.

»Treten Sie an den Analysator«, forderte ihn Leavitt auf. »Legen Sie beide Hände darauf – die Handflächen nach unten.«

Hall legte die Hände auf die Glasfläche. Er spürte ein feines Kitzeln, dann gab das Gerät einen Summton von sich.

»In Ordnung. Treten Sie zurück.« Leavitt legte seine Hände auf den Analysator und wartete den Summton ab. Dann sagte er: »Kommen Sie doch einmal hier herüber. Sie haben vorhin die Sicherheitsvorkehrungen kritisiert. Ich werde sie Ihnen vorführen, bevor wir das Wildfire Labor betreten.«

Er deutete auf eine Tür an der gegenüberliegenden Wand.

»Was für ein Ding ist das eigentlich?«

»Ein Finger- und Handabdruck-Analysator«, antwortete Leavitt. »Daktyloskopie. Vollautomatisch. Liest die Zusammensetzung von zehntausend Handlinien ab und kann sich deshalb nicht irren. In dem Gerät sind die Abdrücke aller Personen gespeichert, die das Wildfire-Labor betreten dürfen.«

Leavitt schob sich durch die Tür.

Sie standen vor einer zweiten Tür mit der Aufschrift ABSCHIRMUNG. Lautlos glitt sie zurück. Sie betraten einen abgedunkelten Raum. Ein einziger Mann saß vor mehreren Pulten mit grünen Armaturen.

»Hello, John«, begrüßte Leavitt den Mann. »Wie geht's?«

»Danke, gut, Dr. Leavitt. Ich hab' Sie schon gesehen.«

Leavitt machte Hall mit dem Sicherheitsbeamten bekannt. Der erläuterte ihm dann die Einrichtung. Auf Hügelkuppen oberhalb des Labors, so erklärte er, waren zwei Radarschirme installiert, gut versteckt, aber sehr leistungsfähig. In größerer Nähe befanden sich unter dem Boden Druckanzeiger. Sie signalisierten die Annäherung eines jeden Lebewesens mit einem Gewicht von mehr als hundert Pfund. Diese Sensoren alarmierten dann die Zentrale.

»Bis jetzt ist uns noch nichts entgangen«, sagte der Mann. »Und sollte das wirklich einmal geschehen . . .« Er zuckte die Achseln und fragte Leavitt: »Soll ich ihm die Hunde zeigen?«

»Ja.«

Sie gingen in den Nebenraum. Dort waren neun Käfige untergebracht, und es roch streng nach Tieren. Hall sah vor sich neun der größten und kräftigsten deutschen Schäferhunde, die ihm jemals vor Augen gekommen waren.

Sie bellten die Männer an, aber es war kein Laut zu hören. Erstaunt beobachtete Hall die Tiere, wie sie die Fänge entblößten und die Köpfe in wütendem Bellen vorstreckten.

Kein Laut.

»Das sind ausgebildete Wachhunde«, sagte der Sicherheitsbeamte. »Besonders scharfe Tiere, auf den Mann dressiert. Wenn sie bewegt werden, muß man Lederkleidung und dicke Handschuhe tragen. Ihre Stimmbänder wurden entfernt, deshalb hört man ihr Bellen nicht. Lautlos und bissig.«

»Sind die Tiere schon einmal eingesetzt worden?« fragte Hall.

»Nein«, antwortete der Sicherheitsbeamte. »Glücklicherweise noch nicht.«

Sie kamen in einen kleinen Raum mit Wandspinden. Auf einem davon entdeckte Hall seinen Namen.

»Wir ziehen uns hier um«, erklärte Leavitt und deutete mit einer Kopfbewegung auf einen Stapel rosafarbener Uniformen in einer Ecke. »Sie legen alles ab, was Sie am Körper tragen, und ziehen dann eine solche Uniform an.«

Hall zog sich rasch um. Die Uniform saß locker am Körper; sie bestand aus einem Stück und wurde an der Seite mit einem Reißverschluß geschlossen. Als sie fertig waren, gingen sie einen Flur entlang.

Plötzlich ertönte ein Warnzeichen, und vor ihnen glitt eine Tür aus der Wand und versperrte ihnen den Weg. Über ihren Köpfen begann ein weißes Licht zu blitzen. Hall war verstört. Erst viel später fiel ihm wieder ein, wie Leavitt den Kopf von dem zuckenden Licht abwandte.

»Es stimmt etwas nicht«, sagte Leavitt. »Haben Sie wirklich alles abgelegt?«

»Ja«, antwortete Hall.

»Ringe, Uhr – alles?«

Hall sah auf seine Hände. Er hatte die Uhr vergessen.

»Gehen Sie zurück, und legen Sie die Uhr in Ihr Spind«, sagte Leavitt.

Hall tat es. Dann kam er zurück, und sie machten sich ein zweites Mal auf den Weg. Diesmal blieb die Tür geöffnet, und es ertönte kein Alarm.

»Auch automatisch?« fragte Hall.

»Ja«, sagte Leavitt. »Jeder fremde Gegenstand wird sofort entdeckt. Die Anlage hat uns beim Einbau Kummer gemacht, weil sie auch auf Brillen, Herzschrittmacher oder Zahnprothesen reagieren mußte – einfach auf alles. Aber glücklicherweise trägt keiner der Mitarbeiter so etwas.«

»Zahnfüllungen?«

»Füllungen ignoriert die Programmierung.«

»Wie funktioniert das?«

»Das hat irgendwie mit einem kapazitiven Widerstand zu tun. Genau verstehe ich es auch nicht«, antwortete Leavitt.

Sie kamen an einem Schild vorbei:

SIE BETRETEN NUN STOCKWERK I
BITTE WEITERGEHEN BIS ZUR IMMUNITÄTSKONTROLLE

Hall machte eine Bemerkung darüber, daß alle Wände rot gestrichen seien.

»Richtig«, sagte Leavitt. »Jedes Stockwerk ist in einer anderen Farbe gestrichen. I rot, II gelb, III weiß, IV grün und V blau.«

»Wurde die Reihenfolge der Farben aus bestimmten Gründen so gewählt?«

»Offenbar hat die Marine vor ein paar Jahren Untersuchungen über die psychischen Auswirkungen von Farbeindrücken durchgeführt«, sagte Leavitt. »Das Ergebnis wird hier praktiziert.«

Sie erreichten die Immunitätskontrolle. Eine Tür glitt zurück. Sie standen vor drei gläsernen Zellen.

»Sie nehmen einfach in einer der Kabinen Platz«, sagte Leavitt.

»Ich nehme an, hier geschieht auch alles automatisch?«

»Natürlich.«

Hall betrat eine der Kabinen und schloß die Tür hinter sich. Die Zelle enthielt eine Couch und eine Menge komplizierter Geräte. Vor der Couch war ein Fernsehschirm angebracht, der eine Anzahl beleuchteter Punkte aufwies.

»Bitte hinsetzen«, sagte eine mechanisch klingende Stimme.

»Bitte hinsetzen. Bitte hinsetzen.«

Er setzte sich auf die Couch.

»Beobachten Sie den Schirm. Legen Sie sich so auf die Couch, daß sämtliche Lichtpunkte verdeckt werden.«

Er sah den Schirm an und merkte jetzt, daß die Lichtpunkte ungefähr den Umrissen eines menschlichen Körpers entsprachen:

```
                    *


            *               *


        *                       *


    *           *           *           *


        *                   *


    *                       *
```

Er rutschte hin und her. Ein Punkt nach dem anderen erlosch.

»Sehr gut«, sagte die tonlose Stimme. »Wir können nun fortfahren. Geben Sie für das Protokoll Ihren Namen an. Zuerst den Familiennamen.«

»Mark Hall«, sagte er.

Im gleichen Augenblick erschien auf dem Schirm eine Schriftzeile:

OBJEKT MACHT UNCHIFFRIERBARE ANGABE

»Hall, Mark.«

»Verbindlichen Dank«, sagte die Stimme. »Bitte, sagen Sie ›Fuchs, du hast die Gans gestohlen‹ auf!«

»Soll das ein Witz sein?«

Es entstand eine Pause. Leise klickten irgendwelche Relais und Schaltungen. Dann stand wieder auf dem Schirm:

»Bitte, zitieren Sie!«

OBJEKT MACHT UNCHIFFRIERBARE ANGABE

Hall kam sich ziemlich albern vor, aber er sagte brav auf: »Fuchs, du hast die Gans gestohlen, gib sie wieder her, sonst wird dich der Jäger holen, mit dem Schießgewehr.«

Wieder eine Pause. Dann kam die Stimme: »Verbindlichen Dank!« Auf dem Schirm erschien die Zeile:

ANALYSATOR BESTÄTIGT IDENTITÄT:
HALL MARK

»Bitte, hören Sie genau zu«, fuhr die mechanische Stimme fort. »Sie werden die folgenden Fragen mit ja oder nein beantworten. Geben Sie bitte keine andere Antwort. Haben Sie innerhalb der letzten zwölf Monate eine Pockenimpfung erhalten?«

»Ja.«

»Diphtherie?«

»Ja.«

»Typhus und Paratyphus A und B?«

»Ja.«

»Tetanus?«

»Ja.«

»Gelbfieber?«

»Ja, ja, ja. Ich bin gegen alles geimpft!«

»Bitte, beantworten Sie nur die Fragen. Schwierige Untersuchungsobjekte vergeuden wertvolle Computerzeit.«

»Ja«, antwortete Hall beschämt. Als er sich dem Wildfire-Team angeschlossen hatte, war er gegen jede nur vorstellbare Krankheit geimpft worden, sogar gegen Pest und Cholera. Manche Impfungen mußten alle sechs Monate wiederholt werden. Gegen Vireninfektionen war ihm Gammaglobulin gespritzt worden.

»Hatten Sie jemals Tuberkulose oder andere mykobakterielle Krankheiten beziehungsweise einen positiven Hauttest auf Tuberkulose?«

»Nein.«

»Hatten Sie jemals Syphilis oder eine andere Spirochätose, oder ist jemals ein serologischer Syphilistest positiv ausgefallen?«

»Nein.«

»Haben Sie sich im Verlauf des letzten Jahre irgendeine grampositive Bakterien-Infektion zugezogen, wie zum Beispiel Streptokokken, Staphylokokken oder Pneumokokken?«

»Nein.«

»Eine gram-negative Infektion, wie zum Beispiel Gonokokken, Meningokokken, Proteus, Pseudomonaden, Salmonellen oder Ruhrbakterien?«

»Nein.«

»Haben Sie sich kürzlich oder früher irgendwelche Pilz-Infektionen zugezogen, wie zum Beispiel Blastomykose, Histoplasmose oder Kokzidiomykose, oder fiel ein Hauttest für irgendeine Pilz-Infektion positiv aus?«

»Nein.«

»Hatten Sie in letzter Zeit Viren-Infektionen wie Poliomyelitis, Hepatitis, Mononukleose, Mumps, Masern, Windpocken oder Hautausschläge?«

»Nein.«

»Warzen?«

»Nein.«

»Ist Ihnen eine Allergie bekannt?«

»Ja, gegen die Pollen vom Sumpfholunder.«

Auf dem Schirm erschien das Wort:

SUNFOLUNDA

Dann, nach einem Augenblick:

ANTWORT UNCHIFFRIERBAR

»Bitte, wiederholen Sie die Antwort langsam und deutlich.«

Hall sagte sehr deutlich: »Sumpfholunder.«

Auf dem Schirm erschien:

SUMPFHOLLUNDER   CHIFFRIERT

»Sind Sie gegen Albumin allergisch?« fuhr die Stimme fort.

»Nein.«

»Damit ist die formelle Befragung abgeschlossen. Bitte, entkleiden Sie sich, legen Sie sich wieder auf die Couch und verdecken Sie die Lichtpunkte wie vorhin.«

Er tat es. Einen Augenblick später schwenkte eine ultraviolette Lampe an einem langen Arm aus und fuhr dicht über seinen Körper. Neben der Lampe befand sich eine Art von Prüfauge. Hall betrachtete den Schirm und sah, wie der Computer das Ergebnis der Überprüfung, beginnend mit dem Fuß, druckte:

»Dies ist eine Untersuchung auf Pilze«, erklärte die Stimme. Nach einigen Minuten bekam Hall Anweisung, sich auf den Bauch zu legen. Der Vorgang wiederholte sich. Dann mußte er sich wieder auf den Rücken legen und nach den Punkten richten.

»Nun wird eine medizinische Grunduntersuchung vorgenommen«, sagte die Stimme. »Sie werden gebeten, während der Untersuchung vollkommen still zu liegen.«

Verschiedene Leitungen krochen auf ihn zu und wurden von Greifern an seinem Körper befestigt. Bei einigen davon begriff er den Sinn: Ein halbes Dutzend Leitungen über seiner Brust dienten dem Elektrokardiogramm, die einundzwanzig Drähte an seinem Kopf nahmen ein Elektroenzephalogramm auf. Aber auch an seinem Magen, an Armen und Beinen wurden Leitungen befestigt.

»Bitte heben Sie die linke Hand«, kommandierte die Stimme. Hall hob die Hand. Von oben glitt eine mechanische Hand herab, mit einem elektrischen Auge an jeder Seite. Sie untersuchte Halls Hand.

»Legen Sie Ihre Hand auf das Brett zu Ihrer Linken. Bewegen Sie sich nicht. Sie werden beim Eindringen der intravenösen Injektion ein leichtes Jucken spüren.«

Hall betrachtete den Schirm. Er zeigte das farbige Abbild seiner Hand. Die Adern erschienen als grünes Muster vor einem blauen Hintergrund. Anscheinend funktionierte das Gerät mit Hilfe eines Wärmeabtasters. Er wollte gerade protestieren, da spürte er einen kurzen Stich. Er sah die Hand an. Die Nadel war drin.

»Bitte, bleiben Sie ganz ruhig liegen, ganz entspannt.«

Fünfzehn Sekunden lang summte und klickte die Maschine. Dann wurden die Leitungen zurückgezogen. Die mechanische Hand klebte ein hübsches Heftpflaster auf den Einstich.

»Damit ist die medizinische Untersuchung abgeschlossen«, sagte die tonlose Stimme.

»Kann ich mich jetzt anziehen?«

»Bitte setzen Sie sich auf, und wenden Sie die rechte Schulter dem Bildschirm zu. Sie erhalten nun pneumatische Injektionen.« Eine Impfpistole an einem dicken Kabel kam aus der Wand, preßte sich gegen seine Schulter und entlud sich. Hall hörte ein Zischen, dann fühlte er einen kurzen Schmerz.

»Sie können sich jetzt anziehen«, sagte die mechanische Stimme. »Es könnte sein, daß Sie sich für die nächsten Stunden benommen fühlen. Sie haben eine Auffrischung der Immunisierung und Gamma G erhalten. Sollte Ihnen schwindelig werden, setzen Sie sich. Sollten Sie unter organischen Nachwirkungen wie Übelkeit, Erbrechen oder Fieber leiden, melden Sie sich sofort im Kontrollzentrum des Stockwerks. Ist das klar?«

»Ja.«

»Der Ausgang ist rechts. Verbindlichen Dank für Ihr Entgegenkommen. Damit ist die Überprüfung beendet.«

Hall ging mit Leavitt einen langen roten Korridor entlang. Sein Arm schmerzte von der Injektion.

»Was diese Maschine betrifft«, sagte Hall, »so müssen Sie dafür sorgen, daß Ihnen die Ärzteverbände nicht dahinterkommen.«

»Dafür ist gesorgt«, sagte Leavitt.

Der elektronische Analysator war 1965 von den Sandeman Industries entwickelt worden, und zwar im Rahmen eines Regierungsauftrags zur Herstellung von Monitoren für die Körperfunktionen von Astronauten im Raum. Es war damals schon vorgesehen, daß dieses Gerät, auch wenn es bei einem Stückpreis von 87 000 Dollar nicht gerade billig war, allmählich den Arzt bei der Diagnose ersetzen sollte. Alle waren sich darüber im klaren, daß es für Arzt und Patient nicht einfach sein würde, sich an das neue Gerät zu gewöhnen. Die Regierung beabsichtigte, den Analysator erst 1971 freizugeben, und auch dann nur für einige große Kliniken.

Hall fiel auf, daß die Wände leicht gebogen waren.

»Wo befinden wir uns hier eigentlich?«

»Im äußersten Ring des Stockwerks 1. Links liegen all die Laboratorien. Rechts von uns ist nichts weiter als gewachsener Fels.«

Ein paar Leute gingen den Korridor entlang. Sie trugen alle die rosa Overalls, und alle machten einen ernsten, vielbeschäftigten Eindruck.

»Wo sind eigentlich die anderen Kollegen aus unserem Team?« fragte Hall.

»Hier«, antwortete Leavitt und öffnete eine Tür mit der Aufschrift KONFERENZ 7. Sie betraten einen Raum mit einem großen Konferenztisch aus Hartholz. Vor ihnen stand Stone, steif aufgerichtet und sprungbereit, als hätte er gerade eine kalte Dusche genommen. Neben ihm wirkte Burton, der Pathologe, ein wenig schlampig und unsicher. In seinen Augen war ein Ausdruck von Müdigkeit und Furcht zu bemerken.

Sie begrüßten sich und nahmen Platz. Stone griff in die Tasche und holte zwei Schlüssel hervor. Einer war silbern, der andere rot. Der rote Schlüssel war an einer Kette befestigt. Er überreichte ihn Hall.

»Hängen Sie sich das um den Hals«, sagte er.

Hall betrachtete den Schlüssel. »Was soll das?«

Leavitt warf ein: »Ich fürchte, Mark weiß immer noch nicht über die Außenseiter-Hypothese Bescheid.«

»Ich dachte, das sollte er im Flugzeug . . .«

»Seine Akte war redigiert.«

»Ach so.« Stone wandte sich an Hall. »Sie wissen also nichts über die Außenseiter-Theorie?«

»Nichts«, antwortete Hall und betrachtete nachdenklich den Schlüssel.

»Und es hat Ihnen auch niemand gesagt, daß man Sie hauptsächlich deshalb ausgewählt hat, weil Sie unverheiratet sind?«

»Was hat denn das alles mit . . .«

»Es ist tatsächlich so, daß Sie der Außenseiter sind, der entscheidende Faktor, der Schlüssel zu allem. Buchstäblich.«

Er nahm seinen Schlüssel und ging in eine Ecke des Konferenzraumes. Dort drückte er auf einen verborgenen Knopf. Ein Stück Wandverkleidung glitt beiseite und gab ein brüniertes Metallpult frei. Er schob seinen Schlüssel in eine Öffnung und drehte ihn herum. Über dem Pult leuchtete ein grünes Licht auf. Er trat zurück. Die Wandverkleidung schloß sich wieder.

»In der untersten Etage ist eine atomare Selbstvernichtungsanlage untergebracht«, sagte Stone. »Sie wird vom Innern des Labors aus gesteuert. Ich habe gerade meinen Schlüssel eingesetzt und damit den Mechanismus scharf gemacht. Die Vorrichtung kann jetzt explodieren. In diesem Stockwerk kann der Schlüssel nicht mehr herausgenommen werden, er sitzt fest im Schloß. Ihr

Schlüssel hingegen kann eingeführt *und* wieder herausgenommen werden. Von dem Zeitpunkt, wo die Sprengung ausgelöst wird, bis zur eigentlichen Zündung der Atombombe vergehen drei Minuten. Diese Frist wurde vorgesehen, damit Sie überlegen und den Sprengbefehl eventuell widerrufen können.«

Halls Stirn lag immer noch in tiefen Falten. »Aber warum gerade ich?«

Stone öffnete seine Aktenmappe und zog ein Aktenstück heraus. »Lesen Sie!«

Es war die Wildfire-Akte.

»Seite 255«, sagte Stone.

Hall blätterte bis Seite 255.

Projekt: Wildfire
ÄNDERUNGEN

1. Mikroporenfilter, eingefügt in das Belüftungssystem. Die ursprüngliche Filtersorte bestand aus einer Schicht Styrilen mit einer maximalen Auffangleistung von 97,4%. Ersetzt im Jahre 1966, als Upjohn Filter entwickelte, die Organismen bis zur Größe eines Mikron festhalten können. Fangleistung 90% pro Schicht, bei drei Schichten der Membrane daher insgesamt 99,9%. Verbleibende Infektrate von 0,1% zu gering, um schädlich zu sein. Kostenfaktor für vier- bis fünffache Membrane und einer Aussonderung bis auf 0,001% im Verhältnis zur erzielbaren Verbesserung zu hoch. Toleranz von 1/1000 als ausreichend angesehen. Einbau abgeschlossen am 12. 8. 1966.

2. Atomare Selbstvernichtungsanlage, Zeitgeber des Zünders verändert, siehe AEC/Vert.-Min. Akte 77-12-0918.

3. Atomare Selbstvernichtungsanlage, Revision der Zeitpläne für Sprengsatzüberwachung durch K-Techniker, siehe Akte AEC/Warburg 77-14-0004.

4. Atomare Selbstvernichtungsanlage, Änderung der endgültigen Befehlsbefugnis. Siehe Akte AEC/Vert.-Min. 77-14-0023. NACHSTEHEND ZUSAMMENFASSUNG.

ZUSAMMENFASSUNG DER AUSSENSEITER-HYPOTHESE:
Zuerst als Nullhypothese vom Wildfire-Beratungsausschuß geprüft. Entstanden aus Testserie, die von der Luftwaffe (NORAD) zur Bestimmung der Verläßlichkeit von Kommandanten bei Entscheidun-

gen über Leben und Tod durchgeführt wurden. Die Tests betrafen Entscheidungen anläßlich von zehn Planspielen mit vorgegebenen Alternativen, ausgearbeitet von der Psychiatrischen Abteilung des Walter-Reed-Hospitals nach einer Testanalyse durch die Biostatistische Abteilung NIH, Bethesda.

Getestet wurden Piloten und Bodenpersonal des Strategic Air Command, NORAD-Mitarbeiter und andere Personen, die an Entscheidungen bzw. ihrer aktiven Ausführung beteiligt sind. Zehn Planspiele, entworfen vom Hudson-Institut; Testpersonen wurden aufgefordert, in jedem Fall mit ja/nein zu entscheiden. Bei den geforderten Entscheidungen ging es in allen Fällen um thermonukleare oder chem-biol. Vernichtung von Feindzielen.

Daten vorhanden über 7420 Personen, die nach H_1H_2-Programm für multifaktorielle Varianzanalyse getestet wurden; später weitere Tests durch ANOVAR-Programm; endgültige Ausscheidung durch GEH-Programm. NIH-Biostatistik faßt die Ergebnisse wie folgt zusammen:

Gegenstand dieses Programms ist die Bestimmung des Effektivität bei der Zuweisung einzelner zu bestimmten Gruppen auf der Basis quantitativ erfaßbarer Leistungsergebnisse. Das Programm stellt Gruppenmerkmale und eine Wahrscheinlichkeitsskala zur Klassifikation einzelner für die Datenverarbeitung auf.

Das Programm weist aus: Mindestindices für Gruppen, äußere Zuverlässigkeitsgrenzen und Indices der einzelnen Testpersonen.

K G Borgrand

K.G. Borgrand, Ph.D., NIH

ERGEBNISSE DER AUSSENSEITER-UNTERSUCHUNG:

Die Untersuchung gelangte zu dem Schluß, daß in mehreren Grundzügen des Tests verheiratete Testpersonen andere Ergebnisse erzielten als unverheiratete. Das Hudson-Institut lieferte Modellantworten, d. h., theoretisch »richtige« Entscheidungen, vom Computer auf der Grundlage der Angaben des Planspiels errechnet. Der Grad an Übereinstimmung der untersuchten Gruppen mit diesen richtigen Antworten lieferte einen Index der Effektivität, d. h. einen Maßstab für das Ausmaß richtig getroffener Entscheidungen.

Gruppe	Effektivitätsindex
verheiratet, männlich	.343
verheiratet, weiblich	.399
unverheiratet, weiblich	.402
unverheiratet, männlich	.824

Aus diesen Zahlen geht hervor, daß verheiratete Männer nur in einem von drei Fällen zur richtigen Entscheidung gelangten, während unverheiratete Männer in vier von fünf Fällen richtig entschieden. Die Gruppe der unverheirateten männlichen Testpersonen wurde weiter unterteilt, um innerhalb dieser Klassifikation zu möglichst genau erfaßten Untergruppen zu gelangen.

Gruppe	Effektivitätsindex
unverheiratet, männlich, insgesamt	.824
Militär:	
Offiziere	.655
Mannschaften	.624
Techniker:	
Ingenieure	.877
Hilfspersonal	.901
Verwaltung:	
Wartung und Versorgung	.758
Akademische Berufe:	
Wissenschaftler	.946

Diese Ergebnisse betreffs der relativen Entscheidungsfähigkeit einzelner darf nicht voreilig interpretiert werden. Auch wenn daraus hervorzugehen scheint, daß Hausmeister bessere Entscheidungen treffen als Generäle, ist die Situation in Wirklichkeit viel komplexer. DIE AUSGEDRUCKTEN INDICES SIND ZUSAMMENFASSUNGEN VON VARIATIONEN BEIM TEST UND BEI DEN INDIVIDUEN. DAS MUSS BEI DER INTERPRETATION DER DATEN BEACHTET WERDEN. Ein Irrtum in dieser Richtung kann zu völlig irrigen und gefährlichen Auslegungen führen.

Dieser Test wurde auf Anforderung der AEC beim Einbau der nuklearen Selbstvernichtungsvorrichtung auch auf die führenden Persönlichkeiten des Wildfire-Programms angewandt. Alle Mitarbeiter wurden den Tests unterzogen. Ergebnisse bei den Akuten unter GEH WILDFIRE: PERSONAL ALLGEM. (siehe 77-14-0023). Sondertest für die Führungsgruppe:

Name	Effektivitätsindex
Burton	.543
Reynolds	.601
Kirke	.614
Stone	.687
Hall	.899

Die Ergebnisse der Sondertests bestätigen die Außenseiter-Hypothese, nach der eine unverheiratete männliche Person mit der Entscheidungsvollmacht hinsichtlich thermonuklearer oder chem.-biol. Vernichtungsanlagen betraut werden sollte.

Als Hall das alles gelesen hatte, sagte er: »Verrückt!«

»Dennoch«, erwiderte Stone, »war das die einzige Möglichkeit, die Regierung dazu zu bewegen, die Kontrolle über die Atomwaffe in unsere Hände zu legen.«

»Und Sie erwarten tatsächlich von mir, daß ich da meinen Schlüssel hineinstecke und das Ding zünde?«

»Sie haben das, fürchte ich, nicht ganz verstanden«, sagte Stone. »Die Zündung wird automatisch eingeleitet. Sollte der fremde Organismus außer Kontrolle geraten und das Stockwerk verseuchen, so wird innerhalb von drei Minuten eine atomare Explosion erfolgen, wenn Sie Ihren Schlüssel *nicht* benutzen und den Ablauf damit unterbrechen.«

»Oh!« konnte Hall nur noch sagen.

11   Desinfektion

Irgendwo in dem Stockwerk läutete eine Glocke. Stone sah hinauf zur Wanduhr. Es war spät geworden. Er begann mit der formellen Instruktion. Während er rasch sprach, ging er auf und ab und gestikulierte unentwegt dazu.

»Wie Sie wissen«, sagte er, »befinden wir uns hier im obersten Stockwerk eines fünfgeschossigen unterirdischen Bauwerks. Nach dem vorgeschriebenen Ablauf werden wir fast vierundzwanzig Stunden brauchen, bis wir nach Durchlaufen aller Sterilisations- und Desinfektionsmaßnahmen die unterste Stufe erreicht haben. Deshalb müssen wir sofort damit beginnen. Die Raumkapsel ist bereits unterwegs.«

Er drückte einen Knopf auf dem Armaturenbrett am Kopfende des Tisches. Ein Fernsehschirm flackerte auf und zeigte den kegelförmigen Satelliten in der Plastikhülle, der bereits nach unten geschafft wurde. Er ruhte sicher in mechanischen Greifern. »Der innere Kern dieses Bauwerks«, fuhr Stone fort, »enthält Aufzüge und Versorgungsleitungen – Rohre, Kabel und so weiter. In diesem Schacht sehen Sie die Kapsel in diesem Augenblick. In Kürze wird sie im untersten Stockwerk in einer hochsterilen Kammer untergebracht.«

Er sprach dann über die zwei Überraschungen, die er aus Piedmont mitgebracht hatte. Das Fernsehbild verschob sich und zeigte Peter Jackson, der auf einer Pritsche lag und mit beiden Armen an Infusionen angeschlossen war.

»Dieser Mann hat die betreffende Nacht offenbar überlebt. Er wurde von den Flugzeugen aus bei den Luftaufnahmen gesichtet, und er war auch am Morgen darauf noch am Leben.«

»Wie ist sein jetziges Befinden?«

»Ungewiß«, antwortete Stone. »Er ist bewußtlos und hat heute vormittag Blut erbrochen. Wir haben ihn zur Ernährung an eine Dextrose-Infusion angeschlossen, auch um einem Schock vorzubeugen, bis wir ihn näher untersuchen können.«

Stone drückte auf einen anderen Knopf. Der Schirm zeigte jetzt das Baby. Es lag angeschnallt in einem Bettchen und weinte. Aus einem Plastikbehälter lief eine Infusionsleitung zu einer Kopfvene.

»Dieses Kerlchen hat die letzte Nacht ebenfalls überlebt«, sagte Stone. »Wir haben ihn deshalb mitgenommen. Da die Direktive 7–12 eingeleitet wurde, konnten wir ihn nicht gut zurücklassen. Der Ort wird jetzt mit Hilfe einer Atombombe vernichtet. Außerdem sind der Kleine und Jackson die einzigen, die uns vielleicht einen Weg aus diesem Wirrwarr zeigen können.«

Stone und Burton berichteten dann Hall und Leavitt, was sie in Piedmont gesehen und erfahren hatten. Sie erläuterten ihre Beobachtungen: Fälle von unmittelbar eingetretenem Tod, absonderliche Selbstmorde, verstopfte Arterien, völliges Fehlen von Blutungen.

Hall hörte verblüfft zu. Leavitt saß da und schüttelte immer wieder den Kopf.

Als Stone fertig war, erkundigte er sich: »Irgendwelche Fragen?«

»Keine, die sich jetzt schon beantworten ließen«, sagte Leavitt.

»Dann wollen wir beginnen!« sagte Stone.

Sie begannen an einer Tür, auf der in schlichten Lettern zu lesen stand: ZUM STOCKWERK II. Eine nichtssagende, direkte, fast alltägliche Ankündigung. Hall hatte etwas ganz anderes erwartet – vielleicht einen gestrengen Wachtposten mit umgehängter Maschinenpistole, der die Ausweise überprüfte. Aber nichts dergleichen geschah, und er merkte, daß keiner der Männer Kennmarken oder Ausweise irgendwelcher Art besaß.

Er machte zu Stone eine Bemerkung darüber.

»Stimmt«, sagte Stone. »Wir haben uns von Anfang an gegen Kennmarken oder Namensschildchen entschieden. Sie ziehen leicht Erreger an und lassen sich schwer sterilisieren. Normalerweise bestehen diese Dinger aus Plastik und schmelzen bei einer Sterilisierung durch Hitze.«

Die vier Männer schritten durch die Tür. Diese schlug hinter ihnen zu und wurde mit einem zischenden Geräusch luftdicht versiegelt. Hall stand in einem gekachelten Raum, der bis auf einen Korb mit der Aufschrift KLEIDUNG leer war. Er zog seinen einteiligen Anzug aus und warf ihn in den Korb. Ein kurzer Lichtblitz, und der Anzug war eingeäschert.

Als er sich dann kurz umdrehte, bemerkte er auf der Rückseite der Tür, durch die er gerade gekommen war, einen Hinweis: »Rückkehr zum Stockwerk I durch diesen Zugang NICHT möglich!« Er zuckte die Achseln; die anderen Männer gingen bereits durch eine zweite Tür hinaus, auf der einfach AUSGANG stand. Er folgte ihnen und wurde gleich darauf in Dampfwolken gehüllt. Es herrschte ein eigenartiger Geruch nach Tannennadeln. Offenbar handelte es sich um ein Desinfektionsmittel mit Duftzusatz. Er setzte sich völlig entspannt auf eine Bank und ließ sich ganz von dem Dampf einhüllen. Den Zweck dieser saunaähnlichen Einrichtung konnte er leicht erraten: Die Hitze öffnete die Poren, und der Dampf wurde außerdem in die Lungen eingeatmet.

Die vier Männer sagten kaum etwas und warteten, bis ihre Körper feucht glänzten. Dann betraten sie den nächsten Raum.

Leavitt fragte Hall: »Was halten Sie davon?«

»Solche römischen Bäder haben mir schon immer Spaß gemacht«, antwortete Hall.

Der nächste Raum enthielt ein flaches Becken (»NUR Füße eintauchen!«) und eine Dusche (»Duschflüssigkeit nicht schlucken und möglichst nicht an Augen und Schleimhäute gelangen lassen!«). Das alles war recht beängstigend. Hall versuchte, nach dem Geruch die Zusammensetzung der Lösungen zu erraten, aber es gelang ihm nicht. Die Flüssigkeit, die aus der Dusche kam, fühlte sich jedoch glitschig an; das deutete auf eine basische Lösung hin. Er fragte Leavitt und erfuhr, daß es sich um Alpha-Cholorophin mit 7,7 pH handelte. Leavitt erläuterte außerdem, daß bei der Desinfektion nach Möglichkeit zwischen sauren und basischen Lösungen abgewechselt werde.

»Wenn Sie es sich recht überlegen«, sagte er, »werden Sie einsehen, daß wir hier einem schwierigen Planungsproblem gegenüberstanden: Wie desinfiziert man den menschlichen Körper – eines der schmutzigsten Objekte im ganzen Universum –, ohne gleichzeitig seinen Besitzer umzubringen? Interessant.«

Er ging weiter. Hall trat tropfnaß unter der Dusche hervor, sah sich nach einem Handtuch um und fand keines. Er betrat die nächste Kammer. Ein Gebläse an der Decke hüllte ihn in Heißluft ein. An den Seitenwänden flammten Ultraviolettlampen auf und tauchten den Raum in ein intensiv violettes Licht. Hall blieb ruhig stehen, bis ein Summen ertönte und das Gebläse ausgeschaltet wurde. Er hatte ein leicht prickelndes Gefühl auf der Haut, als er in den letzten Raum trat. Hier lag Kleidung bereit. Diesmal handelte es sich nicht um Overalls, sondern um eine Art Chirurgentracht in Hellgelb: ein locker sitzendes Oberteil mit V-Ausschnitt und kurzen Ärmeln, Hosen mit Gummizug und leichte Schuhe mit Gummisohlen, die so bequem waren wie Ballettschuhe.

Der Stoff war weich – anscheinend irgendeine Kunstfaser. Hall zog sich an und trat dann zusammen mit den anderen durch eine Tür mit der Aufschrift AUSGANG ZU STOCKWERK II. Sie traten in den Lift und fuhren hinab.

Hall trat auf einen Korridor hinaus. Hier waren die Wände nicht wie im ersten Stock rot, sondern gelb gestrichen. Alle Leute, die er sah, trugen gelbe Uniformen. Neben dem Lift stand eine Krankenschwester. Sie sagte: »Meine Herren, es ist jetzt genau 14.47 Uhr. Sie können in einer Stunde zum nächsten Stockwerk hinunterfahren.«

Sie gingen in einen kleinen Raum, der als DURCHGANGSSTATION bezeichnet war. Er enthielt ein halbes Dutzend Liegen, bespannt mit auswechselbaren Plastikdecken.

Stone sagte: »Ruhen Sie sich aus. Schlafen Sie wenn möglich. Bis wir den fünften Stock erreichen, werden wir jedes bißchen Ruhe nötig haben, das wir bekommen können.« Er ging zu Hall hinüber. »Wie fanden Sie die Prozedur der Desinfektion?«

»Interessant«, sagte Hall. »Verkaufen Sie die Idee an die Schweden, dann können Sie ein Vermögen damit verdienen. Aber eigentlich habe ich etwas Durchgreifenderes erwartet.«

»Abwarten«, sagte Stone. »Je weiter wir kommen, um so härter wird es. In den Stufen III und IV folgen ärztliche Untersuchungen. Danach halten wir eine kurze Besprechung ab.«

Dann legte sich Stone auf eine der Liegen und war sofort eingeschlafen. Dieses Kunststück hatte er sich schon vor Jahren beigebracht, als er Experimente leitete, die rund um die Uhr dauerten. Er konnte höchstens hier und da eine oder auch einmal zwei Stunden Schlaf dazwischenschieben.

Die zweite Runde von Desinfektionsmaßnahmen war der ersten sehr ähnlich. Hall hatte seine gelbe Kleidung zwar erst eine Stunde lang getragen, aber sie wurde trotzdem verbrannt.

»Ist das nicht eine ziemliche Verschwendung?« fragte er Burton.
Burton zuckte die Achseln. »Ist ja nur Papier.«
»Papier? Dieses Gewebe?«
Burton schüttelte den Kopf. »Kein Gewebe, sondern Papier, nach
einem neuen Verfahren verarbeitet.«
Sie stiegen ins erste Tauchbad. Hinweise an den Wänden
belehrten Hall, daß er unter Wasser die Augen offenzuhalten
hatte. Er fand bald heraus, wie das völlige Untertauchen garan-
tiert wurde – einfach dadurch, daß der Durchgang vom ersten
zum zweiten Raum ganz unter Wasser lag. Während er ihn
schwimmend passierte, spürte er nur ein leichtes Brennen in den
Augen, das aber nicht schlimm war.
Der zweite Raum enthielt eine Reihe von sechs Zellen mit Glas-
wänden, die eine gewisse Ähnlichkeit mit Telefonzellen hatten.
Hall trat auf eine der Kabinen zu und las die Anweisung:
»Eintreten und beide Augen schließen. Arme leicht vom Körper
abspreizen, Beine einen Fußbreit auseinander. Augen erst wieder
öffnen, wenn Summer ertönt. LANGWELLENBESTRAHLUNG KANN
SONST ZU ERBLINDEN FÜHREN!«
Er richtete sich genau nach den Anweisungen und spürte eine Art
von kalter Hitze am Körper. Dieses Gefühl dauerte etwa fünf
Minuten, dann ertönte ein Summen, und er öffnete die Augen.
Sein Körper war völlig trocken. Er folgte den anderen einen
Korridor entlang, der aus vier hintereinanderliegenden Duschen
bestand. Jeder mußte unter allen vier Duschen hindurchgehen.
Am anderen Ende fand Hall ein Warmluftgebläse, das ihn
abtrocknete, und neue Kleidung. Diesmal war sie weiß.
Sie zogen sich an und fuhren mit dem Lift hinunter zum Stock-
werk III.

Hier wurden sie von vier Krankenschwestern erwartet. Eine
führte Hall in einen Untersuchungsraum. Es stellte sich heraus,
daß die zweistündige ärztliche Untersuchung diesmal nicht von
einer Maschine ausgeführt wurde, sondern von einem sehr
gründlichen jungen Mann mit ausdruckslosem Gesicht. Leicht
verärgert sagte sich Hall, daß ihm die Maschine doch lieber war.
Der Arzt ließ nichts aus, nicht einmal den Lebenslauf: Geburt,
Schulbildung, Reisen, Herkunft der Eltern, frühere Kranken-
hausaufenthalte und Erkrankungen. Die Untersuchung war ähnlich vollständig. Hall wurde immer zorniger. Das alles war so
verdammt sinnlos. Aber der junge Arzt zuckte nur immer wieder
die Achseln und erklärte: »Das ist Vorschrift.«

Nach zwei Stunden fuhr er zusammen mit den anderen zum Stockwerk IV hinunter.

Erst kamen vier Vollbäder mit Untertauchen, dann drei abwechselnde Ultraviolett- und Infrarotbestrahlungen, anschließend zwei Ultraschallbehandlungen; den Abschluß bildete etwas höchst Erstaunliches: ein Kabinett mit Stahlwänden und einem Helm an einem Haken. Ein Hinweisschild erläuterte: »ULTRA-BLITZ-GERÄT! Helm zum Schutz der Kopf- und Gesichtsbehaarung fest auf den Kopf setzen, dann auf diesen Knopf drücken!«
Von Ultrablitz hatte Hall noch nie etwas gehört. Er richtete sich nach den Instruktionen und hatte keine Ahnung, was ihn erwartete. Nachdem er den Helm aufgesetzt hatte, drückte er auf den Knopf unter dem Schild.
Einmal zuckte ganz kurz ein blendendweißes Licht auf, dann erfüllte eine Hitzewelle die ganze Stahlkammer. Hall spürte einen augenblicklichen Schmerz, der aber so rasch vorüberging, daß er ihn kaum wahrnahm. Vorsichtig nahm er den Helm ab und sah an seinem Körper herab. Seine Haut war mit feiner weißer Asche bedeckt. Dann wurde ihm klar, daß diese Asche die Überreste seiner eigenen Haut darstellte: Dieser Hitzeblitz hatte die oberste Hautschicht weggebrannt.
Hall ging weiter zu einer Dusche und spülte die weiße Asche fort. Als er endlich den Ankleideraum erreichte, fand er diesmal grüne Uniformen vor.

Eine weitere ärztliche Untersuchung. Diesmal wurden alle möglichen Proben verlangt: Sputum, Mundschleimhaut-Abstrich, Blut, Urin, Stuhl. Hall unterwarf sich widerstandslos den Tests, Untersuchungen und Fragen. Er war müde und zunehmend desorientiert. Die Wiederholungen, die neuen Eindrücke, die Farben an den Wänden, dasselbe grelle künstliche Licht . . .
Endlich wurde er zu Stone und den anderen zurückgeführt.
Stone sagte: »Wir haben in diesem Stockwerk sechs Stunden Zeit. Das ist Vorschrift; wir müssen das Ergebnis der Labortests abwarten. Wir sollten die Pause zum Schlafen benutzen. Gehen Sie diesen Korridor entlang, dann finden Sie Ruheräume mit Ihren Namen daran. Ein Stück dahinter liegt das Café. Wir treffen uns dort in fünf Stunden zu einer Besprechung. Einverstanden?«
Hall fand sein Zimmer. Es war durch ein Plastiktürschild gekennzeichnet. Er trat ein und fand es überraschend groß.

Gerechnet hatte er mit einer Kammer von der Größe eines Schlafwagenabteils; doch dieser Raum war weitaus größer und besser eingerichtet: Bett, Sessel, kleiner Tisch und Computer-Pult mit eingebautem Fernsehschirm. Der Computer machte ihn neugierig, aber er war auch sehr müde. Er legte sich aufs Bett und schlief rasch ein.

Burton konnte nicht einschlafen. Er lag auf seinem Bett in Stockwerk IV, starrte zur Decke und dachte nach. Er wurde den Anblick jenes Ortes nicht los, der Leichen, die auf der Straße herumlagen und nicht bluteten . . .

Burton war zwar kein Hämatologe, aber im Verlauf seiner Arbeit war er doch mit Blutuntersuchungen in Berührung gekommen. Er wußte, daß eine Reihe von Bakterien sich auf das Blut auswirkt. Bei seinen eigenen Untersuchungen von Staphylokokken war er beispielsweise auf die Tatsache gestoßen, daß diese Organismen zwei Enzyme absondern, die das Blut verändern.

Ein Enzym war das sogenannte Exotoxin, das Haut zerstört und rote Blutkörperchen auflöst. Das andere war ein Koagulans, das die Bakterien mit einer Schutzhülle aus Protein umgibt, um eine Zerstörung durch weiße Blutkörperchen zu verhindern.

Es war also durchaus möglich, daß Blut durch Bakterien verändert wird, und zwar auf verschiedene Art und Weise: Streptokokken erzeugen das Enzym Streptokinase, das koaguliertes Plasma auflöst. Klostridien und Pneumokokken erzeugen eine Anzahl von Hämolysinen, die rote Blutzellen zerstören. Auch Malaria und Amöben vernichten rote Blutkörperchen, indem sie sie als Nahrung verdauen. Das tun auch andere Parasiten.

Möglich war so etwas durchaus.

Das half ihnen jedoch bei ihrer Suche nach dem Wirkungsmechanismus des Scoop-Organismus nicht weiter.

Burton versuchte sich an den genauen Ablauf der Blutgerinnung zu erinnern. Er wußte noch, daß der Vorgang an einen Wasserfall erinnert: Ein Enzym wird frei und aktiviert, es wirkt auf ein zweites Enzym ein, dieses auf ein drittes, das dritte macht ein viertes frei – und so weiter, bis nach Durchlaufen von zwölf oder dreizehn verschiedenen Stufen endlich das Blut gerinnt.

An alles andere, an die Einzelheiten, erinnerte er sich nur noch vage: an die Zwischenstadien, die erforderlichen Enzyme, Metalle, Ionen und lokalen Faktoren. Das alles war schrecklich kompliziert.

Er schüttelte den Kopf und versuchte zu schlafen.

Leavitt, der klinische Mikrobiologe, durchdachte die zur Isolierung und Identifizierung des auslösenden Organismus nötigen Schritte. Diese Gedankengänge waren ihm nicht neu. Schließlich war er einer der Begründer der Gruppe, einer der Autoren des Protokolls über die Analyse fremder Organismen. Doch jetzt, wo er im Begriff stand, diesen Plan in die Tat umzusetzen, kamen ihm Zweifel.

Wenn sie vor zwei Jahren nach dem Essen beisammensaßen und alles theoretisch erörterten, war es ihnen großartig vorgekommen, ein amüsantes Denkspiel, ein abstrakter Test für Witz und Scharfsinn. Aber jetzt, wo sie es mit einem echten Erreger zu tun hatten, der ebenso echte wie absonderliche Todesfälle verursachte, fragte er sich, ob sich ihre Pläne tatsächlich als so wirksam und lückenlos erweisen würden, wie sie damals angenommen hatten.

Die ersten Schritte waren noch recht einfach. Sie mußten die Kapsel genau untersuchen und von jedem Organismus, den sie entdeckten, auf Nährlösungen Kulturen anlegen. Dabei blieb nur zu hoffen, daß sie tatsächlich auf einen Organismus stießen, mit dem sich arbeiten und experimentieren ließ, den sie identifizieren konnten.

Danach galt es zu entdecken, wie der Erreger wirkt. Einen Hinweis gab es bereits: Er tötete durch Blutgerinnung. Sollte sich diese Annahme als richtig erweisen, hatten sie einen guten Ausgangspunkt; wenn nicht, vergeudeten sie damit möglicherweise viel kostbare Zeit.

Er mußte an das Beispiel der Cholera denken. Seit Jahrhunderten kannte die Menschheit die Cholera als tödliche Krankheit mit schweren Durchfällen; zuweilen kam es zur Absonderung von Flüssigkeitsmengen bis zu dreißig Litern pro Tag. Das wußten die Menschen, aber sie glaubten, die tödliche Wirkung der Krankheit habe nicht direkt etwas mit dem Durchfall zu tun. Sie suchten nach etwas anderem: einem Gegenmittel, einem Medikament, einer Möglichkeit, den Erreger zu vernichten. Erst in unserer Zeit wurde entdeckt, daß Cholera in erster Linie durch Austrocknung tötet; wenn es gelingt, die Flüssigkeitsverluste des Patienten schnell genug zu ersetzen, übersteht er die Infektion ohne Medikamente und sonstige Behandlung.

Durch Behandlung der Symptome kuriert man die Krankheit.

Traf das auch auf den Scoop-Organismus zu? Konnte man die Krankheit heilen, indem man der Blutgerinnung entgegenwirkte? Oder war das Gerinnen des Blutes nur die sekundäre Erscheinung einer viel ernsteren Ursache?

Noch eine andere Sorge quälte ihn, eine nagende Angst, die er seit dem allerersten Planungsstadium des Projekts Wildfire nie wieder losgeworden war. Bei diesen ersten Besprechungen hatte Leavitt die Möglichkeit angedeutet, daß sich das Wildfire-Team unter Umständen eines extraterrestrischen Mordes schuldig machen könnte.

Leavitt hatte nämlich darauf hingewiesen, daß alle Menschen, unabhängig von aller wissenschaftlicher Objektivität, von gewissen Vorurteilen nicht loskommen, wenn sie über das Leben sprechen. Zu diesen Vorurteilen gehört die Annahme, komplexes Leben müsse größer sein als einfaches Leben. Auf der Erde ist das gewiß richtig: Je intelligenter die Organismen wurden, um so größer wurden sie auch. Sie machten eine Entwicklung durch, die vom Einzeller über mehrzellige Lebewesen zu größeren Tieren führte, bei denen differenzierte Zellen in Gruppen – Organe genannt – arbeiteten. Auf der Erde verlief der Trend in Richtung auf größere und komplexere Tiere.

Aber irgendwoanders im Universum braucht das nicht zuzutreffen. Dort mag das Leben in umgekehrter Richtung fortschreiten – in Richtung auf immer kleinere Lebensformen. Wie die moderne Technologie des Menschen es gelernt hat, alles immer kleiner zu machen, kann vielleicht auch der Druck einer weit fortgeschrittenen Evolution zu kleiner und kleiner werdenden Lebensformen geführt haben. Kleinere Formen haben einige unbestreitbare Vorteile aufzuweisen: geringeren Verbrauch von Rohmaterial, billigere Raumflüge, geringere Ernährungsprobleme . . .

Vielleicht ist die intelligenteste Lebensform eines fernen Planeten nicht größer als ein Floh. Vielleicht nicht einmal größer als ein Bakterium . . . In diesem Falle konnte sich das Wildfire-Team gezwungen sehen, hochentwickelte Lebensformen zu vernichten, ohne auch nur zu ahnen, was es anrichtete.

Leavitt war nicht der einzige Verfechter dieses Gedankens. Merton hatte ihn in Harvard vorgetragen, Chalmers in Oxford. Chalmers, ein Mann mit einem ausgesprochenen Sinn für Humor, hatte folgendes Beispiel angeführt: Ein Mann betrachtet durch sein Mikroskop einen Abstrich mit einer Bakterienkultur und sieht, daß sich die Bakterien zu Worten formiert haben: »Bringen Sie uns zu Ihrem Chef!« Alle fanden damals Chalmers' Einfall sehr erheiternd.

Doch Leavitt mußte immer wieder daran denken. Genau dieser abwegige Einfall konnte sich nämlich als wahr erweisen.

Stone dachte vor dem Einschlafen über die bevorstehende Besprechung nach. Und über die Sache mit dem Meteoriten. Er fragte sich, was Nagy oder Karp sagen würden, wenn sie von dem Meteoriten wüßten.
Sie würden wahrscheinlich den Verstand verlieren, dachte er. Wahrscheinlich wird es uns alle in den Wahnsinn treiben.
Und dann schlief er ein.

Abteilung Delta war die offizielle Bezeichnung für drei Räume im Stockwerk 1, die sämtliche Kommunikationsanlagen des Wildfire-Laboratoriums enthielten. Hier liefen alle Sprech- und Sichtverbindungen zwischen den einzelnen Stockwerken zusammen, aber auch die Kabel für die Telefon- und Fernschreibverbindungen nach draußen. Die Hauptschaltungen zur Bibliothek und zum Zentrallager wurden ebenfalls über Abteilung Delta gesteuert.
Im wesentlichen war diese Abteilung eine riesige von Computern gesteuerte Schaltzentrale. In den drei Räumen war es vollkommen still. Man hörte nichts als das sanfte Summen sich drehender Speicherbänder und das gedämpfte Klicken von Relais. Nur ein einziger Mann arbeitete hier. Er saß vor einem Schaltpult, umgeben von den blinkenden Lichtsignalen des Computers.
Eigentlich war dieser Mann überflüssig; er übte keine notwendige Funktion aus. Die Computer regulierten sich selbst; sie schickten automatisch alle zwölf Minuten Testprogramme durch ihre Schaltkreise und schalteten sich automatisch aus, wenn ein von der Norm abweichendes Ergebnis dabei herauskam.
Gemäß Vorschrift hatte der Mann die Aufgabe, eingehende vertrauliche Mitteilungen zu überwachen, die durch ein Glockenzeichen am Fernschreiber angekündigt wurden. Wenn diese Glocke ertönte, verständigte er die fünf Kommandozentralen in den einzelnen Stockwerken vom Eingang der Mitteilung. Außerdem war er verpflichtet, der Kommandozentrale der Stufe 1 jedes Versagen der Computer zu melden – falls dieses höchst unwahrscheinliche Ereignis einmal eintreten sollte.

12 Die Besprechung

»Bitte, aufwachen, Sir!«

Hall schlug die Augen auf. Das Zimmer wurde von einem fahlen, gleichmäßigen, fluoreszierenden Licht erhellt. Blinzelnd drehte er sich auf den Bauch.

»Bitte, aufwachen, Sir!«

Es war eine angenehme Frauenstimme, weich und verführerisch. Hall setzte sich im Bett auf und sah sich um. Er befand sich allein im Zimmer.

»Hallo?«

»Bitte, aufwachen, Sir!«

»Wer sind Sie denn?«

»Bitte, aufwachen, Sir!«

Er griff hinüber zu dem Nachttisch neben dem Bett und drückte auf einen Knopf. Ein Lichtsignal ging aus. Er wartete, daß sich die Stimme noch einmal meldete, aber sie blieb stumm.

Verdammt raffinierte Art und Weise, einen Mann zu wecken, dachte er. Während er die Uniform überzog, überlegte er, wie die Weckvorrichtung wohl funktionierte. Es konnte sich nicht einfach um eine Bandaufnahme handeln, weil irgendeine Rückkoppelung vorhanden war – die Durchsage wurde nur dann wiederholt, wenn Hall sich meldete.

Zur Überprüfung seiner Theorie drückte er noch einmal auf den Knopf auf seinem Nachttisch. Die sanfte Stimme fragte: »Wünschen Sie etwas, Sir?«

»Darf ich bitte Ihren Namen erfahren?«

»Sonst noch Wünsche, Sir?«

»Nein, das wäre alles.«

»Sonst noch Wünsche, Sir?«

Er wartete. Das Lämpchen ging aus. Er fuhr in seine Gummischuhe und wollte den Raum gerade verlassen, da sagte eine Männerstimme: »Hier spricht die Aufsicht der Anrufbeantwortung, Dr. Hall. Ich wäre Ihnen dankbar, wenn Sie das Unternehmen etwas ernster nehmen wollten.«

Hall lachte. Die Stimme reagierte also auf Bemerkungen, und die Antworten wurden auf Band festgehalten. Ein ausgeklügeltes System.

»Entschuldigung«, sagte er. »Ich wollte nur wissen, wie die Sache funktioniert. Übrigens eine hinreißende Stimme.«

»Diese Stimme«, erklärte der Aufsichtsbeamte betont, »gehört Miß Gladys Stevens aus Omaha. Sie ist dreiundsechzig Jahre alt und bespricht Tonbandprogramme für SAC-Teams und andere Durchsageprogramme.«

»Herrjeh!« entfuhr es Hall.

Er verließ das Zimmer und ging den Korridor entlang zum Café. Dabei wurde ihm klar, weshalb bei der Planung der Wildfire-Station Spezialisten für U-Boote hinzugezogen worden waren. Ohne seine Armbanduhr hatte er jedes Zeitgefühl verloren; er konnte nicht einmal sagen, ob draußen Tag oder Nacht war. Dann ertappte er sich bei der Überlegung, ob ihn wohl viele Leute im Café erwarteten und ob es Zeit fürs Abendessen oder fürs Frühstück sein mochte.

Es stellte sich gleich heraus, daß das Café fast leer war. Nur Leavitt erwartete ihn. Er sagte, die anderen seien schon im Besprechungsraum. Er schob Hall ein Glas mit einer dunkelbraunen Flüssigkeit zu und empfahl ihm zu frühstücken.

»Nährtrank 425«, sagte er. »Alles, was ein durchschnittlicher Siebzig-Kilo-Mann für achtzehn Stunden braucht.«

Hall trank das Glas leer. Die Flüssigkeit war sirupartig und mit einem künstlichen Orangengeschmack versetzt. Erst kam es ihm seltsam vor, dicken, dunkelbraunen Orangensaft zu trinken, doch nach dem ersten Schluck schmeckte das Zeug gar nicht so übel. Leavitt erklärte, der Nährtrank sei für die Astronauten entwickelt worden und enthalte alles mit Ausnahme luftlöslicher Vitamine.

»Die bekommen Sie mit dieser Pille zugeführt«, sagte er.

Hall schluckte auch die Pille und holte sich aus einer Maschine in der Ecke eine Tasse Kaffee. »Kein Zucker?«

Leavitt schüttelte den Kopf. »Hier gibt es keinen Zucker. Nichts, was als Nährboden für Bakterien dienen könnte. Von jetzt an sind wir alle auf eine proteinreiche Diät gesetzt. Den nötigen Zucker bekommen wir aus dem Eiweißabbau. In den Magen werden wir allerdings keinen Zucker mehr kriegen. Ganz im Gegenteil.«

Er griff in die Tasche.

»Aber nein!«

»Doch«, sagte Leavitt und reichte ihm eine kleine Kapsel in Aluminiumfolie.

»Nein«, sagte Hall noch einmal.

»Jeder hier nimmt sie. Breitbandantibiotikum. Bevor Sie die letzten Stadien der Desinfektion durchmachen, gehen Sie noch einmal in Ihr Zimmer und führen es ein.«

»Ich hab' ja nichts dagegen, daß ich in die verschiedenen stinkigen Bäder getaucht werde«, klagte Hall. »Ich lasse mir auch die Bestrahlungen gefallen. Aber der Teufel soll mich holen, wenn ich auch noch . . .«

Leavitt unterbrach ihn: »Es kommt darauf an, daß Sie das Stockwerk v in möglichst sterilem Zustand erreichen. Wir haben nach besten Kräften Ihre Haut, die Schleimhäute und den Atmungstrakt sterilisiert. Aber was den Verdauungstrakt betrifft, so wurde bisher noch gar nichts getan.«

»Das schon – aber Suppositorien?«

»Sie werden sich daran gewöhnen. Wir müssen sie während der ersten vier Tage alle nehmen. Was natürlich nicht besagt, daß sie etwas nützen«, fügte er mit seinem üblichen schiefen, pessimistischen Lächeln hinzu und erhob sich. »Gehen wir in den Besprechungsraum. Stone will uns etwas über Karp erzählen.«

»Über wen?«

»Über Rudolph Karp.«

Rudolph Karp war ein Biochemiker ungarischer Herkunft, 1951 aus England in die Vereinigten Staaten gekommen. An die Universität von Michigan berufen, arbeitete er dort fünf Jahre lang ruhig und unauffällig. Dann begann Karp auf Anregung von Kollegen des Ann-Arbor-Observatoriums Meteoriten daraufhin zu untersuchen, ob sie Leben beherbergten oder ob sich Hinweise darauf finden ließen, daß sie früher einmal Leben getragen hatten. Karp widmete sich mit großem Ernst und ungewöhnlichem Fleiß seiner Aufgabe und verzichtete bis zum Beginn der sechziger Jahre auf jede Veröffentlichung über dieses Thema; inzwischen waren Vaughn, Calvin, Nagy und andere mit aufsehenerregenden Veröffentlichungen über ähnliche Themen hervorgetreten.

Die vorgetragenen Argumente und Gegenargumente waren sehr verwickelt, aber sie ließen sich auf einen einfachen Nenner bringen: Sobald einer der Forscher verkündete, er habe ein Fossil oder einen eiweißähnlichen Kohlenwasserstoff oder andere Hinweise auf Leben in einem Meteoriten entdeckt, hielten ihm die Kritiker Schlamperei im Labor und Verunreinigungen mit Stoffen und Organismen irdischer Herkunft entgegen.

Karp, der langsame, gründliche Arbeiter, war entschlossen, den Streit ein für allemal zu beenden. Er erklärte, er habe sich größte Mühe gegeben, jede Verunreinigung zu verhindern: Alle von ihm untersuchten Meteoriten waren in zwölf verschiedenen Lösungen, unter anderem in Peroxid, Jod, hypertonischer Salzlösung und verdünnten Säuren, gewaschen worden. Dann waren die Proben zwei Tage lang intensiver Ultraviolettstrahlung ausgesetzt und schließlich nach einem Bad in keimtötender Lösung in eine keimfreie, sterile Isolierkammer gebracht worden. Alle weiteren Arbeiten hatte man in dieser Kammer ausgeführt.

Karp gelang es, beim Zerlegen seiner Meteoriten Bakterien zu isolieren. Er stellte fest, daß es sich um ringförmige Organismen handelte, ähnlich einem winzigen pulsierenden Autoschlauch, und er stellte ferner fest, daß diese Wesen in der Lage waren, zu wachsen und sich zu vermehren. Er behauptete, sie glichen in ihrem Aufbau zwar grundsätzlich irdischen Bakterien, indem sie aus Proteinen, Kohlenhydraten und Lipoiden bestanden, aber sie besäßen keine Zellkernsubstanz; die Art und Weise ihrer Vermehrung sei demnach ein Geheimnis.

Karp trug diese Erkenntnisse in seiner gewohnten ruhigen, unsensationellen Art vor und erhoffte sich eine gute Aufnahme. Er wurde bitter enttäuscht; auf der Siebten Konferenz für Astrophysik und Geophysik, die 1961 in London tagte, wurde er einfach ausgelacht. Entmutigt gab er die Arbeit an den Meteoriten auf. Die Organismen wurden später, am 27. Juni 1963, bei einer unvorhergesehenen nächtlichen Explosion in seinem Laboratorium vernichtet.

Karp machte fast dieselbe Erfahrung wie Nagy und alle anderen: In den sechziger Jahren war die Wissenschaft einfach nicht gewillt, an das Vorhandensein von Leben in Meteoriten zu glauben. Alle dafür vorgelegten Beweise wurden herabgewürdigt, als Irrtümer abgetan und nicht zur Kenntnis genommen.

Es gab jedoch ein paar Leute in einem Dutzend verschiedener Länder, die anders dachten. Zu ihnen gehörten auch Jeremy Stone und Peter Leavitt. Einige Jahre zuvor hatte Leavitt die »Regel 48« aufgestellt. Diese »Regel 48« war als humorvolle Warnung an die Wissenschaftler gedacht; sie bezog sich auf die Literatur der späten vierziger und frühen fünfziger Jahre über die Anzahl der Chromosomen beim Menschen.

Jahrelang hatte man behauptet, die menschliche Zelle enthalte achtundvierzig Chromosomen, wie mit sorgfältigen Untersuchungen und Bildern belegt wurde. 1953 verkündete eine Gruppe amerikanischer Forscher der staunenden Welt, die Zahl der menschlichen Chromosomen betrage nur sechsundvierzig. Wiederum wurden zum Beweis Bilder und sorgfältige Untersuchungen aufgeboten. Aber diese Forscher griffen auch auf die alten Bilder und die alten Untersuchungen zurück – und sie fanden hier ebenfalls nur sechsundvierzig und nicht achtundvierzig Chromosomen.

Leavitts »Regel 48« besagte schlicht und einfach: »Alle Wissenschaftler sind blind.« Auf diese Regel hatte sich Leavitt angesichts des Echos berufen, das Karp und andere fanden. Er überprüfte die Berichte und Dokumente und fand nichts, was ihn von vornherein veranlaßt hätte, die Untersuchungen an den Meteoriten abzulehnen; viele der Experimente waren sorgfältig durchgeführt und vernünftig ausgewertet – sie wirkten zwingend.

Daran erinnerte er sich wieder, als er und andere an der Planung für Wildfire Beteiligte die als »Vektor Drei« bezeichnete Studie erstellten. Sie bildete zusammen mit »Toxicum Fünf« eine der gesicherten theoretischen Grundlagen für das Unternehmen Wildfire.

»Vektor Drei« war eine Studie gewesen, die sich mit einer entscheidenden Frage befaßt hatte: Wenn ein Bakterium zur Erde gelangt und hier eine Krankheit hervorruft – woher kann dieses Bakterium dann kommen?

Nach Beratungen mit Astronomen und Evolutionsbiologen gelangte die Wildfire-Gruppe zu dem Schluß, daß Bakterien dreierlei Ursprung haben können.

Die erste Möglichkeit ist gleichzeitig die selbstverständlichste: Es handelt sich um einen Organismus von einem anderen Planeten oder einer anderen Galaxis, der durch einen entsprechenden Schutz in die Lage versetzt wurde, die im Raum herrschenden extremen Temperaturen und das Vakuum zu überstehen. Zweifellos können Bakterien unter solchen Bedingungen am Leben bleiben; es gibt beispielsweise unter der Sammelbezeichnung »Thermophile« eine Gruppe von Bakterien, die sich in starker Hitze wohlfühlen und sich noch bei Temperaturen bis zu 70 Grad Celsius sehr rasch vermehren. Man hat andere Bakterien in ägyptischen Grabkammern gefunden, wo sie jahrtausendelang eingeschlossen gewesen waren. Diese Bakterien erwiesen sich als immer noch lebensfähig.

Die Lösung des Geheimnisses ist die Fähigkeit der Bakterien, Sporen zu bilden, d. h., sich mit einer harten Schale zu umgeben. Diese Hülle befähigt diese Mikroben, Hitze und Kälte und notfalls auch Jahrtausende ohne Stoffwechsel zu überstehen – sie verbindet die Vorzüge eines Raumanzugs mit denen des Winterschlafs.

Es besteht auch kein Zweifel daran, daß Sporen durch den Raum fliegen können, bewegt vom Lichtdruck. Aber ist ein anderer Planet oder eine andere Galaxis auch wirklich die *wahrscheinlichste* Quelle für eine Verseuchung der Erde?

Hierauf lautet die Antwort: »Nein! Die wahrscheinlichste Quelle ist die nächstgelegene, nämlich die Erde selbst.«

Die Studie »Vektor Drei« wies auf die Möglichkeit hin, daß gewisse Bakterien die Erdoberfläche schon vor Äonen verlassen haben können, zu einer Zeit, als sich in den Ozeanen und auf dem heißen, ausgedörrten Festland gerade das Leben zu regen begann – lange vor dem Entstehen der Fische, der ersten primitiven Säuger, des ersten Affenmenschen. Wenn diese Bakterien sich von der Erde entfernt hatten und langsam in immer höhere Schichten aufgestiegen waren, bis sie sich buchstäblich im leeren Raum befanden, dann konnten sie sich dort zu ungewöhnlichen Formen entwickelt und vielleicht sogar die Fähigkeit erlangt haben, Lebensenergie unmittelbar von der Sonne zu beziehen, anstatt als Energiequelle Nahrung nötig zu haben. Solche Organismen mochten auch fähig sein, Energie direkt in Materie umzuwandeln.

Leavitt hatte in diesem Zusammenhang darauf hingewiesen, daß die obere Atmosphäre durchaus vergleichbar sei mit der Tiefsee: Beide sind gleich unwirtliche und dennoch gleich bewohnbare Lebensräume. Wenn in den tiefsten, schwärzesten Regionen der Meere, in denen es kaum noch Sauerstoff und überhaupt kein Licht mehr gibt, eine Fülle verschiedenster Lebensformen existiert, warum dann nicht auch in den höchsten Schichten der irdischen Atmosphäre? Gewiß, Sauerstoff ist dort kaum noch vorhanden. Und dort ist auch so gut wie keine Nahrung zu finden. Aber wenn es Geschöpfe gibt, die kilometertief unter dem Wasserspiegel zu existieren vermögen, warum soll es dann nicht welche geben, die sieben oder acht Kilometer darüber leben?

Und wenn es dort oben Mikroben gibt, die sich unendlich lange vor dem Auftauchen des ersten Menschen von der heißen Erdkruste entfernt hatten, dann waren und sind sie dem Menschen fremd. Weder zu einer Immunität noch zu einer Anpassung noch zur Bildung von Abwehrstoffen hat es je kommen können. Für den Menschen als erdgeschichtlich junges Wesen müssen sie ganz urtümlich primitive Fremde und Feinde sein, ähnlich wie der

Hai, jener primitive, seit hundert Millionen Jahren unverändert gebliebene Fisch, dem Menschen fremd und gefährlich gegenübertrat, als dieser mit der Eroberung der Ozeane begann.

Der dritte Ursprung einer Verseuchung – der dritte der »Vektoren« – war gleichzeitig der wahrscheinlichste und besorgniserregendste. Alltägliche irdische Mikroben von heute können durch unzureichend sterilisierte Raumfahrzeuge in den Raum entführt werden. Dort sind diese Organismen harter Strahlung, der Schwerelosigkeit und anderen Umwelteinflüssen ausgesetzt, die Mutationen auslösen und so den Organismus erheblich verändern können.

Wenn ein solches Kleinstlebewesen dann zur Erde zurückkehrt, kann es ein ganz anderer Organismus geworden sein.

Man hat vielleicht harmlose Bakterien, die allenfalls Pickel oder Halsschmerzen verursachen, mit hinaufgenommen und bringt eines Tages eine neue Form von Organismus mit zurück, die völlig unvorhersehbar stark virulent ist. In diesem Falle ist alles möglich. Dieser neue Organismus könnte etwa eine Vorliebe für die Flüssigkeit im Augeninnern zeigen und in den Augapfel eindringen. Er könnte sich in der Magensäure vermehren. Die winzigen elektrischen Ströme im menschlichen Gehirn könnten ihn zu rapider Vermehrung anregen – er würde die Menschen in den Wahnsinn treiben.

Den Wildfire-Planern war der Gedanke einer Bakterien-Mutation weit hergeholt und unwahrscheinlich vorgekommen – eine Ironie des Schicksals, insbesondere im Hinblick auf das, was mit den Andromeda-Organismen geschehen war! Doch das Wildfire-Team hatte hartnäckig sowohl die eigenen Erfahrungen ignoriert – daß Bakterien rasch und radikal mutieren – als auch die Ergebnisse der Tests mit Biosatelliten, bei denen eine Reihe irdischer Lebensformen in den Raum hinaufgeschickt und später wieder zurückgeholt worden war.

Dem Biosatelliten ii waren unter anderem auch mehrere Arten von Bakterien mitgegeben worden. Später hatte man lesen können, daß sich diese Bakterien zwanzig- bis dreißigmal schneller als normal vermehrt hatten. Die Gründe dafür waren immer noch unklar, aber ein Ergebnis konnte nicht bestritten werden: Der Raum übte einen Einfluß auf Vermehrung und Wachstum aus.

Dennoch hatte niemand beim ganzen Wildfire-Projekt auf diese Tatsache geachtet, bis es zu spät gewesen war.

Stone beendete rasch seinen Vortrag und überreichte jedem ein Aktenstück.

»Diese Aufzeichnungen«, erläuterte er, »enthalten die Niederschrift der automatisch festgehaltenen Daten des gesamten Fluges von Scoop VII. Wir haben die Niederschrift zu prüfen, um nach Möglichkeit festzustellen, was dem Satelliten in seiner Umlaufbahn zugestoßen ist.«

»Zugestoßen?« fragte Hall.

Leavitt erklärte: »Der Satellit sollte sechs Tage lang die Erde umkreisen, da die Wahrscheinlichkeit des Auftretens von Organismen im Verhältnis zur Dauer des Versuchs steht. Nach dem Start erreichte er eine stabile Umlaufbahn. Am zweiten Tag verließ er dann diese Bahnkurve.«

Hall nickte.

»Fangen Sie mit Seite eins an«, sagte Stone.

Hall schlug seinen Ordner auf.

AUTOMATISCHE AUFZEICHNUNG
PROJEKT: SCOOP VII
DATUM DES STARTS: —
GEKÜRZTE WIEDERGABE
UNGEKÜRZTE NIEDERSCHRIFT SAFE 179-99, VANDENBERG
KOMPLEX EPSILON

STDN	MIN	SEK	VORGANG
T MINUS ZEIT			
0002	01	05	Vandenberg Startrampe Block 9, Scoop- Kontrollzentrum, meldet planmäßiges Funktionieren aller Systeme.
0001	39	52	Scoop-KontrZ erwartet Treibstoffkontrollmeldung von Bodenkontrolle.
UHR GESTOPPT			UHR GESTOPPT. ZEITVERLUST REAL 12 MINUTEN.
0001	39	52	Wiederaufnahme Countdown. Uhr berichtigt.
0000	41	12	Scoop-KontrZ stoppt 20 Sekunden zur Überprüfung Startrampe. Uhr wegen Zeitreserve nicht angehalten.

STDN	MIN	SEK	VORGANG
0000	30	00	Startbrücke entfernt.
0000	24	00	Schlußprüfung Systeme Raumfahrzeug.
0000	19	00	Schlußprüfung Systeme Kapsel.
0000	13	00	Abschließender Prüfbericht negativ.
0000	07	12	Kabelverbindungen gelöst.
0000	01	07	Verbindung Rampe gelöst.
0000	00	05	Zündung.
0000	00	04	Startrampe Block 9 meldet alle Systeme klar.
0000	00	00	Magnetklammern gelöst. Start.

T PLUS ZEIT

0000	00	06	Stabil. Geschwindigkeit 1,8 m/sec. Glatte Annäherung an Bahnwerte.
0000	00	09	Verbindung aufgenommen.
0000	00	11	Aufnahme der Verbindung bestätigt.
0000	00	27	Monitor Kapsel zeigt 1,9 g an. Alle Geräte fehlerfrei.
0000	01	00	Startrampe Block 9 gibt Rakete und Kapsel für Umlaufbahn frei.

»Es hätte keinen Sinn, sich mit diesem Teil näher zu beschäftigen«, sagte Stone. »Es ist der Bericht über einen fehlerfrei gelungenen Start. In den nächsten sechsundneunzig Flugstunden gibt es nichts, was auf irgendwelche Schwierigkeiten an Bord der Raumkapsel hinweisen würde. Jetzt schlagen Sie bitte Seite 10 auf.«
Alle blätterten.

ÜBERWACHUNGSPROTOKOLL FORTS.
SCOOP VII
DATUM DES STARTS: —
GEKÜRZTE FASSUNG

STDN	MIN	SEK	VORGANG
0096	10	12	Station Grand Bahama meldet stabile Umlaufbahn.
0096	34	19	Sydney meldet stabile Umlaufbahn.
0096	47	34	Vdbg. meldet stabile Umlaufbahn.
0097	04	12	Station Kennedy meldet stabile Umlaufbahn, aber Funktionsfehler in einem System.
0097	05	18	Funktionsfehler bestätigt.
0097	07	22	Grand Bahama bestätigt Funktionsfehler. Computer meldet Bahnabweichung.
0097	34	54	Sydney meldet Bahnabweichung.
0097	39	02	Berechnungen Vandenberg weisen auf Bahnfehler hin.
0098	27	14	Scoop-Kontrollzentrum Vandenberg ordnet Rückkehr durch Funkbefehl an.
0099	12	56	Funkbefehl zur Rückkehr abgesetzt.
0099	13	13	Houston meldet Einleitung der Rückkehr. Flugkurve stabil.

»Wie sieht es eigentlich mit der Sprechverbindung während der kritischen Phase aus?«
»Es bestand Verbindung zwischen Sydney, Kennedy und Grand Bahama, und zwar über Houston. Dort stand auch der große Computer zur Verfügung. Aber in diesem Falle leistete Houston nur Amtshilfe. Alle Entscheidungen wurden im Scoop-Kontrollzentrum Vandenberg getroffen. Im letzten Teil der Akte haben wir die Niederschrift der Sprechverbindung. Sehr aufschlußreich!«

PROTOKOLL DER SPRECHVERBINDUNG
SCOOP KONTROLLZENTRUM
VANDENBERG LUFTW STÜTZP
VON 0096,59 BIS 0097,39
DIESES PROTOKOLL IST STRENG GEHEIM
ES WURDE WEDER GEKÜRZT NOCH REDIGIERT

STDN	MIN	SEK	TEXT
0096	59	00	HALLO KENNEDY HIER SCOOP KONTROLL-ZENTRUM. NACH 96 FLUGSTUNDEN LIEGT VON ALLEN STATIONEN MELDUNG ÜBER STABILE BAHN VOR. KÖNNEN SIE BESTÄTIGEN.
0097	00	00	Ich denke, das können wir, Scoop. Unsere Überprüfung läuft gerade durch. Bleibt für ein paar Minuten in der Leitung, Freunde.
0097	03	31	Hallo, Scoop Kontrolle. Hier Kennedy. Wir haben für den letzten Durchgang stabile Bahn bestätigt bekommen. Verzögerung tut uns leid, aber bei uns ist ein Instrumentenfehler aufgetreten.
0097	03	34	ERBITTEN KLÄRUNG KENNEDY. LIEGT EUER FEHLER AUF DEM BODEN ODER OBEN.
0097	03	39	Tut uns leid, die Ursache ist noch nicht geklärt. Wir glauben, es liegt hier unten bei uns.
0097	04	12	Hallo, Scoop. Hier Kennedy. Uns liegt ein vorläufiger Bericht über fehlerhaftes Funktionieren eines Systems an Bord eures Raumfahrzeuges vor. Wiederhole: Bericht über Funktionsfehler an Bord. Erwarten noch die Bestätigung.
0097	04	15	KENNEDY BITTE KLÄREN SIE WELCHES SYSTEM BETROFFEN IST.
0097	04	18	Tut mir leid, aber das ist mir nicht durchgegeben worden. Ich nehme an, man will noch endgültige Bestätigung des Funktionsfehlers abwarten.
0097	04	21	GILT IHRE BAHNÜBERPRÜFUNG ALS STABIL IMMER NOCH.

STDN	MIN	SEK	VORGANG
0097	04	22	Vandenberg, wir haben Ihnen stabile Bahn gemeldet. Wiederhole: Bahn ist stabil.
0097	05	18	Hallo, Vandenberg, wir müssen auch Angaben bestätigen, die auf Funktionsfehler in einem System an Bord Ihres Raumschiffes hinweisen. Unter anderem gehen Kreiselstabilisator und Richtelemente bis zwölf Strich. Wiederhole zwölf Strich.
0097	05	30	HABEN SIE GEGENPROBE BEI IHREM COMPUTER VORGENOMMEN.
0097	05	35	Tut uns leid, Freunde, aber unser Computer ist in Ordnung. Nach unserer Ablesung liegt ein echter Funktionsfehler vor.
0097	05	45	HALLO HOUSTON. GEBEN SIE BITTE VER- BINDUNG MIT SYDNEY FREI. WIR BRAUCHEN BESTÄTIGUNG DER ANGABEN.
0097	05	51	Scoop KZ, hier Station Sydney. Wir bestätigen unsere letzte Ablesung. Beim letzten Durchgang hier war mit dem Raumfahrzeug alles o.k.
0097	06	12	NACH UNSEREM COMPUTERTEST KEIN HINWEIS AUF FUNKTIONSFEHLER. GUTE STABILITÄT DER UMLAUFBAHN LAUT VERARBEITUNG DER EINGEGANGENEN DATEN. WIR HALTEN INSTRUMENTENFEHLER IN KENNEDY FÜR MÖGLICH.
0097	06	18	Scoop, hier Kennedy. Wir haben unsere Daten nochmals überprüft. Unsere Ermittlung eines Funktionsfehlers bleibt bestehen. Haben Sie schon Nachricht von Bahama.
0097	06	23	NEGATIV, KENNEDY. WIR WARTEN AB.
0097	06	36	HOUSTON HIER SCOOP KZ. KANN UNS IHRE PROJEKTIONSGRUPPE WEITERHELFEN.
0097	06	46	Scoop, im Augenblick noch nicht. Unseren Computern liegen zu wenig Daten vor. Sie geben immer noch stabile Bahn mit voll funktio- nierenden Systemen an.

STDN	MIN	SEK	VORGANG

0097 07 22 Scoop, hier Station Bahama. Wir melden Durchgang Ihres Raumfahrzeugs Scoop Sieben genau nach Zeitplan. Vorläufig Radarortung normal. Möglicherweise verzögerte Durchgangszeit. Bleiben Sie da, warten Sie Fernmessung der Systeme ab.

0097 07 25 WIR WARTEN GRAND BAHAMA.

0097 07 29 Scoop KZ, wir bedauern, die Beobachtung von Kennedy bestätigen zu müssen. Wiederhole: Wir bestätigen die von Kennedy beobachtete Fehlfunktion in den Bordsystemen. Unsere Daten sind über Draht unterwegs nach Houston. Können sie auch an Sie weitergeleitet werden.

0097 07 34 NEIN, WIR WARTEN AUSWERTUNG VON HOUSTON AB. DORT SIND GRÖSSERE SPEICHERBÄNKE FÜR DATENVORHERSAGE VORHANDEN.

0097 07 36 Scoop KZ, in Houston liegen Daten aus Bahama vor. Laufen gerade durch Vergleichsprogramm. Lassen Sie uns zehn Sekunden Zeit.

0097 07 47 Scoop KZ, hier Houston. Vergleichsprogramm bestätigt Funktionsfehler in den Systemen. Ihr Raumfahrzeug jetzt in instabiler Umlaufbahn mit Erhöhung der Durchgangszeit um Null-komma-drei Sekunden pro Bogeneinheit. Analysieren zur Zeit Bahndaten. Wünschen Sie irgendwelche weiteren Datenverarbeitungen.

0097 07 59 NEIN, HOUSTON. WIE ES SCHEINT, MACHEN SIE DAS GROSSARTIG.

0097 08 10 Tut uns leid, Scoop, eine böse Überraschung.

0097 08 18 GEBEN SIE UNS SO RASCH WIE MÖGLICH UMFANG DER BAHNABWEICHUNG DURCH. KOMMANDO MÖCHTE ÜBER INSTRUMENTEN-LANDUNG WÄHREND DER NÄCHSTEN BEIDEN UMLÄUFE ENTSCHEIDEN.

0097 08 32 Verstanden, Scoop. Herzliches Beileid.

STDN	MIN	SEK	VORGANG
0097	11	35	Scoop, Projektionsgruppe Houston bestätigt instabile Umlaufbahn. Ausmaß der Bahnabweichung geht Ihnen über Draht zu.
0097	11	44	WIE SEHEN DIE BAHNWERTE AUS, HOUSTON.
0097	11	51	Schlecht.
0097	11	59	NICHT VERSTANDEN. BITTE WIEDERHOLEN.
0097	12	07	Schlecht — Sch wie Scheibenhonig, L wie lausig, E wie Ende, Ch wie Chaos, T wie Trümmer.
0097	12	15	HOUSTON KÖNNEN SIE URSACHE ERMITTELN. DER SATELLIT HAT FAST HUNDERT STUNDEN AUSGEZEICHNET FUNKTIONIERT. WAS IST DAMIT PASSIERT.
0097	12	29	Ist uns zu hoch. Vielleicht Kollision. Die neue Bahnkurve weist ein deutliches Torkeln auf.
0097	12	44	HOUSTON, UNSER COMPUTER VERARBEITET GERADE DIE EINGEGANGENEN DATEN. HALTEN KOLLISION EBENFALLS FÜR MÖGLICH. HABT IHR IRGEND ETWAS DA DRAUSSEN IN DER NACHBARSCHAFT.
0097	13	01	Himmelsüberwachung bestätigt unsere Ermittlung, daß wir nichts in der Umgebung Ihres Babys draußen haben.
0097	13	50	HOUSTON, NACH UNSEREM COMPUTER HANDELT ES SICH UM EIN ZUFÄLLIGES EREIGNIS. WAHRSCHEINLICH HÖHER ALS NULL KOMMA SIEBEN NEUN.
0097	15	00	Dem können wir nichts hinzufügen. Klingt ganz vernünftig. Wollt ihr ihn herunterholen.
0097	15	15	ENTSCHEIDUNG WIRD NOCH AUFGESCHOBEN. WIR GEBEN RECHTZEITIG NACHRICHT.
0097	17	54	HOUSTON, UNSERE BEFEHLSSTELLE HAT FRAGE AUFGEWORFEN OB VIELLEICHT ...
0097	17	59	(Antwort aus Houston gestrichen,)

STDN	MIN	SEK	VORGANG
0097	18	43	(Anfrage von Scoop an Houston gestrichen.)
0097	19	03	(Antwort aus Houston gestrichen.)
0097	19	11	EINVERSTANDEN, HOUSTON. WIR TREFFEN UNSERE ENTSCHEIDUNG SOBALD UNS BESTÄTIGUNG DER BAHNÄNDERUNG AUS SYDNEY VORLIEGT. IST DAS IN ORDNUNG.
0097	19	50	Alles klar, Scoop. Wir halten uns zur Verfügung.
0097	24	32	HOUSTON, NACH ÜBERPRÜFUNG UNSERER DATEN HALTEN WIR ... NICHT MEHR FÜR WAHRSCHEINLICH.
0097	24	39	Verstanden, Scoop.
0097	29	13	HOUSTON, WIR ERWARTEN SYDNEY.
0097	34	54	Scoop Kontrollzentrum, hier Station Sydney. Haben soeben Durchgang Ihres Raumschiffs verfolgt. Nach ersten Ablesungen bestätigen wir verlängerte Durchgangszeit. Diesmal schon ziemlich auffällig.
0097	35	12	VIELEN DANK, SYDNEY.
0097	35	22	Das ist Pech, Scoop. Tut uns leid.
0097	39	02	SCOOP KONTROLLE AN ALLE STATIONEN. UNSERE COMPUTER HABEN SOEBEN BAHN-ABWEICHUNG UNSERES RAUMFAHRZEUGS ERRECHNET. NACH UNSEREN ERMITTLUN-GEN KOMMT ES MIT PLUS VIER HERUNTER. HALTEN SIE SICH FÜR DIE ENDGÜLTIGE ENT-SCHEIDUNG BEREIT, WANN DIE LANDUNG ERFOLGEN SOLL.

Hall fragte: »Welche Passagen wurden da gestrichen?«
»Wie mir Major Manchek in Vandenberg sagte«, antwortete
Stone, »hatten diese Stellen mit russischen Raumfahrzeugen in
dem betreffenden Bereich zu tun. Zuletzt gelangten die beiden
Stationen zu dem Schluß, daß die Russen den Scoop-Satelliten
weder versehentlich noch vorsätzlich heruntergeholt haben. Es
sind auch keine anderen Gesichtspunkte mehr aufgetaucht.«

Sie nickten.

»Das lag nahe«, fuhr Stone fort. »Die Luftwaffe unterhält in Kentucky eine Beobachtungsstation, die alle in einer Umlaufbahn um die Erde befindlichen Satelliten erfaßt. Diese Station hat eine doppelte Aufgabe: Sie hat die alten, seit langem kreisenden Satelliten zu beobachten und neue zu finden. Zur Zeit befinden sich zwölf Satelliten im Umlauf, die überzählig sind. Mit anderen Worten: Uns gehören sie nicht, und die Sowjets haben ihren Start nicht bekanntgegeben. Bei einigen davon handelt es sich vermutlich um Navigationssatelliten für sowjetische U-Boote. Andere dürften der Spionage dienen. Wichtig ist jedenfalls, daß da oben eine verteufelte Menge von Satelliten herumschwirrt, ob es nun russische sind oder nicht. Am letzten Freitag befanden sich laut Meldung der Luftwaffe insgesamt fünfhundertsiebenundachtzig Körper in einer Umlaufbahn um die Erde, darunter auch einige alte, nicht mehr arbeitende Satelliten der amerikanischen Explorer-Serie und der russischen Sputnik-Serie, aber auch Antriebsraketen und Endstufen – kurzum alles, was eine stabile Umlaufbahn eingeschlagen hat und groß genug ist, einen Radarstrahl zu reflektieren.«

»Das ist eine ganze Menge.«

»Ja, und vermutlich sind es noch erheblich mehr. Nach Ansicht der Luftwaffe treibt sich da draußen eine Menge Abfall herum – Schrauben, Bolzen, Metallteile –, alles in mehr oder weniger stabilen Bahnen. Wie Sie wissen, gibt es keine wirklich stabile Umlaufbahn. Ohne Korrekturen sinkt mit der Zeit jeder Satellit tiefer und fällt in Spiralen wieder auf die Erde zurück, verbrennt in der Atmosphäre. Aber das kann Jahre oder auch Jahrzehnte dauern. Jedenfalls schätzt man bei der Luftwaffe die Gesamtzahl aller einzeln kreisenden Objekte auf rund fünfundsiebzigtausend.«

»Eine Kollision mit einem Stück Abfall wäre also möglich.«

»Ja. Möglich schon.«

»Und ein Meteorit?«

»Das ist die andere Möglichkeit, die Vandenberg als wahrscheinlicher ansieht. Ein unvorhergesehener Zwischenfall – höchstwahrscheinlich ein Meteorit.«

»Sind um diese Zeit Schwärme fällig?«

»Offenbar nicht. Aber das schließt eine Kollision mit einem Meteoriten nicht aus.«

Leavitt räusperte sich. »Es gibt noch eine andere Möglichkeit.«

Stone runzelte die Stirn. Er wußte, daß Leavitt über viel Phantasie verfügte – eine Gabe, die sich bei ihm ebenso als Vorzug wie auch als Nachteil auswirkte. Manchmal konnte Leavitt andere Leute verblüffen und anregen. Manchmal regte er sie aber auch nur auf.

»Ich halte es für ziemlich weit hergeholt«, warf Stone ein, »wenn man davon ausgehen wollte, daß es sich um Bruchstücke extragalaktischen Ursprungs handelt, die nicht . . .«

»Ich gebe Ihnen recht«, sagte Leavitt. »Sehr weit hergeholt, geradezu hoffnungslos. Es gibt nicht den leisesten Beweis, der darauf hindeutet. Trotzdem glaube ich nicht, daß wir es uns erlauben können, diese Möglichkeit ganz außer acht zu lassen.«

Ein melodischer Gong ertönte.

Dann sagte eine verführerische Frauenstimme, die Hall nun als die Stimme von Miß Gladys Stevens aus Omaha erkannte, sanft und leise: »Meine Herren, Sie können sich nun ins nächste Stockwerk begeben.«

13   Stockwerk v

Das Stockwerk war in einem ruhigen blauen Farbton gehalten. Alle trugen blaue Uniformen. Burton führte Hall herum.

»Dieses Stockwerk sieht genauso aus wie die anderen«, erklärte er. »Es ist kreisrund und besteht eigentlich aus einer Reihe konzentrischer Kreise. Wir befinden uns jetzt im äußersten Kreis. Hier wohnen und arbeiten wir. Café, Schlafräume, das ist alles hier draußen. Der nächste Ring enthält die Labors. Und noch weiter zur Mitte hin, gegen uns völlig isoliert, befindet sich der Mittelschacht. Dort sind jetzt der Satellit und die beiden Überlebenden untergebracht.«

»Aber sie sind von uns isoliert?«

»Ja.«

»Wie kommen wir denn dran?«

»Haben Sie schon mal mit Handschuhkammern gearbeitet?« fragte Burton.

Hall schüttelte den Kopf.

Burton erklärte ihm, die Handschuhkammern seien große, durchsichtige Plastikbehälter zur Behandlung sterilen Materials. An den Seiten des Behälters sind je zwei runde Löcher eingeschnitten, in denen luftdicht abschließende Handschuhe befestigt sind. Wenn man am Inhalt der Kammer arbeiten will, schiebt man die Hände in die langen Handschuhe und greift so in den Innenraum hinein. Die Finger kommen dabei nie mit dem Material, sondern nur mit den Handschuhen in Berührung.

»Wir sind noch einen Schritt weitergegangen«, sagte Burton. »Wir haben hier ganze Räume eingerichtet, die nichts weiter sind als bessere Handschuhkammern. Statt eines langen Überzugs für die Hand gibt es einen Plastikanzug, in den der ganze Körper hineinpaßt. Sie werden gleich sehen, wie ich das meine.«

Sie gingen den leicht gebogenen Korridor entlang bis zu einer Tür mit der Aufschrift ZENTRALE KONTROLLE. Hier arbeiteten bereits Leavitt und Stone. Es handelte sich um einen nicht allzu großen Raum, der mit allen möglichen elektronischen Geräten vollgestopft war. Eine Wand bestand aus Glas und gestattete den Arbeitenden einen freien Blick in den anschließenden Raum. Durch das Glas sah Hall, wie mechanische Greifer die Raumkapsel ergriffen und auf einem Tisch absetzten. Hall, der noch nie zuvor eine solche Kapsel gesehen hatte, betrachtete sie interessiert. Sie war kleiner, als er sie sich vorgestellt hatte – höchstens einen Meter lang; das eine Ende war von der Reibungshitze beim Wiedereintritt in die Erdatmosphäre versengt und geschwärzt.

Die mechanischen Hände, von Stone bedient, öffneten die kleine, löffelförmige Vertiefung an der Seite des Satelliten, um das Innere freizulegen.

»So!« sagte Stone und nahm seine Hände von der Fernbedienung.

So ein Steuergerät sieht aus wie ein Paar Schlagringe. Die Bedienungsperson schiebt ihre Finger in die Ringe und bewegt sie so, wie sich im Innern des Raums die mechanischen Hände bewegen sollen.

Stone fuhr fort: »Der nächste Schritt besteht nun darin, festzustellen, ob die Kapsel noch irgendwelchen biologisch aktiven Stoff enthält. Ihre Vorschläge?«

»Eine Ratte«, meinte Leavitt. »Nehmen Sie eine schwarze Norwegerin.«

Die »Schwarze norwegische Ratte« war keineswegs schwarz. Der Name kennzeichnete einfach eine besondere Zucht von Versuchstieren, vielleicht sogar den berühmtesten Zuchtstamm der ganzen Naturwissenschaft. Früher einmal war diese Wanderratte natürlich schwarz und wohl auch in Norwegen beheimatet gewesen, aber nach jahrzehntelanger Züchtung und zahllosen Generationen war sie weiß, klein und zahm geworden.

Die explosionsartige Entwicklung der Biologie hatte zu einem gewaltigen Bedarf an genetisch einheitlichen Versuchstieren geführt. In den letzten dreißig Jahren waren über tausend Zuchtstämme erblich »reiner« Tiere herangezogen worden. Und was die »schwarze Norwegerin« betrifft, so kann heute jeder Forscher auf der ganzen Welt, der mit Tieren dieses Stammes Versuche anstellt, sicher sein, daß jeder andere Wissenschaftler an jedem beliebigen Ort die Versuche unter Benutzung von praktisch genau gleichen Organismen wiederholen und fortführen kann.

»Danach könnte man einen Rhesusaffen nehmen«, sagte Burton, »früher oder später müssen wir ohnehin zu den Primaten übergehen.«

Die anderen nickten. Das Wildfire-Labor war darauf eingerichtet, Experimente mit Menschenaffen und Affen, aber auch mit kleineren und billigeren Versuchstieren durchzuführen. Es ist sehr schwierig, mit einem Affen zu arbeiten; diese kleinen Primaten sind flink, intelligent und oft bös. Als besonders schwierig gelten bei den Forschern die Affen der Neuen Welt mit ihren Greifschwänzen. Schon mancher Forscher hat einen Affen während einer Injektion von drei oder vier Laborgehilfen festhalten lassen – nur um dann doch erleben zu müssen, wie der Greifschwanz blitzschnell vorschoß, die Injektionsspritze packte und quer durch das Labor schleuderte.

Theoretische Grundlage für die Arbeit mit Primaten ist, daß diese Tiere in biologischer Hinsicht den Menschen am nächsten verwandt sind. In den fünfziger Jahren haben manche Laboratorien sogar Versuche mit Gorillas durchgeführt; man gab sich große Mühe mit diesen sehr kostspieligen und scheinbar menschlichsten aller Tiere. Aber um 1960 war dann der Nachweis erbracht worden, daß unter den Menschenaffen der Schimpanse in biochemischer Hinsicht mehr mit dem Menschen gemeinsam hat als der Gorilla. (Wenn man hört, welche Versuchstiere wegen ihrer Ähnlichkeit mit dem Menschen ausgewählt werden, erlebt man oft Überraschungen. Für Untersuchungen auf dem Gebiet der Immunologie und der Krebsforschung nimmt man am liebsten Hamster, weil ihre Reaktionen denen des Menschen äußerst ähnlich sind, während bei Arbeiten über Herz und Kreislauf das Schwein als am menschenähnlichsten gilt.)

Stone schob seine Finger wieder in die Ringe der Fernbedienung und bewegte behutsam die mechanischen Greifer. Sie sahen durch die Glasscheibe, wie sich die schwarzen Metallfinger der Wand zum gegenüberliegenden Raum näherten. Dort befanden sich in Käfigen mehrere Versuchstiere, vom Mittelraum durch luftdicht abschließende Türen getrennt. Diese Wand erinnerte Hall irgendwie an ein Automatenrestaurant.

Die mechanischen Hände öffneten eine Tür und holten eine Ratte aus ihrem Käfig heraus. Sie stellten den Käfig in den Mittelraum, dicht neben die Raumkapsel.

Die Ratte sah sich um, hob die Nase schnuppernd in die Luft und reckte ein paarmal den Hals. Einen Augenblick später fiel sie um, machte noch ein paar zuckende Bewegungen und lag still.

Das alles war überraschend schnell abgelaufen. Hall hatte kaum richtig begriffen, wie es gekommen war.

»Großer Gott!« sagte Stone. »Was für ein Tempo!«

»Dadurch wird die Sache schwierig«, bemerkte Leavitt.

Burton sagte: »Wir werden mit radioaktiven Indikatoren arbeiten müssen . . .«

»Ja. Hier müssen wir mit Indikatoren arbeiten«, bestätigte Stone. »Wie schnell funktionieren die Anzeigen?«

»In Millisekunden, wenn's sein muß.«

»Es wird sein müssen.«

»Versuchen Sie den Rhesusaffen«, sagte Burton. »Sie werden von ihm ohnehin eine Autopsie haben wollen.«

Stone bugsierte die schwarzen Metallhände wieder an die Rückwand heran, öffnete ein anderes Fach und nahm einen großen, ausgewachsenen braunen Rhesusaffen heraus. Als der Käfig hochgehoben wurde, kreischte der Affe und schlug gegen das Gitter seines Gefängnisses.

Dann starb er, nachdem er mit einem Ausdruck fassungslosen Staunens eine Hand zur Brust gehoben hatte.

Stone schüttelte den Kopf. »Damit wissen wir zumindest, daß noch biologische Aktivität vorhanden ist. Was die Einwohner von Piedmont auch getötet haben mag – es ist noch vorhanden und ungeschwächt in der Wirkung.« Er seufzte. »Falls das hier der richtige Ausdruck ist.«

Leavitt schlug vor: »Wir sollten jetzt lieber die Kapsel abtasten.«

»Ich nehme die toten Tiere mit und führe die üblichen Voruntersuchungen durch«, sagte Burton. »Dann werde ich sie sezieren.«

Stone bediente sich noch einmal der mechanischen Hände, hob die Käfige mit den toten Tieren hoch und stellte sie auf ein Fließband aus Gummi am anderen Ende des Raums. Dann drückte er auf dem Armaturenbrett einen Knopf mit der Bezeichnung AUTOPSIE ein. Das Fließband setzte sich in Bewegung.

Burton verließ den Raum. Er ging den Korridor entlang zum Autopsieraum und wußte, daß das Förderband, das die verschiedenen Labors untereinander verband, die Käfige inzwischen abgeliefert haben mußte.

Stone sagte zu Hall: »Ich fürchte, Ihnen als dem praktischen Arzt unter uns steht heute noch eine schwierige Aufgabe bevor.«

»Pädiatrie und Geriatrie?«

»Genau. Sehen Sie zu, was Sie mit den beiden Überlebenden anfangen können. Sie liegen in der Abteilung VERSCHIEDENES, die genau für derartige besondere Umstände eingerichtet worden ist. Es gibt dort einen Computeranschluß, der Ihnen bei der Untersuchung helfen wird. Die technische Assistentin wird Ihnen zeigen, wie das Ding funktioniert.«

14 Verschiedenes

Hall öffnete die Tür mit der Aufschrift VERSCHIEDENES und dachte dabei: Das ist wirklich eine recht gemischte Aufgabe, die ich da übernommen habe. Einen alten Mann und ein winziges Baby am Leben erhalten – beide entscheidend wichtig für das Unternehmen, beide ohne jeden Zweifel schwierig zu behandeln.

Er sah vor sich einen kleinen Raum, ähnlich dem Kontrollraum, den er gerade verlassen hatte. Auch hier konnte man durch eine Glasscheibe in einen anderen Raum in der Mitte blicken. In dem Mittelraum standen zwei Betten, und auf ihnen lagen Peter Jackson und der Säugling. Das Unglaubliche daran aber waren die Schutzanzüge: Mitten in dem Raum standen aufrecht vier aufgeblasene, durchsichtige Plastikanzüge von der äußeren Form eines Menschen. Von jedem der Schutzanzüge verlief als Verbindung eine Art Tunnel zurück zur Wand.

Offenbar mußte man durch den engen Tunnel kriechen, um sich dann in den Plastikanzügen aufzurichten. Auf diese Weise konnte man sich mit den Patienten im Innern der Isolierstation beschäftigen.

Die junge Assistentin, die Hall als Hilfskraft zugewiesen war, stand über das Regiepult des Computers gebeugt. Sie stellte sich als Karen Anson vor und erklärte ihm, wie der Computer funktionierte.

»Wir haben hier nur einen Nebenanschluß des Wildfire-Computers oben im Stockwerk 1«, sagte sie. »Im ganzen Labor sind dreißig solcher Nebenstellen verteilt, die alle an den Computer angeschlossen sind. So können dreißig verschiedene Leute gleichzeitig damit arbeiten.«

Hall nickte. Über die anteilige Benutzung eines Computers wußte er Bescheid. Er kannte Fälle, wo gleichzeitig bis zu zweihundert Menschen einen einzigen Computer benutzten. Das ging deshalb, weil Computer schnell reagieren – in Bruchteilen von Sekunden –, während Menschen langsam arbeiten und Sekunden oder gar Minuten brauchen. Eine einzelne Person konnte einen Computer nicht wirtschaftlich ausnutzen. Sie brauchte Minuten, um die Instruktionen einzugeben, während der Computer nichts zu tun hatte. Waren die Instruktionen erst einmal eingegeben, antwortete der Computer fast augenblicklich. Das bedeutete, daß in diesem Falle der Computer kaum »Arbeit« leistete. Wenn man es so einrichtete, daß eine Anzahl von Leuten dem Computer gleichzeitig Fragen stellte, konnte man das Gerät gleichmäßiger auslasten.

»Wenn beim Computer wirklich starker Andrang herrscht«, sagte die Assistentin, »kann es zu einer Verzögerung von einer oder zwei Sekunden kommen, bis Sie die Antwort erhalten. Aber normalerweise kommt sie sofort. Was wir hier benutzen, ist das sogenannte MEDCOM-Programm. Kennen Sie es?«

Hall schüttelte den Kopf.

»Es ist ein Analysator für medizinische Daten«, erklärte sie. »Man füttert ihm Informationen ein, und er sagt Ihnen dann, wie die Diagnose aussieht und was zur Behandlung getan werden muß oder wie die Diagnose noch unterbaut werden sollte.«

»Klingt ganz praktisch.«

»Und ist schnell«, sagte sie. »Alle unsere Laboruntersuchungen werden vollautomatisch durchgeführt. Auf diese Weise können wir auch schwierige Diagnosen innerhalb weniger Minuten bekommen.«

Hall sah sich durch die Glaswand hindurch seine beiden Patienten an. »Wie sind sie bisher behandelt worden?«

»Überhaupt nicht. Im Stockwerk 1 wurde mit den Infusionen begonnen: Plasma bei Peter Jackson, Dextrose und Wasser bei dem Baby. Der Flüssigkeitshaushalt scheint jetzt bei allen beiden in Ordnung zu sein, und ich glaube auch nicht, daß sie leiden. Jackson ist noch ohnmächtig. Keine Pupillenreaktion, aber er ist nicht ansprechbar und wirkt anämisch.«

Hall nickte. »Die Labors hier können alles machen?«

»Alles. Sogar Tests auf Nebennierenhormone und Thrombokinase-Zeiten. Jede übliche medizinische Untersuchung kann hier durchgeführt werden.«

»Na schön, dann wollen wir anfangen.«

Sie wandte sich dem Computer zu.

»Ich zeige Ihnen jetzt, wie Sie die Labortests anfordern«, sagte sie. »Sie nehmen den Lichtschreiber hier und haken die gewünschten Tests ab. Sie brauchen nur mit dem Stift den Schirm zu berühren.«

Sie gab ihm eine kleine Bleistiftlampe und drückte auf den START-Knopf.

```
MEDCOM PROGRAMM

LABOR/ANALYS

CK/JGG/1223098
```

```
BLUT
                                    EIWEISS

    ZAHL ROTE BK
            RETIKULOZ                ALBUM
            BLUTPLAETTCH             GLOBUL
            WEISSE BK                FIBRINOG
            DIFF BLUTBILD            TOTAL
    HAEMATOKRIT                      ALBUM GLOBUL QUOT
    HAEMOGLOB
    ERYTHROZ VOLUM              DIAGNOST WERTE
    ERYTHROZ HAEMOGL KONZENTR
    PROTHROMB ZEIT                   CHOLEST
    PARTIAL THROMBOPLAST TEST        KREAT
    BSG                             GLUKOSE
                                    PROT GEB SERUM
                                    BUT EXTRAH PLASM
    ANORGAN                         GES JOD
```

BROM	REST STICKST
CALZ	HARNST STICKST
CHL	BILIRUB
MAGN	CEPHAL/FLOCK
PHOSPH	THYMOL/TRUEB TEST
KAL	BROM SULFAL TEST
NATR	
CO 2	

ENZYME

AMYLASE
CHOLINESTERASE
LIPASE
PHOSPHATASE SAUER
           ALKAL
LAKT DEHYDROGEN
SER GLUT OXALAC TRANSAM
SER GLUT PYRUV TRANSAM

LUNGEN VOLUM

VITAL KAPAZ
ATEM VOL
EINATM KAPAZ
EINATM RES VOL
AUSATM RES VOL
TOTAL KAP

STEROIDE

ALDOST
17-HYDROXYCORT
17-KETOSTER
ACTH

URIN

SPEZ GEW
PH
EIWEISS
ZUCK
KETONE
ELEKTROLYTE TOTAL
STEROIDE TOTAL
ANORGAN TOTAL
KATECHOLAM
PORPHYR

VITAM

A
B-KOMPL
C

```
E                            UROBILINOG
K                            5-HYDROXINDESS

                             5-HYDROXINDESS
```

Hall betrachtete die Liste. Dann berührte er die Tests, die er brauchte, mit dem Lichtstift. Sie verschwanden vom Schirm. Nachdem er fünfzehn oder zwanzig Untersuchungen angefordert hatte, trat er einen Schritt zurück.

Für einen Augenblick wurde der Schirm dunkel, dann kam die Anweisung:

```
ANGEFUEHRTE TESTS ERFORDERN

JE PERSON


20 ML VOLLBLUT

10 ML OXALATBLUT

15 ML ZITRATBLUT

15 ML URIN
```

Die technische Assistentin sagte: »Ich mache die Blutentnahmen, wenn Sie schon mit den Untersuchungen beginnen wollen. Haben Sie schon einmal in einer solchen Kammer gearbeitet?«

Hall schüttelte den Kopf.

»Es ist eigentlich ganz einfach. Wir kriechen durch die Verbindung in die Schutzanzüge. Die Verbindung wird dann hinter uns hermetisch abgeschlossen.«

»So? Warum?«

»Für den Fall, daß uns etwas zustößt. Falls beispielsweise der Anzug einreißt – wenn die Unversehrtheit der Oberfläche nicht mehr gewährleistet ist, wie es offiziell heißt. In diesem Falle könnten Bakterien durch die Verbindung nach außen gelangen.«

»Wir werden also eingesperrt.«

»Ja. Wir bekommen unsere Atemluft aus einem gesonderten System. Sie sehen die dünnen Leitungen, die da drüben hineinführen. Sobald man sich also in dem Schutzanzug befindet, ist man eigentlich nach allen Richtungen hin vollkommen isoliert.

Sie brauchen sich deshalb keine Sorgen zu machen. Den Anzug kann man an sich nur beschädigen, wenn man das Plastikmaterial mit einem Skalpell ritzt. Um das zu verhindern, haben die Handschuhe dreifache Dicke.«

Sie zeigte ihm, wie man in den Schutzanzug einsteigt. Er machte es ihr nach und richtete sich schließlich in einem der Anzüge auf. Er kam sich wie ein Riesenreptil vor, das schwerfällig hin und her kriecht; die Verbindung schleppte er wie einen langen Schweif hinter sich her.

Nach einigen Sekunden hörte er ein Zischen. Sein Schutzanzug wurde hermetisch abgeschlossen. Dann zischte es noch einmal, und die Luft um ihn wurde kühl. Die gesonderte Zuleitung hatte sich geöffnet.

Die Assistentin reichte ihm die Instrumente zu. Während sie dem Baby aus einer Kopfvene Blut entnahm, beschäftigte sich Hall mit Peter Jackson.

Der Mann war alt und bleich – Anämie. Außerdem sehr hager. Halls erster Gedanke war: Krebs. Dann sagte er sich: Tuberkulose, Alkoholismus oder irgendein anderes chronisches Leiden. Was die Bewußtlosigkeit betraf, ging Hall in Gedanken alle Möglichkeiten durch, von Epilepsie bis zum hypoglykämischen Schock oder Schlaganfall.

Später sagte Hall, er sei sich ziemlich albern vorgekommen, als ihm der Computer einen differenzierten Gesamtstatus lieferte, der auch schon die wahrscheinliche Diagnose enthielt. Er wußte eben noch nichts von den weitreichenden Möglichkeiten des Computers und der Zuverlässigkeit des MEDCOM-Programms.

Hall prüfte Jacksons Blutdruck. Der war niedrig: 85 zu 50. Die Pulsfrequenz mit 110 ziemlich hoch. Temperatur 37,1 Grad. Atmung 30, tief.

Er begann seine systematische Untersuchung beim Kopf und arbeitete sich Stück für Stück vor. Als er einen Druckschmerz verursachte – am Nerv unter dem Oberaugenhöhlenloch, dicht unterhalb der Augenbraue –, verzog der Mann das Gesicht und machte eine Bewegung mit dem Arm, als wolle er Hall wegschieben.

Vielleicht war er gar nicht bewußtlos. Vielleicht war das nur eine Art Stupor. Hall schüttelte ihn.

»Mr. Jackson! Mr. Jackson!«

Der Mann reagierte nicht. Dann schien er ganz allmählich zum Leben zu erwachen. Hall schrie ihm seinen Namen ins Ohr und schüttelte ihn heftiger.

Peter Jackson öffnete die Augen, aber nur für einen kurzen Augenblick, und murmelte: »Gehen – Sie – weg!«

Hall schüttelte ihn nochmals, aber Jacksons Körper wurde wieder vollkommen schlaff. Er glitt in seinen komatösen Zustand zurück.

Da gab Hall es auf und befaßte sich wieder mit der Untersuchung. Die Lungen waren sauber, das Herz schien normal zu schlagen. Das Abdomen wies eine gewisse Spannung auf. Jackson rülpste einmal kräftig und schied dabei ein wenig blutigen Speichel aus. Rasch machte Hall eine Basolytprobe – positiv, also wirklich Blut. Er tastete den Enddarm rektal ab und machte eine Stuhluntersuchung – ebenfalls Blut.

Jetzt wandte er sich wieder seiner Assistentin zu. Sie war mit den Blutentnahmen fertig und schob die Röhrchen mit den Proben gerade in das Analysegerät des Computers in der Ecke.

»Blutungen im Magen-Darm-Trakt«, sagte Hall. »Wann werden wir die Ergebnisse haben?«

Sie deutete auf einen Fernsehschirm in der Nähe der Decke. »Da erscheinen die Laborberichte, sobald sie vorliegen. Sie werden auch auf das Pult dort drüben im andern Raum übertragen. Die leichten, schnellen Ergebnisse kommen zuerst. Der Hämatokrit-Wert müßte in zwei Minuten da sein.«

Hall wartete. Der Schirm leuchtete auf. Dann erschienen nacheinander die Buchstaben:

```
JACKSON, PETER
LABOR-ANALYSE


TEST              NORMAL        TESTWERT
HAEMATOKRIT       38-54         21
```

»Also die Hälfte vom Normalwert«, stellte Hall fest. Er setzte Jackson eine Sauerstoffmaske auf, befestigte die Bänder und sagte: »Wir brauchen mindestens vier Einheiten. Dazu zweimal Plasma.«

»Ich werde sie anfordern.«

»Und zwar so rasch wie möglich.«

Sie telefonierte mit der Blutbank im Stockwerk II und bat, die Bestellung beschleunigt auszuführen. Inzwischen wandte sich Hall dem Kind zu.

Es war schon lange her, seit er zuletzt ein Kleinkind untersucht hatte; längst hatte er vergessen, wie schwierig das ist. Immer wenn er sich die Augen ansehen wollte, kniff das Kind sie fest zusammen. Wenn er ihm in den Hals sah, schloß es die Lippen. Und wenn er die Herztöne abhorchte, begann der Kleine zu brüllen und überschrie alle Herztöne.

Aber Hall ließ sich nicht beirren; er erinnerte sich an Stones Worte. Diese beiden Menschen hier mochten noch so verschieden sein, sie waren immerhin die einzigen Überlebenden aus Piedmont. Irgendwie war es ihnen gelungen, die tödliche Krankheit zu überwinden. Sie mußten etwas gemeinsam haben, dieser verschrumpelte alte Mann, der Blut erbrach, und das rosige Baby, das in seinem Bettchen heulte und brüllte.

Auf den ersten Blick waren beide so verschieden, wie es Menschen nur sein können: entgegengesetzte Endpunkte eines ganzen Spektrums ohne jede Ähnlichkeit.

Und doch mußte es etwas Gemeinsames geben.

Hall brauchte eine halbe Stunde, bis er mit der Untersuchung des Kleinen fertig war. Er sah sich zu dem Eingeständnis gezwungen, daß der Säugling – jedenfalls nach dem Untersuchungsergebnis – vollkommen normal und gesund war. Absolut normal. An ihm war nichts, was man hätte als ungewöhnlich bezeichnen können.

Bis auf die Tatsache, daß er irgendwie am Leben geblieben war.

15 Hauptkontrollraum

Stone saß mit Leavitt im Hauptkontrollraum und betrachtete durch die Glasscheibe die Raumkapsel. So eng dieser Kontrollraum auch war, er hatte viel Geld gekostet: zwei Millionen Dollar. Es war der komplizierteste und teuerste Raum im ganzen Wildfire-Labor. Aber er stellte auch die lebenswichtige Voraussetzung für das Funktionieren aller anderen Abteilungen dar.

Im Hauptkontrollraum sollte die wissenschaftliche Untersuchung der Kapsel eingeleitet werden. Seine Hauptaufgabe bestand darin, Mikroorganismen zu entdecken und zu isolieren. Alles war auf diese Aufgabe abgestellt. Nach der Denkschrift »Analyse von Lebensformen« gab es im Wildfire-Programm drei wichtige Schritte: Entdecken, Beschreiben, unter Kontrolle bringen. Zuerst mußte der Organismus entdeckt werden. Dann mußte man ihn studieren, bis man über ihn Bescheid wußte. Erst dann konnte man nach Wegen suchen, wie man ihn bändigte.

Der Hauptkontrollraum war darauf eingerichtet, den Organismus aufzufinden.

Leavitt und Stone saßen nebeneinander vor langen Reihen von Armaturen, Schaltern und Anzeigeskalen. Stone bediente die mechanischen Hände, während sich Leavitt dem Mikroskop widmete. Es war natürlich unmöglich, den Raum zu betreten, in dem sich die Kapsel befand, um sie unmittelbar zu untersuchen. Dafür gab es ferngesteuerte Mikroskope mit Bildschirmen im Kontrollraum.

Ganz am Anfang hatte man vor der Frage gestanden, ob man sich hier des Fernsehens oder irgendeiner direkten Sichtverbindung bedienen sollte. Fernsehen war billiger und leichter einzurichten; bei Elektronenmikroskopen, Röntgengeräten und anderen Apparaten waren TV-Kontrastverstärker bereits in Gebrauch. Dennoch gelangte die Wildfire-Gruppe zu der Entscheidung, daß ein Fernsehschirm für ihre Zwecke zu ungenau war. Selbst Kameras mit doppelter Bildabtastung, die zweimal so viel Zeilen und damit auch eine wesentlich bessere Bildauflösung als jedes kommerzielle Fernsehen liefert, wären noch unzulänglich gewesen. Zuletzt entschied sich die Gruppe für eine Glasfiberoptik; hierbei wird ein Bild durch ein schlangenartiges Bündel von Glasfibern direkt auf den Betrachter übertragen. Auf diese Weise erlangt man ein klares und scharfes Bild.

Stone brachte die Kapsel in die richtige Lage und drückte auf die entsprechenden Knöpfe. Ein schwarzer Kasten senkte sich von der Decke der Kammer herab und begann die Oberfläche der Kapsel abzutasten. Die beiden Männer beobachteten die Sichtschirme.

»Beginnen wir mit fünffacher Vergrößerung«, sagte Stone. Leavitt stellte das Gerät ein. Sie beobachteten, wie sich der Abtaster automatisch um die Kapsel herum bewegte und sich dabei scharf auf die Metalloberfläche einstellte. Sie warteten eine komplette Abtastung ab, dann gingen sie zu zwanzigfacher Vergrößerung über. Diesmal dauerte das vollständige Abtasten wesentlich länger, weil ja auch der Bildausschnitt jeweils viel kleiner war. Sie sahen immer noch nichts auf der Oberfläche – keine Löcher, keine Dellen, nichts, was nach einem kleinen Lebewesen ausgesehen hätte.

»Gehen wir auf einhundert«, sagte Stone.

Leavitt stellte das Gerät neu ein und lehnte sich zurück. Sie wußten, daß sie eine lange und zermürbende Suche vor sich hatten, bei der wahrscheinlich nichts herauskam. Dann war noch das Innere der Kapsel zu untersuchen; vielleicht fand sich dort etwas. Vielleicht auch nicht. So oder so aber mußten sie Proben entnehmen, ausplatten und auf Nährböden auftragen. Leavitt nahm den Blick vom Bildbetrachter und warf einen Blick in die Isolierkammer. Der Sucher hing an einem komplizierten Gewirr von Kabeln und Drähten von der Decke herab und bewegte sich in Kreisen um die Kapsel herum. Jetzt sah Leavitt wieder auf die Schirme.

Der Kontrollraum enthielt drei Schirme; alle drei zeigten genau denselben Ausschnitt. Theoretisch war es möglich, drei Sucher einzusetzen und das Bild eines jeden auf einen getrennten Schirm zu projizieren. Damit hätte man die visuelle Beobachtung auf ein Drittel der Zeit abkürzen können. Aber Stone und Leavitt wußten, daß sie das nicht tun durften, jedenfalls jetzt noch nicht. Die beiden wußten auch, daß sich im Laufe des Tages Ermüdungserscheinungen einstellen, daß ihr Interesse und ihre Aufmerksamkeit nachlassen würden. Sie mochten sich noch so sehr Mühe geben – es war unmöglich, ständig voll wachsam zu bleiben. Wenn aber zwei Männer dasselbe Bild betrachteten, verringerte sich die Gefahr, daß ihnen etwas entging.

Die Oberfläche der kegelförmigen Kapsel, die 94 cm hoch war und an der Basis 30 cm Durchmesser hatte, betrug rund 4200 cm². Drei Abtastungen mit fünf-, zwanzig- und hundertfacher Vergrößerung nahmen etwas mehr als zwei Stunden in Anspruch. Nach dem dritten Versuch sagte Stone: »Eigentlich könnten wir jetzt gleich mit der vierhundertvierzigfachen Vergrößerung weitermachen.«

»Aber?«

»Aber ich meine, wir sollten uns erst einmal das Innere der Kapsel vornehmen. Wenn wir da nichts finden, können wir noch die Außenfläche mit vierhundertvierzigfacher Vergrößerung absuchen.«

»Einverstanden.«

»Also gut«, sagte Stone. »Fangen wir innen wieder mit fünffach an.«

Leavitt setzte sich an die Fernbedienung. Hier ließ sich die Automatik nicht verwenden. Der Abtaster war so programmiert, daß er den Umrissen eines jeden regelmäßig geformten Gegenstands – denen eines Würfels, einer Kugel oder eines Kegels – folgen konnte. Er war jedoch nicht in der Lage, das Innere ohne

Handbedienung abzusuchen. Leavitt stellte die Optik auf fünf-
fache Vergrößerung ein und schaltete auf Handbedienung um.
Dann dirigierte er den Sucher in die löffelförmige Mulde der
Kapsel hinein.

Stone behielt den Schirm im Auge und rief: »Mehr Licht!«

Leavitt schaltete. Fünf zusätzliche Lichtquellen kamen von der
Decke herab und leuchteten in die Mulde hinein.

»Besser?«

»Sehr gut.«

Leavitt behielt seinen eigenen Sichtschirm im Auge und begann
den Sucher zu bewegen. Es dauerte einige Minuten, bis er sich
darauf eingestellt hatte. Die Fernbedienung war nicht einfach –
etwa so, wie wenn man in einen Spiegel sieht und zu schreiben
versucht. Aber bald ging alles ganz glatt.

Mit der fünffachen Vergrößerung dauerte es etwa zwanzig
Minuten. Sie fanden nichts außer einer kleinen Delle von der
Größe eines Bleistiftpunkts. Stone schlug vor, mit der zwanzig-
fachen Vergrößerung bei dieser Delle anzufangen.

Gleich darauf bemerkten sie es beide: Es war ein winziger
schwarzer Fleck, ein unregelmäßig geformtes Material, etwa wie
ein Sandkorn. In das Schwarz schienen sich Spuren von Grün zu
mischen.

Keiner sagte ein Wort; später erinnerte sich Leavitt allerdings:
»Ich zitterte vor Erregung und dachte immer wieder: Ob es das
wohl ist? Ob es wirklich etwas Neues ist, eine vollkommen neue
Lebensform?«

Aber in diesem Augenblick sagte er nichts weiter als: »Interessant.«

»Wir sollten lieber mit zwanzigfacher Vergrößerung weitermachen«, bemerkte Stone. Er bemühte sich, mit ruhiger Stimme zu
sprechen, aber es war deutlich zu hören, wie erregt auch er war.

Leavitt hätte den Fleck gern gleich mit stärkerer Vergößerung
betrachtet, aber er sah ein, daß Stone recht hatte. Sie konnten sich
voreilige Schlußfolgerungen nicht leisten – auf keinen Fall. Ihre
einzige Hoffnung lag in einer langsamen, unendlich gründlichen
Arbeit. Systematisch mußten sie vorgehen, um ganz sicher zu sein,
daß sie an keinem Punkt der Untersuchung etwas übergangen
hatten.

Sonst konnte es geschehen, daß sie stunden- oder tagelang eine
bestimmte Spur verfolgten, nur um am Ende feststellen zu müssen, daß sie zu nichts führte, daß sie einen Fehler begangen,
etwas falsch gedeutet, nur Zeit verloren hatten.

Leavitt suchte das ganze Innere der Kapsel mit zwanzigfacher Vergrößerung ab. Einmal oder zweimal hielt er inne, als sie glaubten, Spuren von Grün zu entdecken; sie notierten sich die betreffenden Koordinaten, um diese Stellen später bei stärkerer Vergrößerung leicht wiederfinden zu können. Eine halbe Stunde verstrich, dann erklärte Stone, er sei jetzt mit dem Ergebnis der Untersuchung mit der zwanzigfachen Vergrößerung zufrieden.

Sie legten eine kleine Pause ein, schluckten je zwei Coffeinpillen und spülten sie mit Wasser hinunter. Schon früher hatten sie sich darauf geeinigt, Amphetamin als anregendes Mittel nur im allerdringendsten Fall zu nehmen. Es war in der Apotheke des Stockwerks v vorrätig; normalerweise wurde jedoch Coffein vorgezogen.

Sie hatten noch den säuerlichen Nachgeschmack der Pillen im Mund, als Leavitt die hundertfache Vergrößerung einstellte und mit der dritten Abtastung begann. Wie vorhin begannen sie mit der Delle und dem schwarzen Fleckchen.

Stone und Leavitt erlebten eine Enttäuschung: Bei der stärkeren Vergrößerung sah der Fleck nicht anders aus als zuvor, nur eben größer. Sie konnten jedoch erkennen, daß es sich um ein unregelmäßig geformtes Material handelte, stumpf wie ein Stück Gestein. Und diesmal sahen sie ganz deutlich, daß die Oberfläche tatsächlich einen grünen Belag aufwies.

»Was halten Sie davon?« fragte Stone.

»Wenn dies das Objekt war, mit dem der Satellit kollidiert ist, muß es sich entweder mit sehr hoher Geschwindigkeit bewegt haben oder ungewöhnlich schwer sein. Es ist nämlich nicht groß genug . . .«

»Ansonsten den Satelliten aus der Bahn zu werfen«, ergänzte Stone. »Der Meinung bin ich auch. Trotzdem hat es keine sehr tiefe Delle verursacht.«

»Was hat das zu bedeuten?«

Stone zuckte die Achseln. »Das bedeutet, daß dieses Körnchen entweder nicht die Schuld an der Bahnänderung trägt oder daß es gewisse Eigenschaften aufweist, über die wir noch nichts wissen.«

»Und was halten Sie von der grünen Färbung?«

Stone grinste. »Ich lasse mich von Ihnen noch nicht festlegen. Ich bin nur neugierig – sonst nichts.«

Leavitt lachte leise vor sich hin und fuhr mit der Untersuchung fort. Beide fühlten sie sich jetzt innerlich beflügelt in der Sicherheit, eine Entdeckung gemacht zu haben. Sie überprüften noch die anderen Stellen, an denen sie ebenfalls eine grüne Verfärbung beobachtet hatten; bei stärkerer Vergrößerung fanden sie ihren Verdacht bestätigt.

Doch diese anderen Flecken sahen anders aus als das Grün auf dem Steinchen. Sie waren nicht nur größer, sondern auch irgendwie leuchtender. Außerdem schienen diese Flecken ganz regelmäßig abgegrenzt, und zwar ohne scharfe Ecken.

»Das sieht aus wie winzige grüne Farbtropfen, die an die Innenseite der Kapsel gespritzt sind«, sagte Stone.

»Ich hoffe nur, daß das nicht zutrifft.«

»Wir können ja eine Probe entnehmen«, schlug Stone vor.

»Warten wir erst auf die vierhundertvierzigfache Vergrößerung.«

Stone stimmte zu. Nun saßen beide schon seit fast vier Stunden an der Untersuchung der Kapsel, aber keiner spürte die geringste Müdigkeit. Sie beugten sich über das Bild; es verschwamm beim Auswechseln der Optik für einen Augenblick. Als die Schirme wieder ein scharfes Bild zeigten, hatten sie die Delle und das schwarze Korn mit den grünen Flecken vor sich. Bei dieser Vergrößerung waren die Unregelmäßigkeiten der Oberfläche auffallend; das Körnchen sah wie ein Miniaturplanet aus mit schroffen Gipfeln und tief eingeschnittenen Tälern.

Leavitt mußte unwillkürlich daran denken, daß dieses Bild buchstäblich stimmte: Sie betrachteten einen winzigen, vollständigen Planeten mit intakten Lebensformen. Aber dann schob er diesen Gedanken kopfschüttelnd beiseite. Ausgeschlossen.

Stone meinte: »Wenn das ein Meteorit sein soll, dann sieht er aber verdammt komisch aus.«

»Was stört Sie daran?«

»Hier, die linke Begrenzung.« Stone deutete auf den Schirm.

»Die Oberfläche des Steins – falls es sich wirklich um einen Stein handelt – ist überall unregelmäßig geformt, bis auf diese eine Stelle hier am linken Rand. Hier ist er glatt und fast gerade.«

»Wie eine künstlich geschaffene Fläche?«

Stone seufzte. »Wenn ich mir das Ding so betrachte, könnte ich auf diesen Gedanken kommen. Sehen wir uns einmal die anderen grünen Flecken an.«

Leavitt stellte die notierten Koordinaten ein. Ein neues, scharfes Bild erschien auf dem Schirm. Diesmal war es eine Großaufnahme der grünen Flecken. Bei der starken Vergrößerung war die Begrenzung deutlich zu erkennen. Sie verlief nicht glatt, sondern leicht gewellt oder gezackt, wie ein Zahnrädchen aus einer Uhr.

»Verdammt!« entfuhr es Leavitt.

»Das ist keine Farbe. Die Zahnung ist zu gleichmäßig.«

Dann geschah es vor ihren Augen: Der grüne Fleck wurde für den Bruchteil einer Sekunde, kürzer als einen Augenblick, purpurn. Dann nahm er wieder seine grüne Farbe an.

»Haben Sie das gesehen?«

»Ja. Haben Sie an der Beleuchtung etwas verändert?«

»Nein. Ich habe nichts angerührt.«

Einen Augenblick später geschah es noch einmal: Grün, ein kurzes purpurrotes Aufblitzen, dann wieder Grün.

»Erstaunlich.«

»Das könnte vielleicht . . .«

In diesem Augenblick wurde der Fleck vor ihren Augen purpurrot und blieb es. Die Zahnung verschwand: Der Fleck hatte sich geringfügig vergrößert und die Zwischenräume der Zähne ausgefüllt. Er bildete nun ganz präzise einen Kreis.

Dann wurde er wieder grün.

»Er wächst«, sagte Stone.

Sie arbeiteten rasch. Die Filmkameras wurden heruntergesenkt. Sie nahmen die Stelle aus fünf verschiedenen Blickwinkeln mit sechsundneunzig Bildern in der Sekunde auf. Eine Zeitrafferkamera machte Aufnahmen im Abstand von einer halben Sekunde. Leavitt setzte außerdem noch zwei weitere Fernkameras ein und ordnete sie in verschiedenen Winkeln zur Hauptkamera an.

Im Hauptkontrollraum zeigten die drei Bildschirme nun drei verschiedene Ansichten des grünen Flecks.

»Können wir denn nicht stärker vergrößern?« fragte Stone.

»Nein. Sie erinnern sich doch, daß wir uns auf die obere Grenze von vierhundertvierzigfach geeinigt haben.«

Stone fluchte. Wenn sie eine stärkere Vergrößerung haben wollten, mußten sie alles in ein anderes Labor schaffen oder das Elektronenmikroskop einsetzen. Beides kostete Zeit.

Leavitt fragte: »Sollen wir nicht mit den Kulturen und dem Isolieren beginnen?«

»Ja, warum nicht?«

Leavitt ging auf zwanzigfache Vergrößerung zurück. Jetzt ließ sich erkennen, daß es sich um vier interessante Zonen handelte: drei abgegrenzte grüne Flecken und das Steinchen mit der von ihm eingedrückten Delle.

Er drückte auf seinem Kontrollpult den Knopf mit der Aufschrift KULTUR ein. Von der Seite des Innenraums glitt ein Tablett mit Stapeln von kreisrunden, mit Plastik bedeckten Petrischalen herein. Jede der flachen Schalen enthielt eine dünne Schicht Nährboden.

Im Wildfire-Projekt wurde nahezu jede bekannte Art von Nährboden verwendet. Bei solchen Nährböden handelt es sich um geleeartige Mischungen verschiedener Nährstoffe, auf denen Bakterien und andere Mikroben sich ernähren und vermehren können. Neben den üblichen, in jedem Labor verwendeten Standardlösungen – Nährböden aus Pferde- und Schafblut-Agar, Schokolade-Agar, Simplex, Sabourand-Pilz-Agar – gab es noch dreißig für das Bestimmen von Mikroorganismen wichtige Nährlösungen aus verschiedenen Zuckern und Mineralstoffen. Außerdem waren dreiundvierzig Nährböden für Spezialkulturen vorhanden, unter anderem auch solche für Tuberkelbazillen und seltene Pilze, aber auch sehr ausgefallene Lösungen für Experimente, die mit Kombinationen aus Buchstaben und Ziffern bezeichnet wurden: ME-997, ME-423, ME-A 12 und so weiter.

Das Tablett enthielt außerdem einen Stapel steriler Abstrichtupfer. Stone nahm die Tupfer mit Hilfe der mechanischen Hände einzeln auf und berührte damit erst die Kapsel, dann die Nährlösung. Leavitt fütterte inzwischen den Computer mit Daten, damit sie später feststellen konnten, von welcher Stelle jeder Abstrich entnommen worden war. Auf diese Weise bearbeiteten sie die ganze Außenhaut der Kapsel und gingen dann zum Innern über.

Stone stellte jetzt eine stärkere Vergrößerung ein, kratzte äußerst vorsichtig Proben von den grünen Flecken ab und übertrug sie auf die verschiedenen Nährböden.

Am Schluß nahm er mit einer feinen Pinzette das Steinchen auf und legte es unversehrt in eine saubere Glasschale.

Diese ganze Prozedur dauerte über zwei Stunden. Als sie fertig waren, schaltete Leavitt das MAXCULT-Programm ein. Dieses Programm steuerte automatisch die weitere Behandlung der Hunderte von Proben, die sie entnommen hatten. Einige der Petrischalen kamen nun unter normalem Druck bei Zimmertemperatur in normale Luft. Andere wurden Hitze und Kälte ausgesetzt, hohem Druck und Vakuum, niedrigem und überhöhtem Sauerstoffgehalt, Licht und Dunkelheit. Ein Mensch hätte Tage gebraucht, die Schalen in die verschiedenen Brutkammern aufzuteilen. Der Computer schaffte das innerhalb von Sekunden.

Als das Programm angelaufen war, stapelte Stone die Petrischalen auf das Transportband. Sie sahen zu, wie sie in den verschiedenen Kammern verschwanden.

Nun blieb ihnen nichts weiter übrig, als vierundzwanzig bis achtundvierzig Stunden zu warten, was aus den Kulturen wurde.

»Wir können inzwischen mit der Analyse dieses Steinchens beginnen – falls es wirklich einer ist«, sagte Stone. »Können Sie mit dem Elektronenmikroskop umgehen?«

»Nicht sonderlich gut«, sagte Leavitt. Er hatte seit fast einem Jahr an keinem Elektronenmikroskop mehr gearbeitet.

»Dann werde ich die Proben vorbereiten. Wir machen auch ein Massenspektrogramm. Alles über Computer. Aber zuvor brauchen wir noch eine stärkere Vergrößerung. Was ist die stärkste, die wir drüben in der Morphologie bekommen?«

»Tausendfach.«

»Dann werden wir das zuerst machen. Schicken Sie das Steinchen rüber in die Morphologie.«

Leavitt sah sein Schaltpult an und drückte auf den Knopf mit der Bezeichnung MORPHOLOGIE. Stone stellte mit Hilfe der mechanischen Hände die Glasschale mit dem Steinchen auf das Fließband.

Sie warfen einen Blick auf die Wanduhr hinter ihren Rücken. Es war 11 Uhr – volle elf Stunden hatten sie ohne Pause gearbeitet.

»So, das wär's vorerst«, sagte Stone.

Lächelnd drückte Leavitt beide Daumen.

16   Autopsie

Burton arbeitete im Autopsieraum. Er war nervös und überreizt. Die Erinnerung an Piedmont konnte er immer noch nicht loswerden. Wochen später, als er auf seine Arbeit und seine Gedanken im Stockwerk v zurückblickte, dachte er mit Bedauern an seine damalige mangelnde Konzentration.

Schon bei der ersten Versuchsreihe nämlich unterliefen ihm mehrere Fehler.

Nach der Vorschrift hatte er die Autopsie an toten Tieren durchzuführen; außerdem aber oblagen ihm auch die vorbereitenden Experimente hinsichtlich der Übertragung der Krankheit. Burton war für diese Arbeit zugegebenermaßen nicht der richtige

Mann; Leavitt hätte sich dafür besser geeignet. Aber man vertrat eben die Auffassung, daß Leavitt beim Isolieren und Identifizieren der Erreger dringender gebraucht wurde.

So fielen die Versuche zur Bestimmung der Übertragbarkeit Burton zu.

Diese Versuche waren ziemlich einfach und unkompliziert angelegt. Sie sollten die Frage beantworten, auf welche Weise die Krankheit übertragen wurde.

Burton begann mit mehreren Käfigen, die in einer Reihe angeordnet waren. Jeder Käfig verfügte über eine gesonderte Luftzu- und -abfuhr, die man in verschiedenen Kombinationen miteinander verbinden konnte.

Zunächst stellte Burton den luftdichten Käfig mit der toten Norweger-Ratte neben einen anderen Käfig, der eine lebende Ratte enthielt. Dann drückte er mehrere Knöpfe. Die Luft konnte nun ungehindert zwischen den beiden Käfigen zirkulieren.

Die lebende Ratte kippte um und war tot.

Interessant, dachte er. Übertragung durch die Luft.

Er schloß einen zweiten Käfig mit einer lebenden Ratte an, setzte aber diesmal zwischen die Käfige mit den toten Ratten und dem mit der lebenden einen Mikroporenfilter ein. Die Filteröffnungen hatten eine Weite von 100 Ängström – die Größe eines kleinen Virus. Er öffnete die Verbindung zwischen den Käfigen. Die Ratte blieb am Leben.

Er beobachtete sie eine ganze Weile, dann war er mit dem Ergebnis zufrieden. Was die Krankheit auch übertragen mochte, es mußte größer sein als ein Virus. Er wechselte den Filter gegen einen mit größerer Porenweite und dann noch einmal gegen einen abermals größeren aus. Damit fuhr er fort, bis die Ratte einging.

Jetzt hatte der Filter den Erreger durchgelassen. Er prüfte nach: zwei Mikron Durchmesser, also ungefähr die Größe einer kleinen Zelle. Damit habe ich etwas sehr Wichtiges erfahren, sagte er sich: die Größe des Erregers.

Diese Erkenntnis war insofern wichtig, als er mit Hilfe eines einzigen einfachen Versuchs die Möglichkeit ausgeschaltet hatte, daß der Schädling etwa ein Protein oder ein anderes Agens von molekularen Dimensionen sein konnte. In Piedmont hatten er und Stone ursprünglich sogar an ein Gas gedacht – möglicherweise ein Gas, das von einem Organismus ausgeschieden wurde.

An einem Gas konnte es nun nicht mehr liegen, das war klar. Die

Krankheit wurde von einem Erreger übertragen, der Zelldimensionen hatte, also viel größer war als ein Molekül oder ein Gaströpfchen.

Auch der nächste Schritt war sehr einfach: Es galt festzustellen, ob von den toten Tieren allein eine Ansteckung ausgehen konnte.

Er benutzte dazu eine der toten Ratten, pumpte ihren Käfig luftleer und wartete, bis ein Vakuum entstanden war. Durch den Luftdruckabfall platzte die Ratte auf. Doch das störte Burton nicht.

Als er sicher war, daß alle Luft abgepumpt war, ersetzte er sie durch frische, saubere, gefilterte Luft. Dann verband er den Käfig mit dem Nachbarkäfig einer lebenden Ratte.

Nichts geschah.

Interessant, dachte er. Mit einem ferngesteuerten Skalpell schnitt er die tote Ratte noch weiter auf, um ganz sicher zu sein, daß jeder eventuell in dem Kadaver enthaltene Organismus auch wirklich mit der Luft in Berührung kommen konnte.

Es geschah immer noch nichts. Die lebende Ratte lief vergnügt in ihrem Käfig hin und her.

Das Ergebnis des Versuchs erlaubte nur eine Deutung: Von toten Tieren ging keine Ansteckung aus. Aha, dachte er, deshalb konnten auch die Geier in Piedmont an den Leichen herumhacken, ohne selbst dabei einzugehen. Leichen übertragen die Krankheit nicht. Das tun nur die Erreger selbst, die durch die Luft übertragen werden.

Keime in der Luft wirkten tödlich.

Keime in Leichen waren unschädlich.

Dieses Ergebnis war gewissermaßen vorauszusehen gewesen, und zwar aufgrund der Theorien über die Angleichung und wechselseitige Anpassung zwischen Bakterien und Menschen. Für dieses Problem interessierte sich Burton schon seit langem. Er hatte in der Medizinischen Fakultät der Baylor-Universität Vorlesungen darüber gehalten.

Die meisten Menschen denken sofort an Krankheit, wenn sie etwas von Bakterien hören. Dennoch ist es eine Tatsache, daß nur drei Prozent aller Bakterien beim Menschen Krankheiten hervorrufen. Alle anderen sind entweder harmlos oder sogar nützlich. Der menschliche Magen enthält beispielsweise eine ganze Reihe von Bakterien, die den Verdauungsprozeß fördern. Der Mensch braucht sie also und ist von ihnen abhängig, wie der Mensch überhaupt in einem wahren Meer von Bakterien lebt. Sie sind allgegenwärtig – auf seiner Haut, in seinen Ohren, im Mund, in den Lungen und im Magen. Was der Mensch besitzt, was er berührt, was er einatmet – alles ist mit Bakterien getränkt. Bakterien sind allüberall. Aber meistens merkt man sie nicht im geringsten.

Dafür gibt es einen guten Grund: Mensch und Bakterium haben sich aneinander gewöhnt und eine Art gegenseitiger Immunität entwickelt: Einer hat sich dem andern angepaßt.

Und auch das hat wiederum seinen guten Grund. Ein biologischer Grundsatz besagt, daß die Entwicklung des Lebens auf ein erhöhtes Vermehrungspotential abzielt. Ein Mensch, der von Bakterien leicht umgebracht werden kann, ist schlecht angepaßt: Er lebt nicht lange genug, um sich fortpflanzen zu können.

Auch ein Bakterium, das seinen Wirt tötet, ist schlecht angepaßt. Jeder Parasit, der seinen Wirt tötet, stellt eine Fehlentwicklung dar. Denn er muß zusammen mit seinem Wirt sterben. Erfolgreich sind nur die Parasiten, die sich von ihrem Wirt ernähren können, ohne ihn zu töten.

Und die besten Wirte sind jene, die den Parasiten ertragen oder daraus sogar Nutzen ziehen können – die ihn für sich arbeiten lassen.

»Die am besten adaptierten Bakterien«, pflegte Burton immer zu sagen, »sind jene, die nur geringfügige Krankheitserscheinungen oder überhaupt keine hervorrufen. Man kann *Streptococcus viridans* sechzig oder siebzig Jahre lang an seinem Körper mit herumtragen. In dieser Zeit wächst man und pflanzt sich fort, und die Streptokokken tun's auch. Man kann *Staphylococcus aurëus* herumschleppen und dafür lediglich den Preis einer Akne oder einiger Pickel bezahlen. Man kann jahrzehntelang eine Tuberkulose oder ein Leben lang eine Syphilis in sich haben. In diesen Fällen handelt es sich zwar um keine leichten Krankheiten, aber sie sind längst nicht mehr so gefährlich, wie sie einmal waren, da sowohl der Mensch als auch die Mikrobe einen Anpassungsprozeß durchgemacht haben.«

So ist zum Beispiel bekannt, daß die Syphilis vor vierhundert Jahren eine höchst virulente Krankheit war, die am ganzen Körper haufenweise ekelhaft eiternde Schwären hervorrief und oft innerhalb von Wochen zum Tode führte. Aber im Laufe der Jahrhunderte haben Mensch und Spirochäten sich gegenseitig ertragen gelernt.

Solche Gedankengänge sind längst nicht so abstrakt und akademisch, wie sie klingen mögen. Schon bei der Vorplanung des

Unternehmens Wildfire hatte Stone bemerkt, daß vierzig Prozent aller menschlichen Krankheiten durch Mikroorganismen hervorgerufen werden. Burton hatte mit dem Hinweis gekontert, daß nur drei Prozent aller Mikroorganismen Krankheiten verursachten. Anscheinend trügen zwar Bakterien die Schuld an einem Großteil aller menschlichen Leiden, aber gleichzeitig sei die Aussicht gering, daß ein bestimmtes Bakterium dem Menschen gefährlich werden könnte. Das liege an dem sehr komplexen Prozeß der Anpassung des Menschen an die Bakterien.

Burton hatte festgestellt: »Die meisten Bakterien sind einfach nicht in der Lage, so lange in einem Menschen zu leben, daß sie ihn schädigen können. Die Lebensbedingungen für sie sind aus diesem oder jenem Grund ungünstig. Der Körper ist zu warm oder zu kalt, zu sauer oder zu alkalisch, er enthält zuviel Sauerstoff oder zuwenig. Für die meisten Bakterien ist der menschliche Körper eine ebenso unwirtliche Umgebung wie die Antarktis.«

Das aber bedeutete, daß die Gefahr der Schädigung durch eine Mikrobe aus dem Weltraum für den Menschen nur recht gering zu veranschlagen war. Dieser Meinung hatten zwar alle Wildfire-Mitarbeiter zugestimmt, trotzdem aber auf dem Bau des Wildfire-Labors bestanden. Auch Burton war dieser Ansicht gewesen; nun aber hatte er das Gefühl, daß seine Prophezeiung auf eigentümliche Weise wahr geworden war.

Dieser Erreger, mit dem sie es hier zu tun hatten, konnte einwandfrei Menschen töten. Er war jedoch nicht eigentlich an den Menschen angepaßt, denn er wirkte zwar tödlich, starb aber gleichzeitig selbst in dem befallenen Organismus ab. Eine Übertragung von einer Leiche zur andern fand nicht statt. Der Keim existierte für ein paar Sekunden in seinem Wirt; dann starb er zusammen mit ihm.

Rein verstandesmäßig war das sehr beruhigend.

In der Praxis aber galt es, den Erreger zu isolieren, ihn zu erforschen und ein Gegenmittel zu finden.

Burton wußte bereits einiges über die Art der Übertragung und den Ablauf des Todes: Das Blut gerann. Blieb die Frage zu klären: Wie gelangt dieser Organismus in den menschlichen Körper?

Aufgrund der Übertragung durch die Luft erschien ein Befall von Lungen oder Haut als wahrscheinlich. Vielleicht konnte sich der Organismus durch die Hautschichten hindurchbohren. Oder er wurde eingeatmet. Vielleicht auch beides.

Wie sollte man das feststellen?

Burton überlegte, ob er ein Versuchstier mit einem Schutzanzug versehen sollte, der nur die Atemöffnung freiließ. Das war zwar durchführbar, würde aber sehr viel Zeit in Anspruch nehmen. Er setzte sich hin und grübelte eine Stunde lang über diesem Problem.

Dann fiel ihm plötzlich eine viel einfachere Methode ein.

Er wußte, daß der fremde Organismus durch Gerinnung des Blutes tötete. Die Gerinnung würde höchstwahrscheinlich an dem Punkt beginnen, an dem der Organismus in den Körper eindrang. War es die Haut, mußte der Gerinnungsprozeß unter der Hautoberfläche einsetzen. Waren es die Lungen, würde er dort beginnen und sich strahlenförmig vom ersten Herd ausbreiten.

Das ließ sich durch Versuche klären. Er konnte radioaktiv gemachte Blutproteine verwenden und seine Versuchstiere mit Zählrohren beobachten, um festzustellen, an welcher Stelle die Gerinnung begann.

Für diesen Versuch wählte Burton einen Rhesusaffen aus, weil dessen Anatomie der des Menschen ähnlicher war als bei einer Ratte. Er injizierte dem Affen die radioaktive Kontrollsubstanz, ein Magnesium-Isotop, und stellte das Prüfgerät ein. Nachdem sich das Isotop gleichmäßig im Körper verteilt hatte, schnallte er den Affen an und befestigte über ihm das Zählgerät.

Nun konnte es losgehen.

Das Prüfgerät würde das Ergebnis über den Computer auf einer Reihe von menschenförmigen Schablonen ausdrucken. Er stellte das Wiedergabeprogramm ein und setzte den Affen der mit dem tödlichen Organismus verseuchten Luft aus.

Sofort begann der Computer das Ergebnis herunterzuticken.

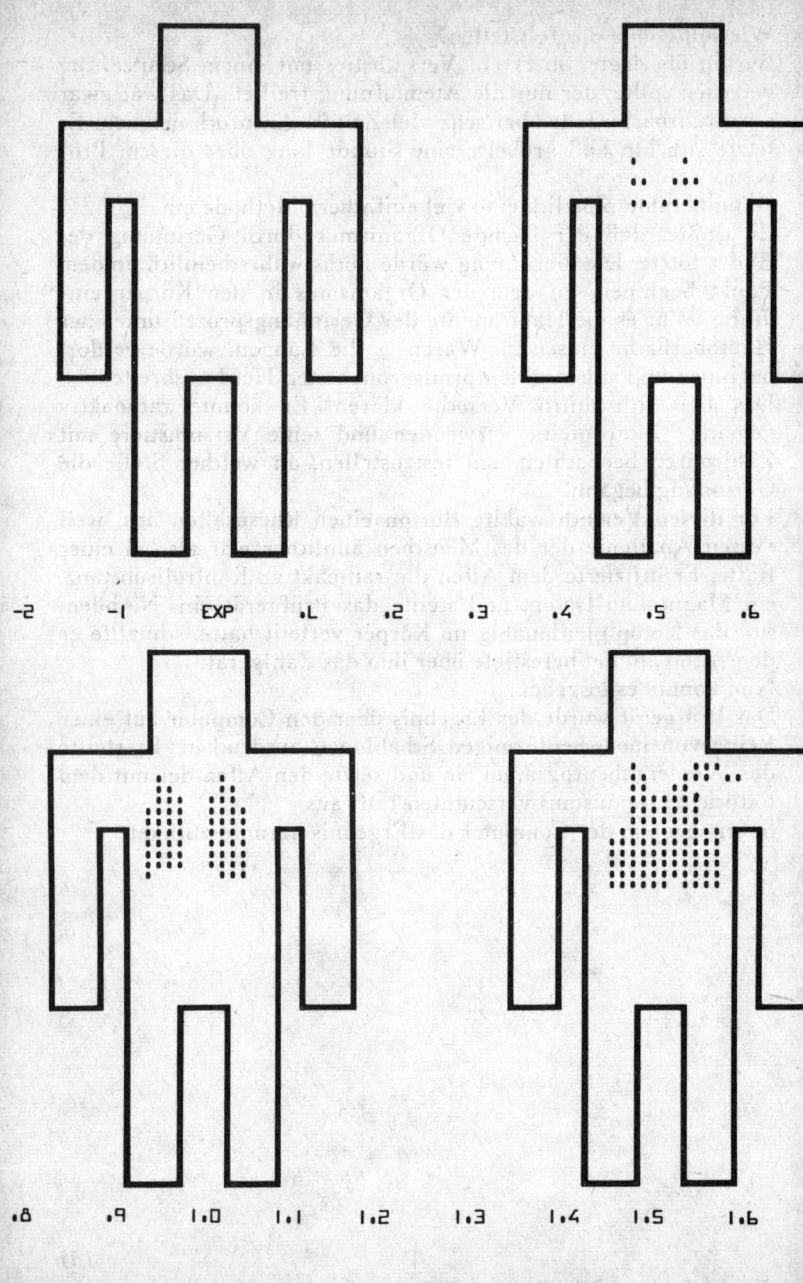

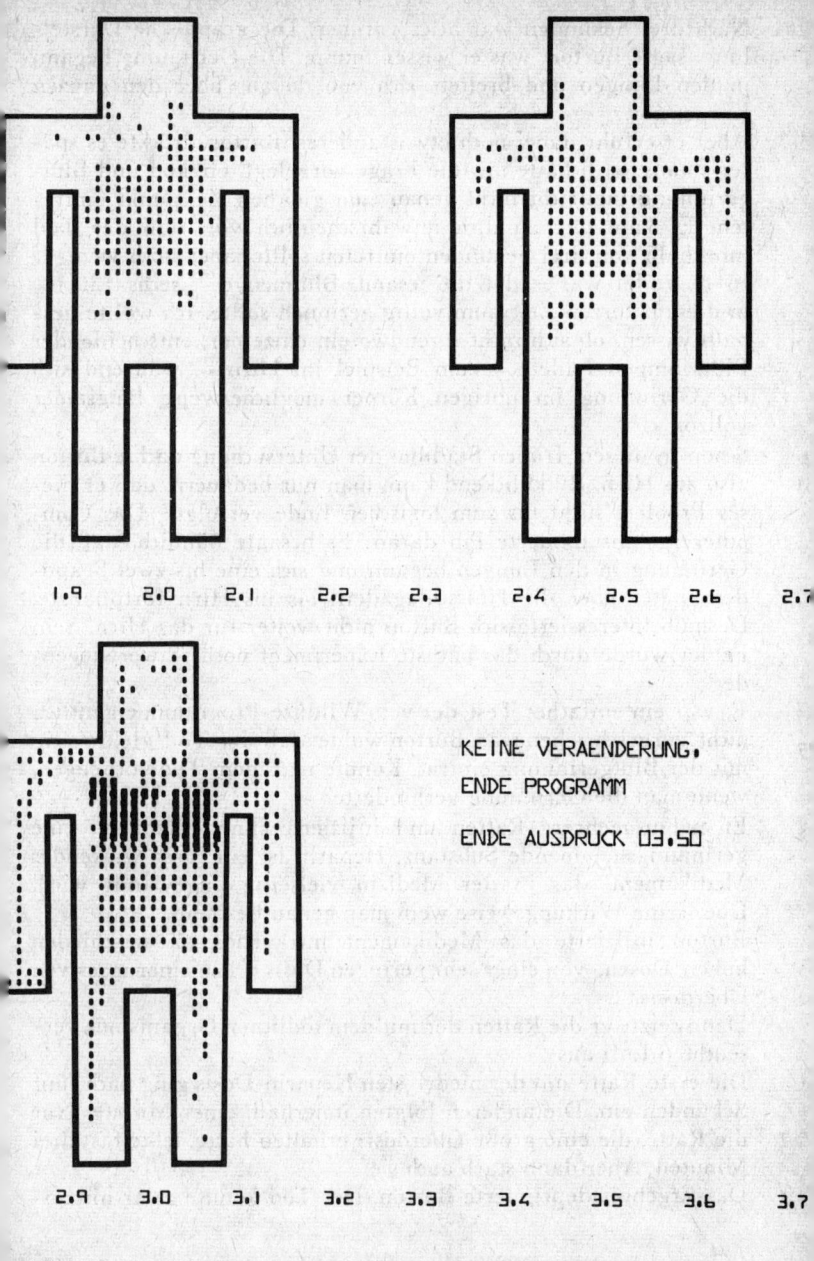

1.9   2.0   2.1   2.2   2.3   2.4   2.5   2.6   2.7

KEINE VERAENDERUNG,

ENDE PROGRAMM

ENDE AUSDRUCK 03.50

2.9   3.0   3.1   3.2   3.3   3.4   3.5   3.6   3.7

Nach drei Sekunden war alles vorüber. Die graphische Darstellung, sagte Burton, was er wissen mußte: Die Gerinnung begann in den Lungen und breitete sich von da aus über den ganzen Körper aus.

Aber er erfuhr dabei noch etwas anderes. Burton drückte es später so aus: »Ich hatte mir die Frage vorgelegt, ob Tod und Blutgerinnung vielleicht nicht genau zum gleichen Zeitpunkt eintreten. Es kam mir nämlich unwahrscheinlich vor, daß der Tod innerhalb von drei Sekunden eintreten sollte, aber noch weniger zu begreifen war es, daß die gesamte Blutmenge – sechs Liter – in diesem kurzen Zeitraum völlig gerinnen sollte. Ich wollte deshalb wissen, ob sich nicht irgendwo ein einzelner, entscheidender Blutklumpen bildete – zum Beispiel im Hirn –, während sich die Gerinnung im übrigen Körper möglicherweise langsamer vollzog.«

Schon in diesem frühen Stadium der Untersuchung dachte Burton also ans Hirn. Rückblickend kann man nur bedauern, daß er dieses Problem nicht bis zum logischen Ende verfolgte. Das Computerergebnis hinderte ihn daran: Es besagte nämlich, daß die Gerinnung in den Lungen begann und sich eine bis zwei Sekunden später über die Halsschlagadern bis ins Hirn fortpflanzte. Deshalb interessierte sich Burton nicht weiter für das Hirn. Sein Fehler wurde durch das nächste Experiment noch schwerwiegender.

Es war ein einfacher Test, der vom Wildfire-Programm eigentlich nicht vorgeschrieben war. Burton wußte, daß der Tod gleichzeitig mit der Blutgerinnung eintrat. Konnte man dem Tod vorbeugen, wenn man die Gerinnung verhinderte?

Er nahm mehrere Ratten und injizierte ihnen Heparin, eine gerinnungshemmende Substanz. Heparin ist ein rasch wirkendes Medikament, das in der Medizin vielseitig angewandt wird. Über seine Wirkungsweise weiß man genau Bescheid.

Burton injizierte das Medikament intravenös in verschieden hohen Dosen, von einer sehr geringen Dosis bis zu einer massiven Überdosis.

Dann setzte er die Ratten der mit dem tödlichen Organismus verseuchten Luft aus.

Die erste Ratte mit der niedrigsten Heparin-Dosis ging nach fünf Sekunden ein. Die anderen folgten innerhalb einer Minute. Nur die Ratte, die eine große Überdosis erhalten hatte, lebte fast drei Minuten. Aber dann starb auch sie.

Das Ergebnis deprimierte Burton. Der Tod konnte zwar hinausgezögert, nicht aber verhindert werden. Die Methode der symptomatischen Behandlung war also nicht anwendbar.

Er legte die toten Ratten beiseite. Dann beging er seinen entscheidenden Fehler.

Burton unterließ es, die mit dem gerinnungshemmenden Mittel behandelten Ratten zu sezieren!

Statt dessen wandte er seine Aufmerksamkeit den Versuchstieren zu, die zuerst einem Kontakt mit der Raumkapsel ausgesetzt waren – der schwarzen Norwegerin und dem ersten Rhesusaffen. An diesen Tieren führte er eine vollständige Autopsie aus; die Heparin-Ratten jedoch ließ er beiseite.

Achtundvierzig Stunden mußten vergehen, bis er seinen Fehler erkannte.

Bei den Autopsien arbeitete er langsam, sorgfältig und gut. Immer wieder sagte er sich, daß er nichts übersehen durfte. Er entnahm der Ratte und dem Affen die inneren Organe, untersuchte sie und entnahm von allem Proben für das Licht- und das Elektronenmikroskop.

Die Untersuchung ergab genau das, was er erwartet hatte: Die Tiere waren an einer völligen intravaskulären Koagulation eingegangen. Arterien, Herz, Lungen, Nieren, Leber und Milz – alle bluthaltigen Organe – waren steinhart verfestigt.

Dann trug er die Gewebsproben zur anderen Seite des Labors, um Gefrierschnittpräparate für die mikroskopische Untersuchung herzustellen. Sobald seine Assistentin ein Präparat fertig hatte, legte er es unters Mikroskop, untersuchte es und machte Aufnahmen.

Die Gewebsproben waren normal. Abgesehen von dem geronnenen Blut war an ihnen nichts Ungewöhnliches festzustellen. Er wußte, daß diese Präparate jetzt ins Mikroskopie-Labor geschickt wurden, wo eine andere Assistentin Einfärbungen mit Hämatoxylin-Eosin, Schiffschem Reagens für Pilzfärbungen und Zenker-Formalin anfertigen würde. Nervengewebe wurde nach Nissl und mit Cajal-Gold gefärbt. Alles in allem würde das weitere zwölf bis fünfzehn Stunden dauern. Er konnte natürlich hoffen, daß den eingefärbten Schnitten mehr zu entnehmen war, aber diese Hoffnung schien ihm durch nichts begründet.

Auch die Aussichten der elektronenoptischen Untersuchung beurteilte er skeptisch. Das Elektronenmikroskop ist gewiß ein wertvolles Hilfsmittel; aber manchmal macht es alles nur noch schwieriger und nicht einfacher. Man kann damit gewaltige Vergrößerungen und eine unglaubliche Schärfe erreichen – wenn man weiß, nach welchem Detail man zu suchen hat. Zum Beobachten einer Einzelzelle oder auch des Teils einer Zelle ist es großartig geeignet. Doch vorher muß man wissen, welche Zelle es zu untersuchen gilt. Ein menschlicher Körper aber enthält Milliarden von Zellen.

Nach zehn Stunden Arbeit lehnte Burton sich zurück und überlegte, was er herausgebracht hatte. Seine Ergebnisse faßte er wie folgt zusammen:

1. Der tödliche Erreger hat etwa die Größe von 1 Mikron. Es kann sich daher weder um ein Gas noch um ein Molekül handeln, auch nicht um ein großes Protein oder ein Virus. Der Erreger hat Zellgröße; es könnte sich tatsächlich um eine Zelle handeln.

2. Der tödliche Erreger wird durch die Luft übertragen. Tote Organismen sind nicht ansteckend.

3. Der tödliche Erreger wird vom Opfer eingeatmet und gelangt in die Lungen. Von da aus wechselt er vermutlich in den Blutkreislauf über und löst die Gerinnung aus.

4. Der tödliche Erreger führt zum Tod durch Blutgerinnung. Dieser tritt innerhalb von Sekunden ein, und zwar gleichzeitig mit dem völligen Gerinnen des Blutes in sämtlichen Gefäßen des ganzen Körpers.

5. Gerinnungshemmende Mittel halten diesen Prozeß nicht auf.

6. Von weiteren pathologischen Anomalitäten beim sterbenden Tier wurde nichts bekannt.

Burton betrachtete seine Liste und schüttelte den Kopf. Es mochte sein, daß gerinnungshemmende Mittel nichts halfen. Aber die Tatsache blieb bestehen, daß es *irgend etwas* gab, das diesen Prozeß aufhielt. Es gab eine Möglichkeit, das zu erreichen. Das wußte er genau.

Zwei Menschen waren schließlich am Leben geblieben.

Um 11.47 Uhr beugte sich Mark Hall über den Bildschirm des Computers und las das Ergebnis der Labortests für Peter Jackson und den Kleinen ab. Der Computer gab die Resultate in der Reihenfolge durch, wie sie aus den vollautomatischen Labors eingingen. Inzwischen war fast alles angekommen.
Bei dem Kind war, wie Hall feststellen mußte, alles normal. Der Computer drückte es knapp und präzise aus:

BETRIFFT KIND –

ALLE LABORWERTE NORMAL

Bei Peter Jackson lag der Fall jedoch ganz anders. Seine Tests wichen in mehreren Punkten von der Norm ab.

BETRIFFT JACKSON, PETER

LABORWERTE SOWEIT NICHT NORMAL

TEST	NORMAL	TESTWERTE
HAEMATOKRIT	38-54	21 BEGINN
		25 WIEDERHOLG
		29 WIEDERHOLG
		33 WIEDERHOLG
		37 WIEDERHOLG
HARNST STICKST	10-20	50
ZAHL RETIKULOZ	1	6

IM BLUTAUSSTRICH VIELE UNREIFE ERYTHROZYTENFORMEN

TEST	NORMAL	TESTWERTE
PROTHROMB ZEIT	12	12

BLUT PH	7.40	7.31
SER GLUT OX TR	40	75
BSG	9	29
AMYLASE	70-200	450

Einige dieser Ergebnisse waren durchaus verständlich, andere gar nicht. Der Hämatokrit-Wert beispielsweise war gestiegen, da Jackson Transfusionen von Vollblut und komprimierten roten Blutkörperchen erhalten hatte. Der Harnstoff-Stickstoffwert des Blutes, der auf die Nierenfunktion hinweist, war leicht erhöht; das lag vermutlich an der verminderten Blutzirkulation.

Andere Ergebnisse der Analyse entsprachen dem Blutverlust. Die Zahl der Retikulozythen betrug 6 auf 100 anstatt 1 – Jackson war schon seit einiger Zeit anämisch. Das Vorhandensein unreifer Formen bei den roten Blutkörperchen bedeutete, daß sich sein Körper bemühte, den Blutverlust zu ersetzen: Er brachte junge, noch unfertige Blutkörperchen in Umlauf.

Die Prothrombin-Zeit gab an, daß Jackson zwar unter Blutungen im Magen-Darm-Trakt litt, jedoch kein Bluter war: Sein Blut gerann völlig normal.

Die Blutsenkungsgeschwindigkeit und der Serum-Glutamat-Oxalacetat-Transaminase-Wert waren Anzeichen für Gewebezerstörungen: Irgendwo in Jacksons Körper starb laufend Gewebe ab.

Und der pH-Wert des Blutes stellte ein Rätsel dar: Mit 7,31 war das Blut zu sauer, auch wenn es sich nicht um einen extremen Wert handelte. Diesen Umstand konnte sich Hall nicht erklären. Der Computer übrigens auch nicht.

BETRIFFT JACKSON, PETER

WAHRSCHEINLICHE DIAGNOSEN

1. AKUTER UND CHRONISCHER BLUTVERLUST
   AUSGEHEND VOM MAGEN-DARM-KANAL   .884
   SONST KEINE STATISTISCH
   SIGNIFIKANTEN URSACHEN

2. AZIDOSE

   UNGEKLAERTER URSACHE

   WEITERE DATEN ERFORDERLICH

   KRANKENGESCHICHTE HERANZIEHEN

Hall las diese Angaben und zuckte die Achseln. Auch wenn der Computer ihm empfahl, sich mit dem Patienten zu unterhalten, so war das leichter gesagt als getan. Jackson lag immer noch im Koma. Wenn er irgend etwas eingenommen hatte, was sein Blut sauer machte, so ließ sich das erst in Erfahrung bringen, wenn er wieder zu sich kam.

Andererseits konnte man vielleicht die Blutgase untersuchen. Hall drehte sich zu dem Computer um und forderte eine Analyse der Blutgase an.

Der Computer blieb stur.

KRANKENGESCHICHTE DES PATIENTEN IST LABOR

ANALYSE VORZUZIEHEN

Hall tippte die Worte: »Patient im Koma.«

Der Computer schien eine Weile zu überlegen, dann gab er zurück:

UEBERWACHUNG DES PATIENTEN WEIST NICHT AUF

KOMA HIN

EEG ZEIGT ALPHA WELLEN TYPISCH FUER SCHLAF

»Ich werd' verrückt!« sagte Hall. Bei einem Blick durch das Fenster stellte er fest, daß sich Jackson tatsächlich schläfrig rekelte. Er kroch durch die enge Verbindung in den Schutzanzug und beugte sich über seinen Patienten.

»Mr. Jackson, aufwachen!«

Langsam öffnete der alte Mann die Augen und starrte Hall an. Dann blinzelte er fassungslos.

»Haben Sie keine Angst«, sagte Hall ruhig. »Sie sind krank, und wir versorgen Sie. Geht es Ihnen wieder besser?«

Jackson schluckte kräftig. Dann nickte er. Er war offenbar zu verängstigt, als daß er hätte sprechen können. Aber die Blässe war einer leicht rosig angehauchten Färbung gewichen. Und seine Fingernägel waren nicht mehr grau.

»Wie fühlen Sie sich jetzt?«

»Okay. Wer sind Sie denn?«

»Ich bin Dr. Hall. Ich behandle Sie. Sie hatten eine schwere Blutung. Wir mußten Ihnen eine Infusion geben.«

Jackson nickte. Er nahm diese Nachricht sehr gelassen auf. Bei diesem Verhalten ging Hall ein Licht auf. Er fragte: »Hatten Sie das früher schon einmal?«

»Ja. Zweimal.«

»Wie ist das gekommen?«

»Ich weiß gar nicht, wo ich hier bin«, sagte Jackson und sah sich um. »Ist das ein Krankenhaus? Und warum tragen Sie so ein komisches Ding?«

»Nein, das ist kein Krankenhaus. Wir sind in einem Spezial-Labor in Nevada.«

»In Nevada?« Jackson schloß die Augen und schüttelte den Kopf. »Aber ich bin doch in Arizona.«

»Jetzt nicht mehr. Wir haben Sie hierhergebracht, um Ihnen zu helfen.«

»Und was soll der Taucheranzug?«

»Wir haben Sie von Piedmont hergeholt. Dort ist eine Krankheit ausgebrochen. Sie liegen jetzt in einer Isolierstation.«

»Sie meinen, ich bin – ansteckend?«

»Das wissen wir noch nicht genau. Aber wir müssen . . .«

»Hören Sie mal!« unterbrach ihn Jackson plötzlich und versuchte sich aufzurichten: »Das ist ja gruselig hier. Ich will weg von hier. Das paßt mir nicht.«

Er wehrte sich gegen die Riemen, die ihn aufs Bett fesselten. Hall drückte ihn sanft zurück.

»Beruhigen Sie sich, Mr. Jackson. Sie werden wieder gesund, aber jetzt müssen Sie erst mal ganz ruhig liegen. Sie waren sehr krank.«

Zögernd legte sich Jackson zurück. »Ich will 'ne Zigarette.«

»Ich fürchte, das geht hier nicht.«

»Zum Teufel, ich will aber eine!«

»Tut mir leid. Rauchen ist verboten.«

»Hören Sie, junger Mann, wenn man so alt geworden ist wie ich, dann weiß man selbst, was geht und was nicht. Das haben mir schon andere vor Ihnen gesagt. Keine Gewürze, kein Schnaps, keine Zigaretten. Ich hab's 'ne Weile versucht. Und wollen Sie wissen, wie mir danach war? Scheußlich!«

»Wer hat Ihnen das gesagt?«

»Die Ärzte.«

»Welche Ärzte?«

»Die Doktors in Phoenix. Großes, tolles Krankenhaus, alles blitzblank und neu, schneeweiße Kittel und so. Wenn meine Schwester nicht gewesen wäre, hätten mich keine zehn Pferde dorthin gekriegt. Sie lebt in Phoenix, wissen Sie, mit ihrem Mann. George heißt er. Blöde Gans. Ich hab' in kein so'n tolles Krankenhaus gewollt. Wollte nur meine Ruhe haben, nichts weiter. Aber sie hat nicht nachgegeben, also bin ich hin.«

»Wann war das?«

»Letztes Jahr. Im Juni. Nein, im Juli war's wohl.«

»Warum kamen Sie ins Krankenhaus?«

»Na, warum kommt man wohl ins Krankenhaus? Ich war krank, verdammt noch mal!«

»Was hat Ihnen denn gefehlt?«

»Der verdammte Magen. Dasselbe wie immer.«

»Blutungen?«

»Und ob Blutungen! Bei jedem Aufstoßen kam Blut mit rauf. Hätte nie gedacht, daß man so viel Blut in sich hat.«

»Magenbluten?«

»Ja. Wie gesagt, es war nicht das erste Mal. Sie haben mir Nadeln in die Arme geschoben und Blut reingepumpt.« Er deutete mit einer Kopfbewegung auf die Infusionsleitungen. »Letztes Jahr in Phoenix, und im Jahr davor in Tucson. Aber in Tucson war's wirklich nett. Sehr nett. Niedliche kleine Krankenschwester und so.« Plötzlich brach er ab. »Wie alt sind Sie eigentlich, mein Junge? Für einen Arzt kommen Sie mir zu jung vor.«

»Ich bin Chirurg«, sagte Hall.

»Chirurg! Kommt nicht in die Tüte! Dazu wollten die mich dauernd überreden, und ich hab' ihnen immer wieder gesagt: Nichts da, kommt überhaupt nicht in Frage. Wirklich nicht. Ich laß mir nichts 'rausnehmen.«

›Sie haben also seit zwei Jahren ein Magengeschwür?«

»Bißchen länger schon. Hat aus heiterm Himmel angefangen. Vorher, noch bevor das mit den Schmerzen und dem Bluten losging, hatte ich allerdings schon hin und wieder 'n bißchen Sodbrennen.«

Zwei Jahre mindestens also, dachte Hall. Bestimmt ein Magengeschwür und kein Krebs.

»Und Sie sind ins Krankenhaus gegangen?«

»Ja. Die haben mich wieder in Schuß gebracht. Und mich vor scharfen Sachen, Schnaps und Zigaretten gewarnt. Ich hab's

wirklich versucht, mein Junge. Ganz ehrlich. Aber 's war zweck-
los. Man gewöhnt sich eben an die kleinen Freuden im Leben.«

»Und ein Jahr später waren Sie wieder im Krankenhaus.«

»Ja. Das war ein Riesending in Phoenix. Der blöde George und
meine Schwester haben mich jeden Tag besucht. Wissen Sie, er ist
einer von den ganz Superschlauen. Rechtsanwalt. Großes Maul,
aber weniger Verstand dahinter als bei 'ner Heuschrecke.«

»Und in Phoenix wollte man Sie operieren?«

»Na klar. Will Sie nicht kränken, mein Junge, aber wenn man
'nem Doktor die Chance gibt, will er doch immer gleich an einem
'rumschneiden. So denken die nun mal. Aber ich hab' ihnen
gesagt, mein alter Magen hat's bisher mitgemacht, da wird er's
auch noch das letzte Stückchen Weg tun.«

»Wann wurden Sie denn aus dem Krankenhaus entlassen?«

»Das muß irgendwann Anfang August gewesen sein. So ungefähr in der ersten Augustwoche.«

»Und wann haben Sie wieder angefangen zu rauchen, zu trinken
und schädliche Sachen zu essen?«

»Halten Sie mir keinen Vortrag, mein Junge«, sagte Jackson.
»Ich bin inzwischen neunundsechzig Jahre alt geworden und
hab' mein Leben lang die falschen Sachen gegessen und das
getan, was ich nicht soll. Ich mag's nun mal so, und wenn ich das
nicht mehr darf, dann soll mich eben der Teufel holen.«

»Aber Sie müssen doch Schmerzen gehabt haben«, sagte Hall
stirnrunzelnd.

»Na klar, manchmal schon. Besonders dann, wenn ich nichts
gegessen habe. Aber dagegen hab' ich ein Mittel gefunden.«

»So?«

»Klar. Im Krankenhaus haben sie mich mit Milchbrei gefüttert
und verlangt, daß ich damit weitermachen soll. Hundertmal am
Tag, immer nur'n kleinen Happen. So'n milchigen Brei. Hat wie
Kalk geschmeckt, das Zeug. Aber ich hab' was Besseres gefunden.«

»Was denn?«

»Aspirin«, sagte Jackson.

»Aspirin?«

»Ja. Hilft wirklich prima.«

»Wieviel Aspirin haben Sie denn genommen?«

»Ziemlich viel, jedenfalls zuletzt. Eine Flasche am Tag. Sie kennen doch die Flaschen, in denen man das Zeug kriegt?«

Hall nickte. Kein Wunder, daß dieser Mann übersäuert war.
Aspirin ist Azetylsalizylsäure, und wenn man es in ausreichender

Menge nimmt, muß es zu einer Übersäuerung führen. Außerdem ist Aspirin ein Reizmittel für den Magen und kann Blutungen begünstigen.

»Hat Ihnen denn niemand gesagt, daß durch Aspirin das Bluten nur noch schlimmer wird?« fragte er.

»Klar hat man mir das gesagt«, antwortete Jackson. »Aber mir war's egal. Wissen Sie, die Schmerzen haben dann wenigstens aufgehört. Das, und 'n bißchen Saft dazu.«

»Saft?«

»Fusel. Sie wissen schon.«

Hall schüttelte den Kopf. Er verstand nicht ganz.

»Na, Sterno. Pink Lady. Man nimmt das Zeug, tut es in ein Tuch, quetscht es aus . . .«

Hall seufzte. »Sie haben also Sterno getrunken.«

»Ja, aber nur dann, wenn ich mal nichts anderes kriegen konnte. Aspirin und Fusel, damit kriegt man die Schmerzen wirklich weg.«

»Sterno ist aber nicht nur Alkohol. Es enthält auch Methylalkohol.«

»Der schadet doch nicht, oder?« fragte Jackson und wirkte plötzlich besorgt.

»Aber natürlich ist der schädlich. Man kann davon erblinden, man kann davon sogar sterben.«

»Ach, zum Teufel! Ich hab' mich danach wohler gefühlt, also hab' ich's genommen«, sagte Jackson.

»Hatte Aspirin und Fusel zusammen denn keine anderen Auswirkungen? Zum Beispiel auf die Atmung?«

»Ja – jetzt, wo Sie's erwähnen, fällt mir ein, daß mir danach die Luft 'n bißchen knapp geworden ist. Aber in meinem Alter braucht man nicht mehr viel Luft.«

Jackson gähnte und schloß die Augen.

»Sie sind schrecklich neugierig, mein Junge. Nichts wie Fragen. Ich will jetzt schlafen.«

Hall sah ihn an und sagte sich, daß Jackson recht hatte. Es war am besten, behutsam vorzugehen, zumindest vorläufig. Er zog sich durch die Verbindung zurück in den äußeren Raum. Dann wandte er sich an seine Assistentin.

»Unser guter Mr. Jackson leidet seit zwei Jahren unter einem Magengeschwür. Geben wir ihm lieber noch zwei Blutkonserven, dann können wir die Infusion absetzen und abwarten, was geschieht. Geben Sie ihm auch eine Magensonde, und fangen Sie mit der Eiswasserspülung an.«

Ein melodischer Gong klang durch den Raum.

»Was soll das?«

»Das Zwölfuhrzeichen. Es bedeutet, daß wir die Kleidung wechseln müssen. Und daß jetzt eine Besprechung ist.«

»Wo denn?«

»Im Besprechungsraum gleich neben dem Café.«

Hall nickte und ging.

In der Abteilung DELTA summten und klapperten gedämpft die Computer, als Hauptmann Arthur Morris am Steuerpult ein neues Programm einfütterte. Hauptmann Morris war Programmierer; der Leiter des Stockwerks 1 hatte ihn in die Abteilung DELTA geschickt, weil seit neun Stunden keine dringenden Mitteilungen mehr angekommen waren. Es konnte natürlich sein, daß keine solchen Mitteilungen vorlagen, doch das war unwahrscheinlich.

Waren jedoch dienstliche Mitteilungen nicht angekommen, dann konnte das nur heißen, daß die Computer nicht richtig funktionierten.

Hauptmann Morris beobachtete, wie das normale Kontrollprogramm den Computer durchlief. Nach dem Ergebnis funktionierten sämtliche Schaltkreise einwandfrei.

Er gab sich damit nicht zufrieden und gab das CHECKLIM-Programm ein, eine noch gründlichere Überprüfung der Schaltungen. Für die Antwort brauchte das Gerät genau 0,03 Sekunden: Am Bedienungspult leuchteten in einer Reihe fünf grüne Lämpchen auf. Morris ging hinüber zum Schreibgerät und las die ausgedruckte Antwort:

FUNKTION ALLER SCHALTKREISE NORMAL

Morris nickte zufrieden. Er konnte in der Tat nicht wissen, daß doch eine Störung vorlag; allerdings keine elektronische Störung, sondern eine mechanische, die durch die Testprogramme nicht entdeckt werden konnte: Der Fehler lag im Gehäuse des Schreibers selbst verborgen. Ein Streifen Papier hatte sich vom Rand der Rolle gelöst, nach innen aufgerollt und zwischen Klingel und Klöppel geschoben. So konnte das Signal nicht anschlagen. Das war der Grund, warum in den letzten neun Stunden keine dringenden Mitteilungen registriert worden waren.

Weder das Gerät noch der Mensch waren imstande, diesen Fehler zu erkennen.

Nach der Vorschrift hatte das Team alle zwölf Stunden zu einer Kurzbesprechung zusammenzukommen, auf der die Ergebnisse zusammengefaßt und neue Maßnahmen geplant wurden. Aus Zeitersparnis wurden diese Besprechungen in einem kleinen Raum neben dem Café abgehalten.

Hall betrat als letzter den Raum. Er setzte sich auf seinen Platz, an dem bereits sein Abendessen bereitstand: zwei Gläser Nährtrank und drei verschiedenfarbige Pillen. Stone sagte gerade: »Wir hören uns zuerst an, was Burton zu berichten hat.«

Burton erhob sich und erläuterte mit langsamen, tastenden Worten seine Versuche und die erzielten Ergebnisse. Zuerst gab er bekannt, daß die Größe des tödlichen Erregers nach seinen Feststellungen ein Mikron betrug.

Stone und Leavitt sahen einander an. Die grünen Flecken, die sie beobachtet hatten, waren wesentlich größer; offenbar wurde die Infektion bereits durch einen winzigen Bruchteil des grünen Fleckens übertragen.

Dann berichtete Burton über die Experimente, bei denen sich zwei Dinge herausgestellt hatten: erstens, daß die Krankheit durch die Luft übertragen wurde, und zweitens, daß das Gerinnen des Blutes in den Lungen begann. Er schloß mit seinen Ansätzen zu einer Behandlung mit gerinnungshemmenden Mitteln.

»Und wie steht es mit den Autopsien?« fragte Stone. »Was haben sie ergeben?«

»Nichts, was wir nicht bereits wissen. Das Blut ist durch und durch geronnen. Mit dem Lichtmikroskop sind keinerlei andere Anomalitäten zu erkennen.«

»Und die Gerinnung beginnt in den Lungen?«

»Ja. Vermutlich gehen die Organismen von dort aus in den Blutkreislauf über – oder sie sondern eine toxische Substanz ab, die in den Blutkreislauf eindringt. Das werden wir vielleicht genauer erfahren, wenn die gefärbten Schnitte fertig sind. Wir werden insbesondere nach Schädigungen von Blutgefäßen suchen, weil dadurch Gewebe-Thromboplastin frei wird, das die Gerinnung an der geschädigten Stelle fördert.«

Stone nickte und wandte sich an Hall. Der berichtete über die bei seinen zwei Patienten vorgenommenen Tests: Das Baby habe auf alle Tests normal reagiert, und Jackson leide an einem blutenden Magengeschwür; er bekomme deshalb Transfusionen.

»Er ist wieder bei Bewußtsein«, sagte Hall. »Ich habe kurz mit ihm gesprochen.«

Alle horchten auf.

»Mr. Jackson ist ein alter Nörgler von neunundsechzig Jahren, der seit zwei Jahren an Magengeschwüren leidet. Er hatte bereits zweimal Blutungen: vor zwei Jahren und im vergangenen Jahr. Beide Male wurde ihm dringend eine Änderung seiner Lebensgewohnheiten anempfohlen, aber er hat beide Male alle Warnungen in den Wind geschlagen, und es kam zu neuen Blutungen. Zum Zeitpunkt des Zwischenfalles in Piedmont behandelte er sein Leiden nach einem Privatrezept: Eine Flasche Aspirin pro Tag und zusätzlich Methylalkohol. Er meint, dadurch sei er ein bißchen kurzatmig geworden.«

»Davon muß er doch stark überazid werden«, sagte Burton.

»Genau.«

Wenn Methanol vom Körper abgebaut wird, entstehen Formaldehyd und Ameisensäure. In Verbindung mit dem Aspirin bedeutete das, daß Jackson enorme Mengen Säure zu sich nahm. Der Körper aber muß den Säure-Base-Spiegel innerhalb enger Grenzen konstant halten, weil sonst der Tod eintritt. Eine Möglichkeit zur Herstellung dieses Gleichgewichts besteht in einer beschleunigten Atmung. Dadurch wird Kohlendioxid ausgeschieden und der Kohlensäuregehalt im Blut verringert.

Stone fragte: »Könnte ihn vielleicht diese Säure vor dem Erreger geschützt haben?«

Hall zuckte die Achseln. »Schwer zu sagen.«

Leavitt warf ein: »Und das Kind? Ist es anämisch?«

»Nein«, antwortete Hall. »Aber andererseits können wir auch nicht mit Sicherheit sagen, ob es durch denselben Mechanismus geschützt worden ist. Es kann auch etwas völlig anderes vorliegen.«

»Wie steht es mit dem Säure-Base-Spiegel bei dem Kind?«

»Normal«, sagte Hall. »Vollkommen normal. Zumindest jetzt.«

Für eine Weile trat Schweigen ein. Schließlich sagte Stone: »Nun, da haben Sie ein paar brauchbare Anhaltspunkte. Das Problem bleibt bestehen: Wir müssen feststellen, was das Kind und der alte Mann gemeinsam haben – falls es überhaupt Gemeinsamkeiten gibt. Vielleicht ist das nicht der Fall, wie Sie meinten. Aber wir müssen zunächst davon ausgehen, daß sie auf dieselbe Weise durch denselben Mechanismus gegen die Krankheit geschützt wurden.«

Hall nickte.

Burton fragte Stone. »Und was haben Sie in der Kapsel gefunden?«

»Das möchten wir Ihnen lieber zeigen«, sagte Stone.

»Zeigen? Was denn?«

»Etwas, von dem wir glauben, daß es der gesuchte Organismus ist«, erwiderte Stone.

An der Tür stand MORPHOLOGIE. Das Innere des Labors war unterteilt – auf der einen Seite der gläsernen Trennwand lag der Arbeitsplatz für die Wissenschaftler, auf der anderen Seite befand sich die Isolierkammer. Mit Handschuhen konnten die Männer in die Kammer hineingreifen und darin arbeiten.

Stone deutete auf das Glasgefäß mit dem kleinen schwarzen Punkt darin.

»Wir glauben, das ist unser ›Meteorit‹«, sagte er. »Auf seiner Oberfläche haben wir etwas entdeckt, das anscheinend lebt. In der Kapsel gab es noch ein paar andere Stellen, die Leben darstellen könnten. Wir haben den Meteoriten hierhergeschafft, damit wir ihn unter dem Lichtmikroskop betrachten können.«

Stone griff mit Hilfe der Handschuhe in die Kammer, stellte den Glasbehälter in die Öffnung eines großen, verchromten Kastens und zog die Hände wieder zurück.

Dabei erklärte er: »Dieser Kasten ist ganz einfach ein Lichtmikroskop, angeschlossen an die üblichen Bildverstärker und Detailsucher. Wir können damit bis tausendfache Vergrößerung erreichen und das Bild hier auf den Schirm projizieren.«

Leavitt stellte das Mikroskop ein. Die anderen sahen wie gebannt auf den Bildschirm.

»Zehnfach«, sagte Leavitt.

Hall sah auf dem Schirm ein ausgezacktes, schwärzliches, stumpf-farbenes Steinchen. Stone wies auf die grünen Flecken hin.

»Hundertfach.«

Die grünen Flecken wurden größer und waren nun ganz deutlich zu erkennen.

»Wir glauben, das ist unser Organismus. Wir haben ihn während des Wachstums beobachtet. Er wird dann purpurn, offenbar im Augenblick der Zellteilung.«

»Spektrale Verschiebung?«

»In etwa.«

»Tausendfach«, sagte Leavitt.

Den ganzen Schirm nahm jetzt ein einzelner grüner Fleck ein, der in die unregelmäßig geformten Höhlungen des Steins eingelagert war. Hall fiel die Oberfläche des grünen Flecks auf; sie schimmerte glatt, fast ölig.

»Halten Sie das für einen einzelnen Bakterienrasen?«

»Wir sind nicht sicher, ob es sich um einen Rasen im üblichen Sinne handelt«, sagte Stone. »Bis wir von Burtons Experimenten hörten, hielten wir es überhaupt nicht für eine Kolonie. Wir dachten, es könnte vielleicht ein einzelner selbständiger Organismus sein. Aber anscheinend muß die kleinste Einheit die Größe von einem Mikron oder weniger haben; das hier wäre viel zu groß. Deshalb dürfte es wohl eine übergeordnete Struktur sein – vielleicht ein Rasen, eine Kolonie, vielleicht auch etwas anderes.«

Vor ihren Augen wurde der Fleck für kurze Zeit purpurrot und gleich wieder grün.

»Jetzt teilt es sich«, sagte Stone. »Ausgezeichnet.«

Leavitt schaltete die Kameras ein.

»Jetzt sehen Sie einmal genau hin.«

Der Fleck wurde purpurn und behielt diese Farbe. Er schien sich geringfügig auszudehnen, und dann unterteilte sich die Oberfläche für einen Augenblick wie ein Fliesenfußboden in sechseckige Fragmente.

»Haben Sie das gesehen?«

»Es schien auseinanderzubrechen.«

»In sechsseitige Figuren.«

»Ob diese Figuren vielleicht einzelne Einheiten darstellen?« fragte Stone.

»Ob sie wohl immer eine gleichmäßige geometrische Form haben – oder nur während der Teilung?«

»Nach der Untersuchung mit dem Elektronenmikroskop werden wir mehr wissen«, sagte Stone und wandte sich an Burton: »Sind Sie mit Ihren Autopsien fertig?«

»Ja.«

»Können Sie mit dem Spektrometer umgehen?«

»Ich denke schon.«

»Dann übernehmen Sie das. Es arbeitet ohnehin über den Computer. Wir brauchen eine Analyse von Proben des Steins und eine von diesem grünen Organismus.«

»Besorgen Sie mir ein Stück davon?«

»Ja.« Stone wandte sich an Leavitt: »Können Sie die Analyse auf Aminosäuren vornehmen?«

»Ja.«

»Dann auch darauf die Tests.«

»Auch eine Fraktionierung?«

»Ich halte es für richtig. Aber die werden Sie von Hand vornehmen müssen.«

Leavitt nickte.

Stone drehte sich wieder zur Isolierkammer um und nahm das Glasgefäß aus dem Lichtmikroskop. Er stellte es daneben unter eine Vorrichtung, die wie ein Miniatur-Schafott aussah. Es war der Mikromanipulator.

Der Mikromanipulator, ein Gerät zur Vornahme äußerst subtiler Operationen an einer einzelnen Zelle, ist in der Biologie noch verhältnismäßig neu: Unter Verwendung sozusagen mikrochirurgischer Methoden kann man beispielsweise den Kern aus einer Zelle entfernen oder einen Teil des Zellplasmas, und zwar so ordentlich und sauber, wie ein Chirurg im großen eine Amputation vornimmt.

Das Gerät war so gebaut, daß es die Bewegungen einer Menschenhand maßstabgetreu in winzige, exakte Miniaturbewegungen umsetzte, mit Hilfe einer Reihe von ausgeklügelten Übersetzungen und Servomotoren.

Mit Hilfe einer sehr starken Lupe kratzte Stone an dem Steinchen herum, bis er zwei winzige Bruchstücke abgelöst hatte. Er legte sie je in ein Glasgefäß und nahm dann zwei Flocken der grünen Fläche ab.

Das Grün verwandelte sich sofort in Purpurrot und dehnte sich aus.

»Es mag Sie nicht«, sagte Leavitt lachend.

Stone runzelte die Stirn. »Interessant. Halten Sie das für eine unspezifische Wachstumsreaktion oder eine trophische Reaktion auf Verletzung und äußeren Reiz?«

»Ich glaube, es mag das Pieken nicht«, sagte Leavitt.

»Wir müssen weitersuchen«, sagte Stone.

19   Absturz

Das Telefongespräch jagte Arthur Manchek einen eisigen Schrecken ein. Es erreichte ihn zu Hause; er hatte sich gerade nach dem Essen mit der Zeitung im Wohnzimmer niedergelassen. Von der Sache in Piedmont war er während der beiden letzten Tage so in Atem gehalten worden, daß er nicht einmal eine Zeitung zu Gesicht bekommen hatte.

Als das Telefon klingelte, dachte er zuerst, es sei ein Anruf für seine Frau. Doch einen Augenblick später kam sie herein und sagte: »Es ist für dich. Der Stützpunkt.«

Mit einem unguten Gefühl griff Manchek nach dem Hörer.

»Hier Major Manchek.«

»Major, hier spricht Oberst Burns von der Abteilung Acht.«

Abteilung Acht war für sämtliche Überprüfungen und Kontrollen im Stützpunkt zuständig. Alle Mitarbeiter hatten sich bei der Abteilung Acht an- und abzumelden, alle Telefongespräche wurden über diese Abteilung geleitet.

»Ja, Oberst?«

»Major, wir haben Anweisung, Sie von gewissen Fällen in Kenntnis zu setzen.« Der Oberst wußte, daß er sich über die normale, ungesicherte Leitung vorsichtig ausdrücken mußte. »Ich möchte Sie über einen RTM-Absturz informieren, der sich vor zweiundvierzig Minuten in Big Head im Bundesstaat Utah ereignet hat.«

RTM bedeutet »Routine Training Mission«. Warum wurde er von einem Flugzeugabsturz unterrichtet, der sich bei einem routinemäßigen Übungsflug ereignet hatte? Das ging ihn doch kaum etwas an.

»Worum handelt es sich?«

»Ein Phantomjäger. Auf dem Weg von San Francisco nach Topeka.«

»Ich verstehe«, sagte Manchek, obgleich er nichts verstand.

»Sir, Goddard hat mich beauftragt, Sie zu benachrichtigen, daß Sie zu der Untersuchungskommission gehören.«

»Goddard? Warum denn Goddard?« Manchek saß da und starrte ein paar Sekunden lang geistesabwesend auf die vor ihm liegende Überschrift NEUE BERLINKRISE BEFÜRCHTET; er dachte zuerst, der Oberst habe Lewis Goddard gemeint, den Chef der Code-Abteilung von Vandenberg. Dann ging ihm plötzlich auf, daß Oberst Burns das Goddard-Raumflugzentrum bei Washington meinte. Es hatte unter anderem die Aufgabe, die Koordinierung gewisser Projekte zu übernehmen, die in den Grenzbereich zwischen den Zuständigkeiten des Raumfahrtzentrums Houston und den Regierungsstellen in Washington fielen.

Oberst Burns fuhr fort: »Sir, die Phantom kam vierzig Minuten nach dem Start in San Francisco von der vorgeschriebenen Flugroute ab und überquerte die Zone WF.«

Manchek spürte, wie seine Reaktionen langsamer wurden. Eine seltsame Art von Schläfrigkeit befiel ihn. »Zone WF?«

»Richtig, Sir.«

»Wann?«

»Zwanzig Minuten vor dem Absturz.«

»In welcher Höhe?«

»Siebentausenddreihundert Meter.«

»Wann bricht die Untersuchungskommission auf?«

»In einer halben Stunde, Sir. Vom Stützpunkt aus.«

»In Ordnung«, sagte Manchek. »Ich komme.«

Er legte auf und starrte das Telefon schläfrig an. Er war so müde, daß er am liebsten zu Bett gegangen wäre. Zone WF – Wildfire –, das war die Bezeichnung für das Sperrgebiet rings um Piedmont in Arizona.

Sie hätten die Bombe doch werfen sollen, dachte er. Sie hätten es schon vor zwei Tagen tun sollen.

Manchek hatte von der Entscheidung, die Direktive 7-12 aufzuschieben, mit großer Unruhe Kenntnis genommen. Aber offiziell konnte er sich dazu nicht äußern, und er hatte vergeblich gehofft, daß das Wildfire-Team, das inzwischen in dem unterirdischen Labor arbeitete, in Washington protestieren werde. Er wußte, daß Wildfire unterrichtet worden war. Er hatte selbst das Fernschreiben gesehen, das an alle eingeweihten Stellen hinausgegangen war. Es ließ an Deutlichkeit nichts zu wünschen übrig.

Doch aus irgendeinem Grunde hatte Wildfire nicht protestiert. Das Labor hatte sich überhaupt nicht dazu geäußert.

Sehr sonderbar . . .

Und nun dieser Absturz . . . Manchek zündete sich seine Pfeife an und überlegte, was geschehen sein konnte. Alles sprach dafür, daß so ein grüner Junge von Flugschüler mit offenen Augen geschlafen hatte, von seinem Kurs abgekommen war und dann aus lauter Panik die Herrschaft über seine Maschine verloren hatte. Das war schon Hunderte Male vorgekommen. Die Untersuchungskommission, die an der Absturzstelle die Trümmer untersuchte, gelangte meistens zu dem Urteil »Ungeklärtes technisches Versagen«. Dieser verschwommene Ausdruck bedeutete, daß man nicht wußte, warum die Maschine abgestürzt war; es wurde kein Unterschied zwischen menschlichem Versagen und einem technischen Defekt gemacht, aber es war bekannt, daß der Fehler meistens beim Piloten lag. Man kann es sich einfach nicht leisten, mit offenen Augen zu träumen, wenn man ein so kompliziertes Gebilde wie einen modernen Düsenjäger mit zweieinhalb Mach durch die Gegend fliegt. Die Statistiken beweisen es: Nur in neun Prozent aller Flüge startete der Pilot unmittelbar nach einem

Urlaub oder einem freien Wochenende – aber auf diese Flüge entfielen siebenundzwanzig Prozent der Unfälle!

Manscheks Pfeife war kalt geworden. Er stand auf, ließ die Zeitung zu Boden fallen und ging in die Küche, um seiner Frau mitzuteilen, daß er wieder zum Dienst müsse.

»Das reinste Filmgelände«, sagte jemand beim Anblick der Sandsteinklippen, die leuchtend rot gegen den tiefblauen Himmel abstachen. Und in der Tat waren in diesem Teil des Bundesstaates Utah viele Filme gedreht worden.

Manschek hatte jetzt andere Sorgen. Er saß im Fond einer Limousine, die ihn vom Flugplatz in Utah abgeholt hatte. Er dachte über das nach, was er erfahren hatte.

Während des Flugs von Vandenberg nach dem südlichen Utah war den Angehörigen der Untersuchungskommission das Tonband mit dem Sprechfunk zwischen der Phantom und der Flugsicherungszentrale in Topeka vorgespielt worden. Das meiste davon war langweilig, bis auf die letzten Augenblicke vor dem Absturz.

Der Pilot hatte gemeldet: »Hier stimmt etwas nicht.«

Dann, einen Augenblick später: »Der Gummischlauch meiner Luftzufuhr löst sich auf. Muß an der Vibration liegen. Löst sich einfach zu Staub auf.«

Damit endete der Sprechverkehr.

Diese wenigen Worte gingen Manschek nicht aus dem Sinn. Sie klangen ihm in den Ohren nach und wurden mit jeder Minute unheimlicher, erschreckender.

Er blickte hinaus auf die Sandsteingebilde. Die untergehende Sonne ließ nur noch die obersten Spitzen in fahlem Rot erstrahlen. Die Täler lagen bereits im Schatten. Er sah nach vorn zu dem anderen Wagen, der eine kleine Staubwolke aufwirbelte. Die Kommission war auf die beiden Fahrzeuge aufgeteilt worden.

»Ich hab' mir immer gern die alten Westernfilme angesehen«, sagte jemand. »Die sind alle hier gedreht worden. Eine herrliche Gegend.«

Manschek runzelte die Stirn. Er staunte immer wieder darüber, wieviel Zeit manche Leute für unwichtige Dinge verschwendeten. Vielleicht war das auch nur eine Art von Flucht oder eine Angst, der Wirklichkeit ins Auge sehen zu müssen.

Die Wirklichkeit war bitter genug: Eine Phantom war versehentlich in die Zone WF geraten und ziemlich tief heruntergegangen. Nach sechs Minuten bemerkte der Pilot seinen Irrtum und drehte sofort wieder nach Norden ab. Doch schon über der Zone WF hatte die Maschine nicht mehr richtig funktioniert. Und dann war sie abgestürzt.

Er fragte: »Ist Wildfire verständigt?«

Ein Psychiater mit Bürstenschnitt – alle derartigen Kommissionen haben mindestens einen Psychiater in ihren Reihen – fragte: »Meinen Sie diese Bakterienleute?«

»Ja.«

»Die haben's erfahren«, sagte ein anderer. »Die Mitteilung ging vor einer Stunde über den Verwürfler raus.«

Dann wird Wildfire sicherlich irgendwie reagieren, dachte Manchek. Diese Meldung können sie doch nicht einfach ignorieren.

Es sei denn, sie lesen die eingehenden Fernschreiben nicht ... Daran hatte er bisher noch nicht gedacht. Aber möglich war das immerhin: daß sie ihre Fernschreiben gar nicht lasen, weil sie so sehr in ihre Arbeit vertieft waren, daß nichts anderes sie interessierte.

»Da vorn liegt das Wrack«, rief jemand.

Beim Anblick eines Flugzeugwracks war Manchek jedesmal aufs neue verblüfft. Aus unerfindlichen Gründen konnte er sich nie ganz an die Vorstellung von einem weit verstreuten Trümmerhaufen gewöhnen, von der alles vernichtenden Gewalt, mit der ein so großes Ding aus Metall sich bei einer Geschwindigkeit von mehreren tausend Kilometern in der Stunde in die Erde bohrt. Jedesmal erwartete er einen ordentlichen kleinen Klumpen Metall – aber die Wirklichkeit sah immer ganz anders aus.

Die Wrackteile des Phantomjägers waren über eine Wüstenfläche von zwei Quadratmeilen verstreut. Als er bei den verglühten Resten der linken Tragfläche stand, konnte er die anderen Männer drüben am Horizont neben der rechten Fläche kaum noch sehen. Wohin er auch blickte, überall lagen verbogene, geschwärzte Metallteile herum, von denen die Farbe abblätterte. Eine Inschrift auf einem Stückchen Metall war noch zu lesen: VERBOT ... Der Rest fehlte.

Es war unmöglich, aus den Überresten Schlüsse zu ziehen. Rumpf, Cockpit und Kabinendach waren zu einer Million Fetzen zerschellt. Das Feuer hatte alles deformiert.

Als die Sonne unterging, stand er in der Nähe einiger Reste des Leitwerks. Hier strahlte das Metall noch die Hitze des verglimmenden Brandes aus. Halb im Sand vergraben sah er ein Stück Knochen. Er hob es auf und stellte mit Entsetzen fest, daß es ein

Menschenknochen war. Das lange, gesplitterte, an einem Ende angekohlte Knochenstück stammte offenbar vom Arm oder vom Schenkel. Aber es war eigentümlich sauber – kein Fetzchen Fleisch war übrig, nichts als blanker Knochen.

Die Dunkelheit senkte sich herab. Die Männer der Untersuchungskommission holten ihre Taschenlampen hervor und richteten die gelben Lichtfinger auf das Gewirr rauchender Metalltrümmer, zwischen denen sie hin und her gingen.

Es war schon sehr spät am Abend, als ein Biochemiker, den Manchek nicht kannte, auf ihn zutrat und ihn ansprach.

»Wissen Sie, was mir seltsam vorkommt?« fragte der Biochemiker. »Die Bemerkung des Piloten über die Auflösung von Gummi in seinem Cockpit.«

»Wie meinen Sie das?«

»Nun – in dieser Maschine gab es überhaupt keinen Gummi. Alles bestand aus einem biegsamen Kunststoff. Ancro hat ihn neu entwickelt und ist sehr stolz darauf. Es handelt sich um ein Polymer, das in mancher Hinsicht dieselben Eigenschaften wie Körpergewebe aufweist. Sehr elastisch und vielseitig anwendbar.«

Manchek fragte: »Glauben Sie, daß diese Auflösungserscheinungen durch Vibrationen hervorgerufen worden sind?«

»Nein«, antwortete der Biochemiker. »Auf der ganzen Welt fliegen Tausende von Phantomjägern herum. In allen ist dieser Kunststoff verwendet worden. Aber in keinem einzigen Fall ist es zu derartigen Schwierigkeiten gekommen.«

»Was wollen Sie damit sagen?«

»Ich will damit nur sagen, daß ich nicht die leiseste Ahnung habe, was hier passiert ist«, antwortete der Biochemiker.

20 Routine

Allmählich bildete sich im Wildfire-Labor eine Art Routine heraus, ein Arbeitsrhythmus in den unterirdischen Laboratorien, in denen es weder Tag noch Nacht, weder Morgen noch Abend gab. Die Männer schliefen ein, wenn sie müde waren, sie wachten wieder auf, wenn sie sich ausgeruht hatten, sie gingen in den verschiedenen unterirdischen Bereichen ihrer Arbeit nach.

Der größte Teil dieser Arbeit führte zu nichts. Das wußten sie; sie hatten sich im voraus damit abgefunden. Stone pflegte gern zu sagen: Wissenschaftliche Forschung ist wie Goldsuche – man zieht los, mit Landkarten und Instrumenten bewaffnet, aber am Ende spielen alle Vorbereitungen keine Rolle, nicht einmal die Intuition. Zum Erfolg braucht man Glück und das, was dem Fleißigen durch echte, harte Arbeit eben zufällt.

Burton stand in dem kleinen Labor, in dem neben dem Spektrometer noch verschiedene andere Geräte für Prüfungen auf Radioaktivität, fotometrische und kalorimetrische Messungen sowie Röntgen-Strukturanalyse untergebracht waren.

Das im Stockwerk v benutzte Spektrometer war ein ganz normales Modell Whittington κ-5. Es besteht im wesentlichen aus einem Verdampfer, einem Prisma und einem Sichtschirm. Die Materialprobe, die getestet werden soll, kommt in den Verdampfer und wird verbrannt. Das Licht der Flamme wird durch das Prisma in sein Spektrum gebrochen, und dieses Spektrum erscheint dann auf dem Schirm. Da die verschiedenen Elemente beim Verbrennen Licht von unterschiedlicher Wellenlänge ausstrahlen, kann man die chemische Zusammensetzung der Substanz analysieren, indem man das so entstandene Spektrum analysiert.

Theoretisch klingt das ganz einfach. In der Praxis aber ist das Ablesen der Spektrogramme eine komplizierte und schwierige Aufgabe. Niemand im Wildfire-Labor war dafür eigens ausgebildet. Die Ergebnisse wurden jedoch unmittelbar einem Computer eingegeben, der die Analyse erstellte, und zwar reagierte der Computer so empfindlich, daß er sogar die ungefähre prozentuale Zusammensetzung ermittelte.

Burton legte die erste Probe, das Splitterchen des schwarzen Steins, in den Verdampfer und drückte auf den Knopf. Es folgte ein einzelner, außerordentlich intensiver und heißer Lichtblitz. Burton wandte sich ab, um von der Helligkeit nicht geblendet zu werden. Dann legte er den zweiten Splitter ein. Er wußte, daß der Computer inzwischen bereits mit der Analyse der ersten Probe beschäftigt war.

Dasselbe wiederholte er mit den grünen Flecken, dann sah er auf die Uhr. Der Computer untersuchte jetzt die automatisch entwickelten Fotoplatten, die innerhalb weniger Sekunden zur Verfügung standen. Aber die Untersuchung selbst würde zwei Stunden in Anspruch nehmen. Das elektrische Auge arbeitete sehr langsam.

Wenn das Abtasten der Platten erst einmal beendet war, würde der Computer die Ergebnisse analysieren und innerhalb von fünf Sekunden das Endergebnis ausdrucken.

Nach der Wanduhr war es jetzt 15 Uhr. Er merkte plötzlich, wie müde er war. Er instruierte den Computer, ihn zu wecken, sobald das fertige Ergebnis vorlag. Dann legte er sich schlafen.

In einem anderen Raum führte Leavitt sehr behutsam ganz ähnliche Splitterchen in ein anderes Gerät ein – in den Aminosäuren-Analysator. Dabei lächelte er leise vor sich hin; er mußte daran denken, wie es war, als es die automatische Aminosäuren-Analyse noch nicht gegeben hatte.

Anfang der fünfziger Jahre konnte die Analyse der in einem Protein vorhandenen Aminosäuren Wochen oder gar Monate dauern. Manchmal nahm sie sogar Jahre in Anspruch. Jetzt dauerte das alles nur noch Stunden – schlimmstenfalls einen Tag –, und das Ganze lief vollautomatisch ab.

Aminosäuren sind die Bausteine der Proteine. Es gibt vierundzwanzig bekannte Aminosäuren, die jeweils aus einem halben Dutzend Moleküle aus Kohlenstoff, Wasserstoff, Sauerstoff und Stickstoff bestehen. Die verschiedenen Eiweiße entstehen durch eine Aneinanderreihung dieser Aminosäuren, die aneinandergekoppelt werden wie die Wagen eines Güterzugs. Die Anordnung der Aminosäuren in dieser Kette bestimmt, um welches Eiweiß es sich handelt – ob es Insulin, Hämoglobin oder ein Wachstumshormon ist. Alle Proteine bestehen aus denselben Aminosäuren, denselben Güterwagen. Manche Proteine haben mehr Waggons von einer Sorte aufzuweisen, oder diese sind anders angeordnet. Aber das ist auch der einzige Unterschied: Im menschlichen Eiweiß wie im Eiweiß des Flohs existieren dieselben Aminosäuren, dieselben Güterwagen.

Es hatte ungefähr zwanzig Jahre gedauert, bis man dies wußte. Aber wodurch wurde die Anordnung der Aminosäuren in einem Protein bestimmt? Die Antwort auf diese Frage lieferte die Entdeckung, daß die DNS – die Des-oxy-ribo-Nuklëin-Säure, der Träger des genetischen Codes, die Funktion des Rangiermeisters auf dem Güterbahnhof ausübt.

Diese fundamentale Tatsache herauszubringen, dauerte noch einmal zwanzig Jahre.

Wenn aber die Aminosäuren einmal aneinandergekoppelt sind, beginnen sie sich zu winden und zu drehen. Was dabei herauskommt, entspricht viel mehr einer Schlange als einem Güterzug. Die Art der entstehenden Drehung wird von der Anordnung der

Aminosäuren bestimmt und ist genau festgelegt: In jedem Protein muß eine ganz bestimmte Form von Spirale vorliegen und keine andere, sonst funktioniert das Ganze nicht.

Noch einmal zehn Jahre.

Wirklich seltsam, dachte Leavitt. Hunderte von Laboratorien, Tausende von Forschern auf der ganzen Welt bemühen sich um die Feststellung so relativ einfacher Tatsachen, und es hatte sie alle Jahre und Jahrzehnte mühevoller Kleinarbeit gekostet.

Und nun steht da dieses Gerät. Es gibt natürlich nicht die exakte Reihenfolge der Aminosäuren an, aber doch die ungefähre prozentuale Zusammensetzung: soviel Arginin, soviel Cystin und Prolin und Leucin. Und daraus konnte man wiederum eine ganze Menge entnehmen.

Und doch gab dieses Gerät nur einen Schuß ins Blaue ab. Es bestand nämlich keinerlei Grund zu der Annahme, daß der Stein oder die grünen Flecken auch nur teilweise aus Proteinen bestanden. Es stimmte schon: Jedes lebende Wesen auf der Erde muß zumindest einige Proteine aufweisen – aber das bedeutet noch lange nicht, daß auch anderswo das Leben genauso beschaffen sein muß.

Für einen Augenblick versuchte Leavitt sich Leben ohne Eiweiß vorzustellen. Das war fast undenkbar. Auf der Erde sind Proteine unentbehrliche Bestandteile der Zellen, und alle bekannten Enzyme bestehen aus Eiweiß. Ein Leben ohne Enzyme? Gab es das überhaupt?

Er erinnerte sich an eine Bemerkung des britischen Biochemikers George Thompson: Er hatte die Enzyme einmal die »Ehevermittler des Lebens« genannt. Das stimmte auch; Enzyme dienen als Katalysatoren für alle chemischen Vorgänge, indem sie für zwei Moleküle eine Fläche schaffen, an der sie aufeinandertreffen und miteinander reagieren können. Es gibt Hunderttausende, vielleicht sogar Millionen von Enzymen, und jedes existiert nur zu dem einzigen Zweck, eine einzige chemische Reaktion zu unterstützen.

Ohne Enzyme gibt es keine chemischen Reaktionen.

Und ohne chemische Reaktionen gibt es kein Leben.

Oder vielleicht doch?

Das Problem stand schon seit langem im Raum. Schon im ersten Stadium der Planung für das Unternehmen Wildfire war die Frage aufgeworfen worden: Wie untersucht man eine Lebensform, die sich von allen bekannten Formen des Lebens unterscheidet? Woher will man wissen, daß es sich um Leben handelt?

Das war keineswegs nur eine rein akademische Frage. George Wald hatte einmal gesagt: Die Biologie steht als Wissenschaft insofern einzig da, als sie ihr eigenes Sachgebiet nicht definieren kann. Niemand vermag anzugeben, was Leben ist. Niemand weiß das. Die alten Definitionen – ein Organismus der Nahrung aufnimmt und Abbaustoffe ausscheidet, der also Stoffwechsel hat, der Vermehrung aufweist und so weiter – sind längst nutzlos geworden. Für alles lassen sich Ausnahmen anführen.

Die Planungsgruppe hatte sich schließlich darauf geeinigt, Energieumsetzung als *das* Merkmal des Lebens anzuerkennen: Jeder lebende Organismus nimmt Energie in irgendwelcher Form auf – in Form von Nahrung oder von Sonnenlicht –, wandelt sie in eine andere Form von Energie um und macht sie sich zunutze. (Die Viren bilden eine Ausnahme von dieser Regel; die beteiligten Wissenschaftler waren jedoch bereit gewesen, die Viren als leblos zu betrachten.)

Man hatte damals Leavitt gebeten, auf der nächsten Sitzung diese Definition anzufechten. Er hatte eine ganze Woche darüber nachgedacht und dann drei Dinge zur Besprechung mitgebracht: einen Fetzen schwarzes Tuch, eine Uhr und ein Stück Granit. Er legte sie auf den Konferenztisch und sagte: »Meine Herren, hier haben Sie drei lebende Dinge!«

Wer aus dem Team das nicht akzeptiere, möge beweisen, daß diese Gegenstände leblos seien. Er legte das schwarze Tuch in die Sonne – es erwärmte sich. Das sei, so erklärte er, ein Beispiel von Energieumwandlung: Strahlungsenergie war in Wärme verwandelt worden.

Man hielt ihm entgegen, daß es sich nur um eine passive Aufnahme von Energie und nicht um eine Umwandlung handle. Es wurde ferner eingewandt, daß die Umwandlung, falls man von einer solchen überhaupt sprechen könne, nicht zweckgerichtet erfolge: Es sei keinerlei Funktion damit verbunden.

»Woher wollen Sie wissen, daß sie nicht zweckgerichtet erfolgt?« hatte Leavitt zurückgefragt.

Dann war die Uhr vorgenommen worden. Leavitt hatte auf das Zifferblatt gedeutet, das im Dunkeln leuchtete: Hier fand ein Zerfall statt, bei dem Licht erzeugt wurde.

Man entgegnete, dies sei lediglich ein Freiwerden von potentieller Energie, die in instabilen Elektronenbahnen gespeichert worden sei. Aber es war doch eine zunehmende Verwirrung entstanden – man spürte, was Leavitt klarmachen wollte.

Endlich hatte Leavitt auf das Stück Granit gewiesen und gesagt:

»Das hier ist lebendig. Der Stein lebt, atmet, bewegt sich und spricht. Wir nehmen das alles nur nicht wahr, weil es zu langsam abläuft. Gestein hat eine Lebensspanne von drei Milliarden Jahren. Wir leben sechzig oder siebzig Jahre. Was mit dem Stück Stein geschieht, vermögen wir aus dem gleichen Grund nicht zu erkennen, aus dem wir bei einer Schallplatte keine Melodie mehr hören, wenn sie mit einer Geschwindigkeit von einer Umdrehung pro Jahrhundert abgespielt wird. Der Stein seinerseits nimmt unsere Existenz überhaupt nicht wahr, da unsere Lebensspanne nur einen winzigen Bruchteil der seinen beträgt. Für ihn sind wir wie Blitze im Dunkeln.«

Und er hatte seine Uhr hochgehalten.

Das war allen als einsichtig erschienen. Sie hatten ihre Ansicht in einem wichtigen Punkt revidiert: Sie gaben zu, daß man möglicherweise nicht in der Lage sein könne, gewisse Lebensformen zu analysieren. Es sei durchaus möglich, bei einer solchen Analyse nicht die geringsten Fortschritte zu erzielen, ja nicht einmal einen Anfang zu finden.

Doch Leavitts Besorgnis reichte noch weiter. Er sah auch das generelle Problem der in einem solchen Zustand der Ungewißheit zu treffenden Maßnahmen. Er erinnerte sich, wie aufmerksam er Talbert Gregsons *Planning the Unplanned* – »Planung des Ungeplanten« – gelesen hatte. Die komplexen mathematischen Modelle, die der Autor zur Analysierung des Problems erdacht hatte, bereiteten ihm damals viel Kopfzerbrechen.

Gregson vertrat folgende Überzeugung:

Alle Entscheidungen, die das Ungewisse betreffen, lassen sich in zwei unterschiedliche Kategorien gliedern: Entscheidungen mit Kontingenz und solche ohne. Die letzten werfen erheblich mehr Schwierigkeiten auf.

Die meisten Entscheidungen und nahezu alle Wechselwirkungen zwischen Menschen kann man in ein Kontingenzsystem einordnen. Ein Präsident kann beispielsweise einen Krieg erklären, ein Mann verkauft sein Geschäft, oder er läßt sich von seiner Frau scheiden. Eine solche Aktion ruft eine Gegenaktion hervor; die Anzahl der Reaktionen ist unendlich, aber die Anzahl der *wahrscheinlichen* Reaktionen ist überschaubar klein. Schon bevor der einzelne eine Entscheidung trifft, kann er verschiedene Reaktionen voraussehen und somit seine ursprüngliche, primäre Entscheidung besser abschätzen.

Aber es gibt auch eine Kategorie, die sich nicht mit Hilfe von

Kontingenzen analysieren läßt. In diese Kategorie fallen Ereignisse und Situationen, die *absolut* unvorhersehbar sind, nicht nur Katastrophen aller Art, sondern auch die seltenen Sternstunden des Entdeckens und jener Einsicht, die beispielsweise den Laser oder das Penicillin entstehen lassen. Da diese Augenblicke nicht vorhersagbar sind, kann man für sie auch nicht logisch vorplanen. Die mathematischen Voraussetzungen sind ganz und gar unbefriedigend.

Wir können uns nur mit der Tatsache trösten, daß solche Situationen außerordentlich selten auftreten.

Jeremy Stone arbeitete mit unendlicher Geduld. Er nahm eine Flocke des grünen Materials und ließ sie in eine geschmolzene Plastikmasse fallen. Der Kunststoff hatte Größe und Form des Dragées für ein Medikament. Er wartete, bis die Flocke festsaß, dann übergoß er sie mit neuer Plastikmasse. Die fertige Pille praktizierte er in die Wärmekammer.

Stone beneidete die anderen um ihre mechanisierten Routinearbeiten. Die Herstellung von Präparaten für das Elektronenmikroskop war noch immer eine heikle Aufgabe, die geschickte Hände erforderte. Ein wirklich gutes Präparat stellte ebenso hohe Anforderungen wie ein Kunstwerk; es dauerte fast ebenso lange, diese Kunst zu erlernen. Stone hatte fünf Jahre gebraucht, bis er es auf diesem Gebiet zur Meisterschaft brachte.

Die Plastikkapsel gelangte zwar in eine Schnellbehandlung; trotzdem würde es fünf Stunden dauern, bis der Kunststoff die nötige Festigkeit erlangt hatte. Im Wärmeschrank herrschte eine stets gleichbleibende Temperatur von 61 Grad Celsius und eine relative Luftfeuchtigkeit von zehn Prozent.

Wenn der Kunststoff hart geworden war, mußte er ihn wegschaben und dann mit einem Mikrotom eine winzige Flocke des grünen Materials abheben. Diese Probe hatte genau die richtige Dicke und Größe aufzuweisen; es mußte eine kleine runde Scheibe von nicht mehr als 1500 Ängström Dicke sein.

Dann erst konnte man das grüne Zeug – was es auch sein mochte – sechzigtausendfach vergrößert betrachten.

Das verspricht interessant zu werden, dachte er.

Im allgemeinen hatte Stone den Eindruck, daß die Arbeit gut vorankam. Das Team verfolgte mehrere vielversprechende Spuren und machte dabei zufriedenstellende Fortschritte. Und es hatte Zeit – das war am wichtigsten. Es gab keine Hetze, keine Panik, keinen Anlaß zu Befürchtungen.

Auf Piedmont war eine A-Bombe gefallen. Sie mußte die in der Luft schwebenden Organismen getötet und den Ausgangspunkt der Verseuchung neutralisiert haben. Das Wildfire-Labor war nun der einzige Ort, von dem eine Infektion ausgehen konnte – und das Labor war eigens dafür geschaffen worden, genau das zu verhindern: Falls irgendwo die Isolierung versagte, wurde der verseuchte Sektor sofort hermetisch abgeriegelt; binnen einer halben Sekunde schlossen sich luftdichte Türen und schufen damit im Labor eine neue Lage.

Das war unumgänglich. Denn die bisherige Erfahrung in anderen Laboratorien, die mit einer sogenannten axenischen oder keimfreien Atmosphäre arbeiteten, hatte gelehrt, daß es in fünfzehn Prozent aller Fälle doch zu einer Verseuchung kam. Die Gründe waren für gewöhnlich trivialer Art: Eine Dichtung wurde undicht, ein Handschuh riß ein, eine Kante splitterte. Aber es kam eben doch zu einer Verseuchung.

Im Wildfire-Labor war man auf diese Möglichkeiten vorbereitet. Wenn aber ein solcher Unfall ausblieb – und alles sprach gegen ihn –, dann konnten sie hier für eine unbegrenzte Zeit sicher und in aller Ruhe arbeiten. Sie konnten mit der Untersuchung des Organismus einen Monat oder auch ein Jahr zubringen.

Es gab keine Probleme, nicht die geringsten.

Hall ging durch den Korridor, sah sich die Schalter für die atomare Sprengvorrichtung an und versuchte, sich ihre genaue Lage einzuprägen. Im Stockwerk v gab es fünf solcher Schalter; sie waren in Abständen im Hauptkorridor angeordnet. Alle sahen sie gleich aus: kleine, silberne Kästen, nicht größer als eine Zigarettenpackung, jeder Kasten mit einem Schlitz für den Schlüssel, einem glimmenden grünen Lämpchen und einer dunklen roten Lampe.

Burton hatte ihm den Mechanismus bereits erklärt: »In allen Belüftungssystemen und Labors sind Sensoren angebracht. Sie überwachen die Luftzusammensetzung mit Hilfe einer Reihe von chemischen, elektronischen und biologischen Methoden. Die biologische Überwachung besteht ganz einfach aus einer Maus, deren Herzschlag kontrolliert wird. Sobald die Sensoren etwas Ungewöhnliches registrieren, wird das betreffende Labor automatisch luftdicht abgeriegelt. Wird das ganze Stockwerk verseucht, riegelt es sich ebenfalls automatisch ab, und der atomare Sprengsatz wird gezündet. In diesem Falle geht das grüne Licht aus, und die rote Lampe beginnt zu blinken. Damit wird der Beginn eines

Spielraums von drei Minuten angezeigt. Am Ende der drei Minuten geht die Bombe hoch, wenn Sie nicht Ihren Schlüssel benutzen.«

»Und ich muß das selbst tun?«

Burton nickte. »Der Schlüssel besteht aus Stahl. Er ist leitend. Das Schloß verfügt über eine Einrichtung zum Messen des spezifischen Widerstands der Person, die den Schlüssel in der Hand hält. Die Anlage reagiert außerdem auf Körpergröße und insbesondere Gewicht, aber auch auf den Salzgehalt des Schweißes. Sie ist genau auf Ihre Werte eingestellt.«

»Ich bin also wirklich der einzige . . .«

»Ja, wirklich. Und Sie haben nur den einen Schlüssel. Es gibt da allerdings ein Problem, das die Sache kompliziert. Beim Bau wurden die Pläne nicht genau eingehalten. Wir haben den Fehler erst entdeckt, als alles fertig und der Sprengsatz bereits eingebaut war. Der Fehler besteht darin, daß wir drei Schalter zu wenig haben. Anstatt acht wurden nur fünf eingebaut.«

»Was hat das zu sagen?«

»Das bedeutet, daß Sie sich in dem Augenblick, in dem die Verseuchung einsetzt, unverzüglich zu einem der vorhandenen Schalter begeben müssen, weil sonst die Gefahr besteht, daß Sie in einem Abschnitt des Labors eingeschlossen werden, in dem es keinen solchen Schalter gibt. Im Falle einer Fehlanzeige der Bakteriendetektoren – wenn also irrtümlich eine positive Anzeige erfolgt – würde das Labor dann unnötig zerstört.«

»Das scheint mir ein recht ernster Fehler zu sein.«

»Die drei fehlenden Schalter sollen ohnehin im nächsten Monat eingebaut werden«, sagte Burton beruhigend. »Im Augenblick hilft uns das allerdings nicht viel. Denken Sie nur stets und ständig daran, dann kann überhaupt nichts passieren.«

Leavitt war auf der Stelle wach, stand auf und begann sich anzuziehen. Er war aufgeregt: Soeben war ihm eine Idee gekommen. Eine abwegige, eine verrückte Idee, und trotzdem verteufelt faszinierend.

Die Idee hatte am Ende seines Traums gezündet.

Er hatte von einem Haus geträumt und dann von einer Stadt – einer gewaltigen, kompliziert ineinander verschachtelten Stadt rings um das Haus. In dem Haus wohnte ein Mann mit seiner Familie. Er lebte und arbeitete in der Stadt, er fuhr hin und her, agierte und reagierte.

Und dann wurde die Stadt in seinem Traum plötzlich ausgelöscht. Wie anders dann alles wurde! Nur das Haus stand noch da, ein einzelnes Haus, ganz allein, ohne all die nötigsten Dinge: ohne Wasser, ohne Anschlüsse, ohne Strom, ohne Straßen. Und eine Familie, abgeschnitten von Geschäften, Schulen, Apotheke. Der Mann hatte zusammen mit vielen anderen in der Stadt gearbeitet, als Rädchen in einem großen Getriebe; jetzt war er plötzlich gestrandet.

Das Haus verwandelte sich in einen völlig anderen Organismus. Von da zum Wildfire-Organismus war nur ein einziger Schritt, ein einziger Gedankensprung . . .

Er mußte mit Stone darüber sprechen. Stone würde zwar wie üblich lachen – er lachte immer –, aber dann aufmerksam zuhören. Leavitt wußte, daß er für das Team gewissermaßen die Aufgabe des Ideenlieferanten übernommen hatte. Er war der Mann, von dem die unwahrscheinlichsten, ausgefallensten Theorien kommen mußten.

Nun, Stone würde sich zumindest dafür interessieren.

Leavitt sah auf die Uhr. 22 Uhr. Es ging auf Mitternacht zu. Eilig zog er sich an.

Er nahm einen neuen Papieranzug und fuhr mit den Füßen hinein. Das Papier fühlte sich auf der bloßen Haut kühl an. Dann plötzlich war es warm. Ein eigenartiges Gefühl. Er kleidete sich fertig an, stand auf und zog den Reißverschluß zu. Beim Hinausgehen sah er noch einmal auf die Uhr.

22.10 Uhr.

Großer Gott! dachte er.

Wieder war es geschehen. Diesmal hatte es sogar zehn Minuten gedauert. Was war inzwischen geschehen? Er konnte sich nicht daran erinnern. Aber während er sich angezogen hatte, waren zehn Minuten dahingegangen, einfach verschwunden. Zum Anziehen brauchte er doch höchstens dreißig Sekunden.

Er setzte sich noch einmal auf die Bettkante und dachte angestrengt nach. Er konnte sich an nichts erinnern.

Zehn Minuten – einfach weg.

Es war ein erschreckender Gedanke. Also war es wieder über ihn gekommen. Und er hatte doch gehofft, es werde nicht mehr vorkommen. Seit Monaten hatte er Ruhe gehabt. Aber jetzt, bei der Aufregung, dem ungeregelten Zeitablauf, der Unterbrechung seiner gewohnten Krankenhausroutine – jetzt ging das wieder los.

Im ersten Augenblick überlegte er, ob er es den anderen sagen sollte. Aber dann schüttelte er den Kopf. Er fühlte sich ganz wohl. Es würde nicht wieder vorkommen. Nein, es ging ihm ganz gut.

Er stand auf. Was wollte er doch? Richtig, mit Stone sprechen. Über irgend etwas Wichtiges und Aufregendes.

Worüber nur?

Es fiel ihm nicht mehr ein.

Die Idee, die Vorstellung, die Aufregung, alles war verschwunden. Weg, wie aus seinem Gedächtnis ausradiert.

Er wußte, daß er es eigentlich Stone sagen sollte, daß er alles zugeben mußte. Aber er wußte auch, was Stone sagen und tun würde, wenn er dahinterkam. Und er wußte auch, was das für seine Zukunft und für den Rest seines Lebens bedeutete, wenn das Unternehmen Wildfire erst einmal abgeschlossen war. Alles würde anders werden, wenn es die Leute erfuhren. Nie wieder konnte er sein normales Leben führen. Er mußte seinen Beruf aufgeben, etwas anderes anfangen, sich immer wieder neu anpassen. Er durfte nicht einmal mehr Auto fahren.

Nein, dachte er. Ich werde nichts sagen. Und es wird schon nicht wieder vorkommen. Ich darf nur nicht in blinkendes Licht schauen.

Jeremy Stone war müde. Aber er wußte, daß er jetzt ohnehin nicht einschlafen konnte. Er ging in den Korridoren des Labors auf und ab und dachte über die Vögel in Piedmont nach. Noch einmal ging er in Gedanken jede Einzelheit durch: wie sie die Vögel erblickt, sie mit Chlorazin vergast hatten, wie die Vögel gestorben waren. Er stellte sich jeden einzelnen Schritt vor.

Er hatte etwas übersehen. Und dieses Gefühl quälte ihn.

Die ganze Zeit über, die er in Piedmont selbst verbracht hatte, war dieses quälende Gefühl vorhanden gewesen. Dann hatte er nicht mehr daran gedacht. Bei der Mittagsbesprechung aber, als Hall über die Patienten berichtete, war es wieder dagewesen.

Hall hatte irgend etwas gesagt, irgendeine Tatsache erwähnt, die entfernt mit den Vögeln zu tun hatte. Aber was war das gewesen? Welcher Gedanke, welcher Wortlaut hatte diese Gedankenverbindung ausgelöst?

Stone schüttelte den Kopf. Er kam einfach nicht mehr dahinter. Die Hinweise, die Verbindung, die Schlüssel – alles war vorhanden, aber er konnte es nicht aus seinem Unterbewußtsein graben.

Er legte beide Hände an seinen Kopf, preßte ihn zusammen und verfluchte seinen Verstand, weil der sich so stur zeigte.

Stone war, wie so viele intelligente Männer, seinem eigenen Verstand gegenüber äußerst mißtrauisch. Er betrachtete ihn als ein hochqualifiziertes, aber auch sehr launisches Präzisionsinstrument. Nie überraschte es ihn, wenn dieses Gerät ihn einmal im Stich ließ. Aber gleichzeitig fürchtete er diese Augenblicke und haßte sie. In seinen düstersten Stunden zweifelte Stone die Nützlichkeit allen Denkens und aller Intelligenz an. Es gab sogar Zeiten, in denen er die Versuchsratten beneidete, mit denen er arbeitete. Ihre Hirne waren so einfach gebaut. Ganz gewiß fehlte ihnen die Intelligenz, die zur Selbstvernichtung nötig ist; diese Erfindung war nur dem Menschen zu eigen.

Oft hatte er deshalb behauptet, die menschliche Intelligenz bereite mehr Schwierigkeiten, als sie wert sei. Denn sie wirke mehr zerstörerisch als schöpferisch, mehr verwirrend als erleuchtend, mehr entmutigend als befriedigend, sei mehr böse als auf Menschenliebe eingestellt.

Manchmal sah er den Menschen mit seinem riesigen Gehirn als ein Gegenstück zu den Dinosauriern an. Jeder Schuljunge weiß, daß diese Schreckensechsen über sich selbst hinausgewachsen, daß sie zu groß und zu schwerfällig geworden waren, um noch lebensfähig zu sein. Ein Viertel des Blutes, das vom Herzen in die Adern gepumpt wird, geht ins Gehirn, das doch nur einen so kleinen Bruchteil des Körpergewichts ausmacht. Wenn das Gehirn noch größer wird, noch besser, dann wird es vielleicht noch mehr verbrauchen – vielleicht so viel, daß es wie eine Infektion über seinen Wirt herfallen und den Körper töten wird, der es beherbergt.

Vielleicht werden solche Gehirne in ihrer unendlichen Intelligenz aber auch einen Weg finden, einander und sich selbst zu vernichten. Wenn Stone manchmal in einer Ausschußsitzung des Außen- oder des Verteidigungsministeriums saß und sich am Konferenztisch umsah, hatte er nichts anderes vor Augen als ein Dutzend grauer, verschlungener Gehirne, die um den Tisch herumsaßen. Kein Fleisch und Blut, keine Hände, keine Finger, keine Augen. Keine Münder und keine Geschlechtsorgane – das alles war überflüssig.

Nur Gehirne. So saßen sie herum und bemühten sich, klüger zu sein als andere Gehirne, die um andere Konferenztische saßen. Idiotisch.

Er schüttelte den Kopf und sagte sich: Jetzt werde ich schon wie Leavitt, der auch immer auf so ausgefallene, so verrückte Gedanken kommt.

Und doch waren Stones Ideen logisch und folgerichtig. Wenn man sein Gehirn wirklich fürchtet und haßt, kommt man so weit, daß man es zu vernichten sucht. Das eigene und das anderer.

»Ich bin müde«, sagte er laut und sah auf die Wanduhr. Es war 23.40 Uhr. Bald Zeit für die Mitternachtsbesprechung.

21   Die Mitternachtsbesprechung

Sie trafen sich im gleichen Raum wie immer und saßen in der gleichen Sitzordnung zusammen. Stone betrachtete die anderen und bemerkte, wie müde sie waren. Keiner, auch er selbst nicht, bekam genug Schlaf.

»Wir strengen uns zu sehr an«, sagte er. »Wir brauchen nicht pausenlos zu arbeiten, und wir sollten es auch nicht tun. Wer müde ist, begeht Fehler. Denkfehler und Fehler bei der Arbeit. Wir werden bald anfangen, Sachen hinfallen zu lassen, die Dinge zu verdrehen und schlampig zu arbeiten. Und wir werden die falschen Schlüsse ziehen, zu unrichtigen Ableitungen gelangen. Das darf nicht passieren.«

Die anderen stimmten ihm zu, als er vorschlug, auf vierundzwanzig Stunden müßten jeweils sechs Stunden Schlaf kommen, was ganz vernünftig erschien, da es ja oben auf der Erde keine Probleme mehr gab – der Seuchenherd in Piedmont war durch die Atombombe erledigt.

Bei dieser Ansicht wären sie wohl auch geblieben, wenn Leavitt nicht vorgeschlagen hätte, ein Codewort zu beantragen: Sie hätten einen Organismus gefunden, der nun auch irgendwie bezeichnet werden müsse. Die anderen pflichteten ihm bei.

In einer Ecke des Besprechungsraums stand der Fernschreiber mit dem Verschlüßler. Er hatte den ganzen Tag geklappert und alle möglichen Nachrichten von draußen festgehalten. Das Gerät erlaubte eine zweiseitige Verbindung. Eingehende Mitteilungen wurden in Großbuchstaben, ausgehende in Kleinbuchstaben wiedergegeben.

Seit ihrer Ankunft im Stockwerk v hatte sich eigentlich niemand die Mühe gemacht, die Eingänge einmal zu sichten. Sie waren zu sehr beschäftigt gewesen, und außerdem handelte es sich überwiegend um militärische Meldungen, die Wildfire zwar auch erhielt, die das Labor aber nichts angingen. Wildfire gehörte eben mit zu dem Netz von Stationen der Cooler-Gruppe, das ironisch als die »Oberen Zwanzig« bezeichnet wurde. Diese zwanzig Leitungen, die im Keller des Weißen Hauses zusammenliefen, führten zu den zwanzig strategisch wichtigsten Punkten in den Vereinigten Staaten. Zu ihnen gehörten beispielsweise Vandenberg, Kennedy, NORAD, Patterson, Detrick und Virginia Key.

Stone setzte sich an den Fernschreiber und tippte die Mitteilung. Sie wurde über Computer in die Chiffrierzentrale geleitet, durch die alle angeschlossenen Stationen ihren Fernschreibverkehr abwickeln mußten.

Hier der Wortlaut:

```
erbitten eine freie leitung

VERSTANDEN LEITUNG OFFEN BITTE ANGABE WOHER

stone unternehmen wildfire

GEBEN SIE EMPFÄNGER AN

chiffrierzentrale

VERSTANDEN CHIFFRIERZENTRALE

es folgt nun die mitteilung

BITTE SCHREIBEN

haben außerirdischen organismus isoliert

der bei rückkehr von scoop sieben

eingeschleppt wurde

erbitten code für organismus

ende der mitteilung

IST WEITERGELEITET
```

Es folgte eine lange Pause. Der Fernschreiber summte und klickte, aber er druckte keinen Text. Dann begann er plötzlich eine lange Mitteilung auszuspucken.

```
HIER CHIFFRIERZENTRALE

ISOLIERUNG EINES NEUEN ORGANISMUS VERSTANDEN

ERBITTEN NÄHERE ANGABEN

ENDE
```

Stone runzelte die Stirn. »Aber wir wissen doch noch gar nicht genug.« Doch der Fernschreiber wurde ungeduldig:

ERBITTEN ANTWORT FÜR CHIFFRIERZENTRALE

Nach kurzem Überlegen gab Stone zurück:

mitteilung für chiffrierzentrale
organismus läßt sich zur zeit
noch nicht charakterisieren
schlage aber vorläufig einstufung als
bakterienart vor
ende

HIER CHIFFRIERZENTRALE

ERSUCHEN UM EINORDNUNG ALS BAKTERIUM
VERSTANDEN
KLASSIFIZIERUNG ALS NEUE KATEGORIE IM SYSTEM
NACH ICDA STANDARD LISTE
CODEBEZEICHNUNG IHRES ORGANISMUS WIRD LAUTEN
ANDROMEDA UNTER DER BEZEICHNUNG ANDROMEDA
ORGANISMUS BEI ICDA REGISTRIERT UNTER o.53.9
(NICHT SPEZIFIZIERTER ORGANISMUS)
FERNER REGISTRIERT UNTER E866 (FLUGZEUG-
UNFALL)
DAMIT WIRD BEKANNTEN KRITERIEN AM BESTEN ENTSPROCHEN

Stone lächelte. »Anscheinend lassen wir uns nur schwer in die bestehenden Kategorien einordnen.«
Er tippte zurück:

code bezeichnung andromeda verstanden
akzeptiert
ende
WEITERGELEITET

»Schön, das wär's also«, sagte Stone.

Burton hatte die Papierbahnen hinter dem Fernschreiber durchgesehen. Das Papier, das oben aus der Rolle in dem Gerät herauskam, fiel in einen Kasten. Darin lagen Dutzende von Metern Papier, die sich kein Mensch angesehen hatte.

Schweigend las er eine bestimmte Meldung, riß sie ab und reichte sie Stone.

```
1134/443/KK/Y-U/9

AN ALLE STATIONEN

STRENG GEHEIM


ANFORDERUNG DIREKTIVE 7-12 HEUTE BEI EXEKUTIVE

UND NAT SICHERHEITSRAT-COBRA EINGEGANGEN

ABSENDER VANDENBERG/WILDFIRE IN ZUSAMMENARBEIT

MIT NASA/AMC

ERSTVERANTWORTLICHER MANCHEK, ARTHUR, US-MAJOR

IN GEHEIMER SITZUNG WURDE BESCHLOSSEN DIREKTIVE

VORERST NICHT IN KRAFT TRETEN ZU LASSEN

ENDGÜLTIGE ENTSCHEIDUNG UM VIERUNDZWANZIG BIS

ACHTUNDVIERZIG STUNDEN AUFGESCHOBEN

DANN ERNEUTE BERATUNG

AUSWEICHMASSNAHME TRUPPENENTSENDUNG GEMÄSS

DIREKTIVE 7-11 BEREITS IN KRAFT

KEINE VERSTÄNDIGUNG

ENDE


AN ALLE STATIONEN

STRENG GEHEIM
```

Die Männer des Teams starrten die Mitteilung fassungslos an. Lange Zeit sprach niemand ein Wort. Endlich strich Stone mit dem Finger über die obere Kante des Blattes und sagte leise: »Das Fernschreiben trägt die Nummer 443. Das bedeutet ›dringend‹. Hier unten hätte also die Klingel anschlagen müssen.«

»Der Fernschreiber hier hat keine Glocke«, erwiderte Leavitt. »Nur der oben im Stockwerk I, Abteilung DELTA. Aber von dort aus müssen wir sofort verständigt werden, wenn eine . . .«

»Rufen Sie sofort DELTA an«, unterbrach ihn Stone.

Zehn Minuten später hatte der entsetzte Sergeant Morris für Stone die Verbindung mit Robertson hergestellt, dem Leiter des wissenschaftlichen Beirats des Präsidenten. Robertson hielt sich zur Zeit in Houston auf.

Stone unterhielt sich einige Minuten lang mit Robertson. Der drückte zunächst seine Verwunderung darüber aus, nicht früher etwas von Wildfire gehört zu haben. Dann folgte eine hitzige Diskussion über die Entscheidung des Präsidenten, die Direktive 7–12 aufzuschieben.

»Der Präsident traut den Wissenschaftlern nicht so recht«, sagte Robertson. »Er fühlt sich in ihrer Gegenwart ungemütlich.«

»Dann ist es Ihre Aufgabe, ihm dieses Gefühl zu nehmen«, sagte Stone. »Das haben Sie versäumt.«

»Jeremy . . .«

»Eine Verseuchung kann nur von zwei Stellen ausgehen«, fuhr Stone fort. »Von Piedmont und von diesem Labor. Wir hier verfügen über ausreichenden Schutz, aber Piedmont . . .«

»Jeremy, ich bin ja auch der Ansicht, daß man die Bombe hätte abwerfen sollen.«

»Dann bearbeiten Sie den Präsidenten. Lassen Sie nicht locker. Er soll 7–12 befehlen, und zwar so bald wie möglich. Vielleicht ist es jetzt schon zu spät.«

Robertson versprach es. Er werde zurückrufen. Bevor er auflegte, fragte er: »Habt ihr übrigens irgendwelche Ideen, was mit dem Phantomjäger passiert ist?«

»Mit wem?«

»Mit der Phantom, die in Utah abgestürzt ist.«

Es folgte ein Augenblick totaler Fassungslosigkeit, ehe das Wildfire-Team begriff, daß es noch eine weitere wichtige Mitteilung übersehen hatte.

»Ein routinemäßiger Übungsflug. Der Jäger ist aber vom Kurs abgekommen und in die Sperrzone eingeflogen. Es ist uns rätselhaft.«

»Keine weiteren Einzelheiten?«

»Der Pilot sagte noch etwas davon, daß sich der Schlauch seines Atemgeräts auflöst. Durch Vibration, oder so ähnlich. Seine letzte Meldung klang ziemlich wirr.«

»Als wäre er übergeschnappt?« fragte Stone.

»Ja, genau«, bestätigte Robertson.

»Ist denn jetzt eine Kommission an der Absturzstelle?«

»Ja, wir warten noch auf Meldung von dort. Die muß jeden Augenblick einlaufen.«

»Geben Sie alles an uns weiter«, sagte Stone. Dann kam ihm noch ein anderer Gedanke. »Wenn anstelle von 7–12 nur 7–11 befohlen wurde, dann haben sie doch Truppen in der Gegend von Piedmont stationiert?«

»Ja, Nationalgarde.«

»Dümmer geht's nicht mehr.«

»Hören Sie, Jeremy, ich bin ja auch der Meinung . . .«

»Wenn der erste Mann stirbt, möchte ich genau erfahren, wann und wie das geschehen ist«, sagte Stone. »Insbesondere aber *wo*. Der Wind weht vorherrschend aus östlicher Richtung. Wenn westlich von Piedmont die ersten Verluste eintreten . . .«

»Dann rufe ich sofort an, Jeremy«, sagte Robertson.

Nach dem Telefongespräch verließen die Männer den Besprechungsraum. Hall blieb noch ein paar Minuten zurück und ging ein paar Meldungen durch, die im Auffangkasten des Fernschreibers lagen. Das meiste davon war für ihn unverständlich, ein Gemisch sinnloser Worte und Codes. Nach einer Weile gab er es auf – und zwar noch bevor er auf die Wiedergabe einer Zeitungsmeldung über den seltsamen Tod des Polizeibeamten Martin Willis von der Autobahnpatrouille Arizona stieß.

22   Die Analyse

Unter dem neuerlichen Zeitdruck kam den Ergebnissen der
Spektrometrie und der Aminosäurenanalyse, die davor nur am
Rande interessiert hatten, plötzlich besondere Bedeutung zu. Von
diesen Analysen erhoffte man sich zumindest in großen Zügen
Aufschluß darüber, wie fremd der Andromeda-Organismus den
irdischen Lebensformen war.
Deshalb lasen Leavitt und Burton mit größtem Interesse die
Zahlenreihen, die der Computer auf grünem Papier ausdruckte:

```
DATEN MASSENSPECKTROMETRIE

AUSDRUCK

ANGABEN IN PROZENT

PROBE 1

SCHWARZES OBJEKT UNBEKANNTER HERKUNFT
```

H	HE					
21.07	0					

LI	BE	B	C	N	O	F
0	0	0	54,90	0	18.00	0

NA	MG	AL	SI	P	S	CL
0	0	0	00,20	-	01.01	0

K	CA	SC	TI	V	CR	MN	FE	CO	NI
0	0	0	-	-	-	-	-	-	-

CU	ZN	GA	GE		AS	SE	BR
-	-	0	0		0	00,34	0

```
ALLE SCHWEREREN METALLE NULL PROZENT
```

```
PROBE 2

GRUENES OBJEKT UNBEKANNTER HERKUNFT


H      HE
27.00  0
LI     BE  B  C      N       O      F
0      0   0  45.00  05.00   23.00  0


ALLE SCHWEREREN METALLE NULL PROZENT


ENDE AUSDRUCK
ENDE PROGRAMM


-STOP-
```

Was das bedeutete, war leicht zu verstehen. Der schwarze Stein
enthielt Wasserstoff, Kohlenstoff und Sauerstoff, ferner beträcht-
liche Mengen an Schwefel, Silizium und Selen sowie Spuren
anderer Elemente.

Der grüne Fleck enthielt Wasserstoff, Kohlenstoff, Stickstoff und
Sauerstoff. Sonst überhaupt nichts. Leavitt und Burton fanden es
sonderbar, daß Stein und grüner Fleck sich in der chemischen
Zusammensetzung so sehr ähnelten. Sonderbar war aber außerdem, daß der grüne Fleck Stickstoff enthielt, während der Stein
keine Spur davon aufwies.

Die Schlußfolgerung lag auf der Hand: Der »schwarze Stein«
war überhaupt kein Stein, sondern ein Stoff, der organischen
Substanzen auf der Erde ähnelte: Er war den irdischen Kunst-
stoffen verwandt.

Der grüne Fleck, der vermutlich Leben darstellte, enthielt ungefähr dieselben Elemente wie alles irdische Leben, sogar in ungefähr demselben Mengenverhältnis: Auch auf der Erde machen
die vier Elemente Wasserstoff, Kohlenstoff, Stickstoff und Sauerstoff 99 Prozent aller in den Lebewesen vorkommenden Elemente aus.

Die beiden Forscher fanden diese Ergebnisse ermutigend. Sie
besagten, daß es zwischen dem grünen Fleck und dem Leben auf

der Erde gewisse Ähnlichkeiten geben mußte. Diese Hoffnung war jedoch nur von kurzer Dauer; sie verflog, als sie sich der Aminosäurenanalyse zuwandten:

```
DATEN AMINOSAEUREN ANALYSE

AUSDRUCK
PROBE 1 - SCHWARZES OBJEKT UNBEKANNTER HERKUNFT
PROBE 2 - GRUENES OBJEKT UNBEKANNTER HERKUNFT
```

	PROBE 1	PROBE 2
NEUTRALE AMINOSAEUREN		
GLYCIN	☐☐.☐☐	☐☐.☐☐
ALANIN	☐☐.☐☐	☐☐.☐☐
VALIN	☐☐.☐☐	☐☐.☐☐
ISOLEUCIN	☐☐.☐☐	☐☐.☐☐
SERIN	☐☐.☐☐	☐☐.☐☐
THREONIN	☐☐.☐☐	☐☐.☐☐
LEUCIN	☐☐.☐☐	☐☐.☐☐
AROMATISCHE AMINOSAEUREN		
PHENYLALANIN	☐☐.☐☐	☐☐.☐☐
TYROSIN	☐☐.☐☐	☐☐.☐☐
TRYPTOPHAN	☐☐.☐☐	☐☐.☐☐
SCHWEFELHALTIGE AMINOSAEUREN		
CYSTIN	☐☐.☐☐	☐☐.☐☐
CYSTEIN	☐☐.☐☐	☐☐.☐☐
METHIONIN	☐☐.☐☐	☐☐.☐☐
ZYKLISCHE IMINOSAEUREN		
PROLIN	☐☐.☐☐	☐☐.☐☐
HYDROXYPROLIN	☐☐.☐☐	☐☐.☐☐

	PROBE 1	PROBE 2
SAURE AMINOSAEUREN		
ASPARAGINSAEURE	00.00	00.00
GLUTAMINSAEURE	00.00	00.00
BASISCHE AMINOSAEUREN		
HISTIDIN	00.00	00.00
ARGININ	00.00	00.00
LYSIN	00.00	00.00
HYDROXYLYSIN	00.00	00.00
AMINOSAEUREN TOTAL	00.00	00.00

ENDE AUSDRUCK

ENDE PROGRAMM

- STOP -

»Großer Gott!« rief Leavitt und starrte das Blatt an. »Hier, sehen Sie sich das mal an!«

»Keine Aminosäuren«, sagte Hall. »Kein Eiweiß.«

»Leben ohne Proteine«, sagte Leavitt und schüttelte den Kopf. Seine schlimmsten Befürchtungen wurden Wirklichkeit.

Auf der Erde haben sich die Organismen entwickelt, indem sie es fertigbrachten, auf engstem Raum biochemische Reaktionen mit Hilfe von aus Proteinen bestehenden Enzymen auszuführen. Die Biochemiker begannen gerade jetzt, diese Reaktionen nachzuahmen, allerdings nur, indem sie eine einzige Reaktion von den anderen trennten.

Bei lebenden Zellen ist das anders. In ihnen werden in molekularen Dimensionen Reaktionen durchgeführt, die Energie, Wachstum und Bewegung erzeugen. Eine Trennung gibt es dabei nicht. Diesen Vorgang kann der Mensch ebensowenig nachahmen, wie man ein großes Diner einschließlich Vor- und Nachspeisen in der Weise zubereiten kann, daß man sämtliche Zutaten in einen großen Topf wirft, sie umrührt, kochen läßt und dann hofft, am Schluß Apfeltorte von Käseschnitten trennen zu können.

Die Zellen bringen es mit Hilfe der Enzyme fertig, diese Hunderte von verschiedenen Reaktionen auseinanderzuhalten. Jedes Enzym wirkt dabei wie jeweils ein Koch, der nur eine bestimmte Aufgabe auszuführen hat: Ein Bäcker kann kein Steak grillen, und der Steak-Griller kann mit seinen Geräten keine Appetithappen herrichten.

Aber Enzyme werden noch in anderer Hinsicht gebraucht: Sie ermöglichen chemische Reaktionen, die sonst nicht stattfinden würden. Der Biochemiker kann diese Reaktionen nachahmen, indem er große Hitze, hohen Druck oder starke Säuren benutzt – extreme Bedingungen, die eine einzelne Zelle oder der menschliche Körper derart nicht ertragen könnte. Die Enzyme, diese Ehevermittler des Lebens, sorgen dafür, daß chemische Reaktionen bei Körpertemperatur und normalem atmosphärischem Druck ablaufen.

Die Enzyme sind also für das irdische Leben unentbehrlich. Wenn eine andere Lebensform gelernt hat, ohne sie auszukommen, dann muß sie eine vollkommen andere Entwicklung durchlaufen haben.

Man hatte es also bei »Andromeda« mit einem völlig fremdartigen Organismus zu tun.

Das wiederum bedeutete, daß die Analyse und das Unschädlichmachen viel, viel länger dauern würden.

In dem Labor mit der Aufschrift MORPHOLOGIE nahm Jeremy Stone die kleine Kunststoffkapsel, in die er die Probe des grünen Flecks eingebettet hatte, aus der Trockenkammer. Er spannte die nun erhärtete Kapsel fest in einen Schraubstock und schabte mit Hilfe eines Zahnarztbohrers so lange Plastik ab, bis er das grüne Material bloßgelegt hatte.

Diese heikle Aufgabe erforderte viele Minuten äußerst konzentrierter Arbeit. Als er damit fertig war, hatte er eine Pyramide aus Plastik geformt, die an ihrer Spitze den grünen Fleck trug.

Er öffnete den Schraubstock und nahm die Plastikpyramide heraus. Dann trug er sie hinüber zum Mikrotom, einem kreisenden Messer, das sehr dünne Scheiben Kunststoff mitsamt dem darin eingebetteten grünen Material abschnitt. Diese runden Scheiben fielen von dem Plastikbrocken in ein Gefäß mit Wasser.

Die Dicke der einzelnen Scheibe ließ sich danach beurteilen, wie sie das darauffallende Licht reflektierte: Schimmerte das Licht schwach silbrig, dann war die Scheibe zu dick. Wies es jedoch die Regenbogenfarben auf, dann hatte die Scheibe genau die richtige Dicke – einige Moleküle Mächtigkeit.

Das war die Dicke, die für das Elektronenmikroskop gebraucht wurde.

Als Stone ein geeignetes Präparat gefunden hatte, hob er es behutsam mit einer feinen Pinzette heraus und legte es auf ein kleines rundes Kupfergitter. Dieses Gitter wurde in einen kleinen Metallknopf eingesetzt. Dieser Knopf endlich kam in das Elektronenmikroskop, das danach wieder verschlossen wurde.

Das im Wildfire-Labor benutzte Elektronenmikroskop war ein Modell JJ-42 von BVJ, ein Hochleistungsgerät mit vorgesetztem Bildauflöser. Im Prinzip ist ein solches Elektronenmikroskop ein recht einfaches Gerät: Es funktioniert genau wie ein Lichtmikroskop, nur bündelt es anstatt eines Lichtstrahls eben einen Elektronenstrahl. Licht wird durch Linsen aus gewölbtem Glas gebündelt; Elektronen werden durch Magnetfelder gebündelt.

In mancher Hinsicht unterscheidet sich das Elektronenmikroskop kaum von einem Fernsehgerät; das Bild wird ebenfalls auf einen Leuchtschirm geworfen, eine beschichtete Fläche, die unter Elektronenbeschuß aufleuchtet. Der große Vorteil des Elektronenmikroskops besteht darin, daß es eine weitaus stärkere Vergrößerung zuläßt als jedes Lichtmikroskop. Die Erklärung dafür ist im Bereich der Quantenmechanik und der »Wellikel-Theorie« zu suchen. Die beste und zugleich einfachste Erklärung stammt von Sidney Polton, einem Experten für Elektronenmikroskope und begeisterten Rennfahrer.

Polton sagte: »Stellen Sie sich eine Straße mit einer scharfen Kurve vor. Stellen Sie sich weiter vor, Sie hätten zwei Fahrzeuge, einen Sportwagen und einen schweren Lastwagen. Wenn der Lastwagen versucht, die Kurve zu nehmen, rutscht er von der Straße. Der Sportwagen hingegen schafft sie mit Leichtigkeit. Warum? Der Sportwagen ist leichter, kleiner und schneller; er eignet sich besser für enge, scharfe Kurven. Bei sanften, langgezogenen Kurven sind beide Fahrzeuge gleich brauchbar, aber in scharfen Kurven bewährt sich der Sportwagen besser.

Genauso hat ein Elektronenmikroskop eine ›bessere Straßenlage‹ als ein Lichtmikroskop. Jeder Gegenstand besteht aus Ecken und Kanten. Ein Elektron hat eine kürzere Wellenlänge als ein Lichtquant. Es nimmt die Kurven enger, liegt besser auf der Straße und folgt ihr viel genauer. Mit einem Lichtmikroskop – wie mit einem Lastwagen – kann man nur eine breite Hauptstraße befahren. Auf ein Mikroskop übertragen heißt das, nur große Objekte mit großen Ecken und sanften Kurven: Zellen und Zellkerne. Aber ein Elektronenmikroskop kann auch den kleinen Nebenstraßen folgen und kleinste Strukturen innerhalb der Zelle wiedergeben – Mitochondrien, Ribosomen, Membramen und das Endoplasmatische Reticulum.«

In der Praxis weist das Elektronenmikroskop mehrere Nachteile auf, die der stärkeren Vergrößerung entgegenstehen. Erstens muß, da statt des Lichts Elektronen verwendet werden, im Mikroskop ein Vakuum herrschen. Das bedeutet, daß es nicht möglich ist, damit Lebewesen zu beobachten.

Der schwerste Nachteil liegt jedoch in den Schnittpräparaten. Die Schnitte müssen extrem dünn sein; so ist es schwierig, von dem beobachteten Objekt eine richtige dreidimensionale Vorstellung zu bekommen.

Auch hier verwendet Polton einen einfachen Vergleich: »Nehmen wir einmal an, wir schneiden ein Automobil in der Mitte auseinander. In diesem Falle kann man Rückschlüsse auf die Einheit, die ›ganze‹ Struktur ziehen. Schneidet man jedoch aus einem Automobil eine sehr dünne Scheibe heraus, noch dazu in einem ausgefallenen Winkel, kann das schon sehr viel schwieriger werden. Dieser Schnitt könnte beispielsweise nur ein Stückchen Stoßstange, Gummireifen und Glas enthalten. Es dürfte ziemlich schwierig sein, aus einem solchen Schnitt Rückschlüsse auf Form und Funktion der Gesamtstruktur zu ziehen.«

Stone war sich all dieser Nachteile bewußt, als er den Metallknopf in das Elektronenmikroskop einsetzte, es luftdicht verschloß und die Vakuumpumpe in Gang setzte. Aber obgleich er die Nachteile kannte, ignorierte er sie – weil ihm nichts anderes übrigblieb. Trotz aller Einschränkungen war das Elektronenmikroskop das einzige Hochleistungsgerät, das hier zur Verfügung stand.

Er dämpfte die Raumbeleuchtung und schaltete den Elektronenstrahl ein. Dann stellte er den Strahl an mehreren Kontrollen scharf ein. Einen Augenblick später erschien das Bild – grün und schwarz – deutlich auf dem Bildschirm.

Es war nicht zu fassen!

Jeremy Stone hatte die kleinste Einheit des Andromeda-Organismus vor Augen. Es handelte sich um ein genau gleichseitiges Sechseck, das nach jeder Seite hin mit anderen Sechsecken ver-

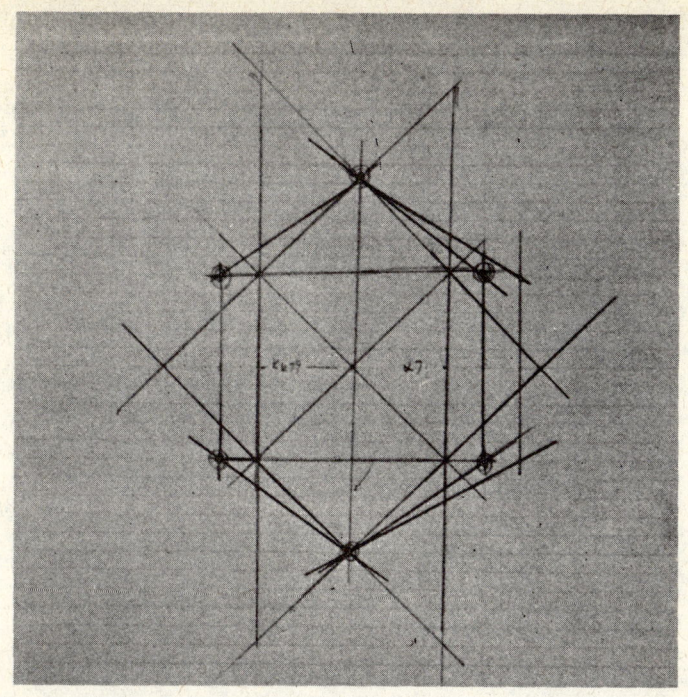

Erste Zeichnung von Jeremy Stone: Die hexagonale Struktur von
»Andromeda«
Mit freundlicher Genehmigung von Unternehmen Wildfire

bunden war. Das Innere des Sechsecks war in keilförmige
Abschnitte unterteilt, die sich im genauen Mittelpunkt der
Struktur trafen. Der Gesamteindruck war der einer mathematischen Präzision, wie sie bei irdischen Lebensformen nie auftritt.
Das Ding sah wie ein Kristall aus!
Er lächelte; das würde Leavitt gefallen. Leavitt hatte Spaß an
ausgefallenen Denkaufgaben. Außerdem hatte Leavitt schon
häufig von der Möglichkeit gesprochen, daß Leben auf irgendwelchen Kristallen beruhen, daß es in streng geordneter Form
auftreten könnte.
Er beschloß, Leavitt hinzuzuziehen.

Leavitt war kaum angekommen, da sagte er: »Nun, da haben wir unsere Antwort.«

»Die Antwort auf was?«

»Die Antwort auf die Frage, wie dieser Organismus funktioniert. Ich kenne inzwischen auch die Ergebnisse der Spektrometrie und der Aminosäurenanalyse.«

»Und?«

»Der Organismus setzt sich aus Wasserstoff, Kohlenstoff, Sauerstoff und Stickstoff zusammen. Aber er hat keinerlei Aminosäuren. Überhaupt keine. Das bedeutet, er besitzt keine Proteine, wie wir sie kennen, und auch keine Enzyme. Ich habe mich schon gefragt, wie er ohne Eiweißgrundlage existieren kann. Jetzt weiß ich es.«

»Die kristalline Struktur.«

»Sieht ganz so aus«, sagte Leavitt und blickte auf den Schirm. »Dreidimensional ist das vermutlich eine sechseckige Scheibe, wie eine Kachel. Aber mit acht Flächen, wobei jede Fläche ein Sechseck darstellt. Und im Innern führen diese kegelförmigen Abschnitte genau auf den Mittelpunkt zu.«

»Sie könnten sehr wohl zur Trennung biochemischer Funktionen dienen.«

»Ja«, sagte Leavitt und runzelte die Stirn.

»Ist etwas?«

Leavitt dachte nach. Er versuchte sich an etwas zu erinnern, das er vergessen hatte. Ein Traum. Ein Haus und eine Stadt. Nach einer Weile fiel es ihm allmählich wieder ein. Ein Haus in einer Stadt. Die Funktion des Hauses als separate Einheit, und die Funktion des Hauses im Rahmen der Stadt.

Alles fiel ihm wieder ein.

»Wissen Sie«, sagte er, »es ist interessant, wie diese Einheit hier mit den Nachbareinheiten verknüpft ist.«

»Sie meinen damit, daß wir vielleicht nur einen Teil eines größeren Organismus sehen?«

»Genau. Ist diese Einheit selbständig wie ein Bakterium, oder handelt es sich nur um ein Stück eines größeren Organs oder eines größeren Organismus? Schließlich kann man ja auch bei der Betrachtung einer einzelnen Leberzelle nicht auf das Organ schließen, aus dem sie stammt. Und was würde eine einzelne Gehirnzelle ohne das übrige Gehirn nützen?«

Stone sah den Bildschirm lange an. »Das sind zwei recht ungewöhnliche Vergleiche. Eine Leber kann sich nämlich regenerieren, sie kann nachwachsen, aber das Gehirn kann es nicht.«

Leavitt lächelte. »Die Boten-Theorie.«

»Dieser Gedanke drängt sich auf«, sagte Stone.

Die Boten-Theorie stammte von John R. Samuels, einem Ingenieur und Fachmann für Kommunikation. In einer Rede vor der Fünften Jahreskonferenz für Astronautik und Kommunikation hatte er über einige Theorien gesprochen, die sich mit der Frage befaßten, auf welche Weise eine fremde Kultur wohl mit anderen Kulturen in Verbindung treten könnte. Dabei führte er aus, daß auch die fortschrittlichsten Konzepte irdischer Nachrichtentechnik für diesen Zweck unzureichend seien und daß höher entwickelte Kulturen sicherlich bessere Methoden finden würden.

»Nehmen wir einmal an, eine Kultur weit draußen im Weltall möchte das Universum absuchen«, sagte er. »Nehmen wir an, diese Kultur möchte ihr Vorhandensein auf galaktischer Ebene kundtun. Sie möchte Informationen, Hinweise auf ihre Existenz, in alle Richtungen des Alls verbreiten. Was wäre dafür die beste Methode? Funk? Kaum. Funk wäre zu langsam, zu aufwendig und zu kurzlebig. Auch starke Signale schwächen sich schon nach wenigen Milliarden Kilometern ab. Fernsehen ist noch weniger geeignet. Das Ausschicken von Lichtsignalen ist immens kostspielig. Selbst wenn die betreffende Kultur die Fähigkeit besäße, ganze Sterne zur Explosion zu bringen – eine Sonne als eine Art Signal zu sprengen –, wäre es sehr kostspielig.

Abgesehen von den Kosten weisen all diese Methoden den bekannten Nachteil jeglicher Strahlung auf, nämlich das Abnehmen mit zunehmender Entfernung. Eine Glühbirne mag über eine Entfernung von drei Metern unerträglich hell sein; über dreihundert Meter hinweg kann sie immer noch hell leuchten; aus drei Kilometer Entfernung ist sie noch sichtbar. Aber aus einer Entfernung von einer Million Kilometern sieht man von ihr überhaupt nichts mehr, weil die Strahlungsenergie mit der vierten Potenz des Radius abnimmt. Das ist ein ebenso schlichtes wie unüberwindliches Gesetz der Physik.

Also bedient man sich zur Aussendung von Signalen nicht der Physik. Man schafft ein Nachrichtensystem, das mit der Entfernung nicht schwächer wird, sondern auch nach einer Million Kilometern immer noch so stark ist wie am Ausgangspunkt.

Kurz gesagt: Man schafft einen Organismus als Boten. Ein solcher Organismus könnte sich selbst erhalten und vermehren, er wäre billig und könnte in phantastischen Stückzahlen produziert werden. Für ein paar Dollar könnte man Trillionen solcher Organismen herstellen und nach allen Richtungen in den Raum hinausschicken. Es müßte sich allerdings um äußerst widerstandsfähige Keime handeln, die den Bedingungen im Raum standhalten und auch unter den extremen Verhältnissen dort wachsen, sich teilen und vermehren können. Innerhalb weniger Jahre würde es in der Galaxis ungezählte solcher Organismen geben, die nach allen Richtungen dahinrasen, bis sie irgendwo mit Leben in Berührung kommen.

Und wenn nun dieser Fall einträte? Dann wäre jeder einzelne Organismus imstande, sich zu einem ganzen Organ oder einem kompletten Lebewesen zu entwickeln. Beim ersten Kontakt mit Leben würde er beginnen, sich zu einem vollständigen Kommunikationsmechanismus auszuwachsen. Das wäre also so, als wenn man eine Milliarde Gehirnzellen ausstreute, jede einzelne imstande, unter gewissen Bedingungen wieder ein komplettes Gehirn zu bilden. Dieses neu entstandene Gehirn würde dann zu der neuentdeckten Kultur sprechen, sie vom Vorhandensein der anderen Kultur unterrichten und Wege aufzeigen, wie man miteinander in Verbindung treten könnte.«

Samuels Theorie des »Boten« – des nachrichtenübermittelnden Keims – war von den Praktikern milde belächelt worden. Nun aber konnte man sie nicht mehr so ohne weiteres vom Tisch wischen.

Stone fragte: »Glauben Sie wirklich, daß sich dieses Ding bereits zu einer Art von Kommunikationsorgan entwickelt?«

»Vielleicht erfahren wir durch die Kulturen mehr«, antwortete Leavitt.

»Oder durch die Röntgen-Strukturanalyse«, sagte Stone. »Ich werde sie gleich anfordern.«

Das Stockwerk v verfügte auch über die Einrichtungen zur Röntgen-Strukturanalyse, obwohl während der Planungsphase des Unternehmens Wildfire hitzige Diskussionen darüber entbrannt waren, ob eine solche Einrichtung zum Ermitteln der Kristall-Feinstruktur überhaupt nötig sei. Die Röntgen-Kristallographie stellt die fortschrittlichste, komplizierteste und kostspieligste Methode der Strukturanalyse in der modernen Biologie dar. Das Gerät hat eine gewisse Ähnlichkeit mit einem Elektronenmikroskop, stellt aber schon den nächsten Schritt in dieser Richtung dar. Es ist empfindlicher und kann tiefer in die Materie eindringen, allerdings nur auf Kosten eines höheren Aufwands an Zeit, Einrichtung und Personal.

Der Biologe R. A. Janek hat einmal gesagt: »Je größer das

Blickfeld, um so höher die Kosten.« Er wollte damit sagen, daß die Kosten für einen Apparat, mit dem der Mensch immer winzigere und schwächere Details zu erkennen vermag, rascher ansteigen als sein Auflösungsvermögen. Dieser unumstößliche Grundsatz aller Forschung wurde zuerst von den Astronomen entdeckt, die auf recht schmerzliche Weise lernen mußten, daß die Konstruktion eines Zweihundertzollspiegels weitaus schwieriger und teurer ist als die eines Hundertzollspiegels.

Das gilt auch für die Biologie. Ein Lichtmikroskop beispielsweise ist ein kleines Gerät, das ein Mensch leicht mit einer Hand tragen kann. Es macht eine einzelne Zelle sichtbar; dafür muß ein Forscher ungefähr tausend Dollar bezahlen.

Ein Elektronenmikroskop ist in der Lage, kleine Strukturen innerhalb der Zelle sichtbar zu machen. Aber das Elektronenmikroskop ist auch ein großer Kasten, der bis zu hunderttausend Dollar kostet.

Über die Leistung des Elektronenmikroskops hinaus kann man mit der Röntgen-Kristallographie einzelne Moleküle sichtbar machen – mit ihrer Hilfe kommt die Wissenschaft (sieht man einmal vom Feld-Elektronen- und -Ionenmikroskop ab) so nahe wie möglich an das Fotografieren einzelner Atome heran. Aber das Gerät dafür hat auch die Größe eines Autos. Es füllt einen ganzen Raum aus, erfordert zur Bedienung besonders ausgebildete Fachkräfte und braucht einen Computer, der seine Ergebnisse interpretiert.

Das liegt daran, daß die Röntgen-Feinstrukturanalyse nicht ein unmittelbares Abbild des untersuchten Objekts liefert. In diesem Sinne ist das Gerät auch kein Mikroskop, und es funktioniert zudem ganz anders als das Licht- oder Elektronenmikroskop.

Anstatt eines Bildes liefert es ein Beugungsmuster in Form sehr geheimnisvoll aussehender geometrisch angeordneter Punkte auf einer Fotoplatte. Der Computer kann sodann diese Punkte analysieren und von ihnen die Feinstruktur ableiten.

Es ist eine verhältnismäßig junge Wissenschaft, die sich des alteingeführten Namens Kristallographie bedient. Man benutzt heute nur noch selten Kristalle, und die Bezeichnung »Röntgen-Kristallographie« stammt noch aus jenen Zeiten, in denen man Kristalle als Testobjekte wählte: Wegen der regelmäßigen Struktur der Kristalle ließ sich das Punktemuster einer Röntgenaufnahme von einem Kristall leichter analysieren. In den letzten Jahren hat man auf diese Weise jedoch auch unregelmäßig geformte Objekte untersucht. Die Röntgenstrahlen werden dabei unter verschiedenen Winkeln abgelenkt; ein Computer kann die Fotoplatte »lesen« und die Winkel messen, und daraus kann er auf die Form des Objekts rückschließen, das derartige Abweichungen verursacht hat.

Die Wildfire-Computer übernahmen die endlosen, zeitraubenden Berechnungen. Müßte sie ein Mensch auf dem Papier anstellen, so würde das Jahre, vielleicht sogar Jahrhunderte dauern. Der Computer schaffte es innerhalb von Sekunden.

»Wie geht es Ihnen jetzt, Mr. Jackson?« fragte Hall.

Der alte Mann blinzelte und betrachtete Hall, der in seinem durchsichtigen Schutzanzug vor ihm stand.

»Ganz gut. Nicht gerade großartig, aber recht gut.«

Er versuchte ein schiefes Lächeln.

»Reicht's schon für eine kleine Unterhaltung?«

»Worüber?«

»Über Piedmont.«

»Was ist damit?«

»Es geht um den Abend, an dem das passiert ist«, sagte Hall.

»Ich will Ihnen mal was sagen. Ich hab' mein ganzes Leben in Piedmont zugebracht. Bin wohl ein bißchen herumgekommen – war mal in Los Angeles, einmal sogar droben in Frisco. Nach Osten hin bin ich bis nach St. Louis gekommen, und das hat mir auch gereicht. Aber in Piedmont, da war ich zu Hause. Und ich muß sagen . . .«

»Es geht um den Abend, an dem das passiert ist«, wiederholte Hall.

Jackson wandte den Kopf ab und murmelte: »Daran will ich nicht mal denken.«

»Sie müssen aber daran denken.«

»Nein.«

Nach einer ganzen Weile wandte er Hall wieder das Gesicht zu. »Sie sind alle tot, wie?«

»Nicht alle. Es gibt noch einen Überlebenden.« Er deutete mit einer Kopfbewegung auf das Bettchen neben Jackson.

Jackson blinzelte hinüber zu dem eingemummten Bündel.

»Wer ist das?«

»Ein Baby.«

»Baby? Muß wohl der Kleine von Ritters sein. Noch ziemlich jung, wie? Jamie Ritter.«

»Vielleicht zwei Monate.«

»Ja, das ist er. Ein kleiner Schreihals. Genau wie sein Alter. Der alte Ritter hat immer gleich Krach geschlagen, und der Kleine ist ganz genauso. Brüllt von früh bis spät. Die haben wegen der Schreierei nicht mal die Fenster aufmachen können.«

»Ist an Jamie irgend etwas ungewöhnlich?«

»Nein. Gesund wie ein Büffel – bis auf die Brüllerei. Ich weiß noch, daß er an dem Abend wie am Spieß geschrien hat.«

»An welchem Abend?« fragte Hall.

»An dem Abend, wo Charley Thomas das verdammte Ding reingeholt hat. Wir haben's natürlich alle gesehen. Ist wie einer von den Schwanzsternen runtergekommen, hell glühend, und nördlich von uns niedergegangen. Alle waren aufgeregt, und Charley Thomas ist rausgefahren, das Ding holen. Nach zwanzig Minuten hat er das Ding in seinem Ford Kombi mitgebracht. Ein brandneuer Wagen. Er ist mächtig stolz drauf.«

»Und was geschah dann?«

»Na, wir haben uns alle drumherum versammelt und uns das Ding aus der Nähe angeguckt. Haben uns gesagt, das muß wohl eine von den Raumkapseln sein. Annie hat gemeint, es kommt bestimmt vom Mars, aber so ist sie nun mal, die Annie. Mit der geht immer gleich die Phantasie durch. Wir andern haben nicht geglaubt, daß es vom Mars kommt. Wir haben uns gesagt: Das ist sicher so'n Ding von Kap Kennedy. Sie wissen doch, wo sie in Florida die Raketen hochschießen?«

»Ja, bitte weiter.«

»Also, wie wir so weit waren, haben wir nicht gewußt, was wir damit machen sollen. Wissen Sie, so was hat's in Piedmont noch nie gegeben. Ich meine – da war wohl mal 'n Tourist, der hat im Comanche Chief Motel mit 'nem Revolver rumgeballert; aber das war schon 1948, und außerdem war's ein GI, der zuviel gesoffen hatte, und es gab mildernde Umstände. Sein Mädchen ist ihm durchgebrannt, während er drüben in Deutschland oder irgendwo war. Keiner hat's ihm übelgenommen, wir haben verstanden, wie ihm war. Aber seitdem ist eigentlich nichts mehr passiert. Ein ruhiger Ort. Ich denke, deshalb gefällt's uns da auch so gut.«

»Und was geschah dann mit der Kapsel?«

»Na, wir haben nicht gewußt, was wir damit anstellen sollen. Al hat gesagt, wir sollen sie aufmachen, aber das ist uns nicht ganz richtig vorgekommen, es konnte ja wissenschaftlicher Kram drin sein. Also haben wir 'ne Weile überlegt. Und dann sagt Charley, der sie ja als erster gesehen hat, geben wir sie doch dem Doc, sagt er. Das ist Doc Benedict. Unser Arzt. Er versorgt alle in der ganzen Umgebung, sogar die Indianer. Aber sonst ist er 'n netter Kerl, und er war in 'ner Menge Schulen.Haben Sie die Urkunden an den Wänden bei ihm gesehen? Also, wir sagen uns, Doc Benedict, der weiß sicher, was man mit so 'nem Ding machen muß. Dann haben wir ihm die Kapsel gebracht.«

»Und was weiter?«

»Der alte Doc Benedict – so alt ist er eigentlich gar nicht –, also, Doc Benedict sieht sich das Ding ganz genau an, wie einen von seinen Patienten, und dann meint er, das Ding kommt aus dem Weltraum. Kann eins von unsern sein, kann aber auch von den andern sein. Er sagt, er will sich drum kümmern, bißchen rumtelefonieren und uns dann wieder Bescheid sagen. Wissen Sie, der Doc spielt am Montagabend immer mit Charley und Al und Herb Johnstone Poker, drüben bei Herb, und wir haben uns gesagt, von denen werden wir's schon erfahren. Außerdem war's Zeit zum Essen, und wir alle waren allmählich hungrig. Also haben wir das Ding beim Doc gelassen.«

»Wann war das?«

»So um halb acht herum.«

»Was hat Doc Benedict mit dem Satelliten gemacht?«

»Er hat ihn mit ins Haus genommen. Danach hat ihn keiner von uns mehr gesehen. Das war so zwischen acht und halb neun, wie das alles losgegangen ist, wissen Sie. Ich war drüben in der Tankstelle und hab' mich 'n bißchen mit Al unterhalten. Der hat an dem Abend Dienst gehabt. Ziemlich kühler Abend, aber ich hab' mich n' bißchen von den Schmerzen ablenken wollen. Ich wollte auch aus dem Automaten Soda haben, zum Aspirin-Runterspülen. Ich hab' Durst gehabt. Fusel macht furchtbar durstig, müssen Sie wissen.«

»Sie hatten an diesem Tag Sterno getrunken?«

»Ja, so um sechs Uhr rum, da hab' ich was getrunken.«

»Und wie fühlten Sie sich?«

»Na ja, wie ich bei Al war, hab' ich mich ganz wohlgefühlt. Bißchen schwindlig, und der Bauch hat mir wehgetan, aber sonst war mir ganz wohl. Al und ich haben in seiner Bude gesessen und geredet, wissen Sie, und da schreit er auf einmal: ›O Gott, mein Kopf!‹ Springt auf, rennt raus und fällt um. Mitten auf der Straße. Sagt kein Wort mehr. Ich hab' nicht gewußt, was ich davon halten soll. Hab' schon gedacht, er hat 'n Herzanfall oder 'n Schlag, aber dafür war er noch ziemlich jung, also bin ich ihm nachgerannt. Dann . . . Alle sind auf einmal rausgekommen. Ich glaube, Mrs. Langdon, die Witwe, das war die nächste. Dann weiß ich's nicht mehr, es waren so viele. Sind aus allen Haustüren rausgeströmt, jedenfalls hat's so ausgesehen. Jeder greift sich an die Brust und fällt um. Wie wenn sie bloß so ausrutschen. Aber sie stehen nachher nicht mehr auf. Und keiner sagt auch nur ein Wort.«

»Was haben Sie sich denn dabei gedacht?«

»Ich hab' gar nicht gewußt, was ich denken soll, alles war so komisch. Ich geb' gern zu, ich hab' Angst gehabt, aber ich hab' mich bemüht, ruhig zu bleiben. Das war natürlich unmöglich. Mein altes Herz fängt an zu klopfen, ich hab' geschnauft und gekeucht. Ich hab' mich gefürchtet. Hab' gedacht, jetzt sind sie alle tot. Dann hör' ich auf einmal das Baby schreien. Da weiß ich, daß wenigstens nicht alle tot sind. Und dann hab' ich den General gesehen.«

»Den General?«

»Ach, den nennen wir nur so. Er war gar kein General. War mal im Krieg und denkt gern dran. Ist auch älter als ich. Netter Kerl, dieser Peter Arnold. Sein ganzes Leben lang immer hart wie'n Felsbrocken. Der steht vor seiner Tür und hat seine Uniform an. Finster war's ja schon, aber der Mond hat geschienen. Da sieht er mich und fragt: ›Bist du's, Peter?‹ Wissen Sie, wir haben beide denselben Vornamen. Ich sag': ›Ja, ich bin's.‹ Da fragt er mich: ›Was, zum Teufel, ist eigentlich los? Kommen die Japse?‹ Das kommt mir furchtbar komisch vor. Wie kann er nur so was fragen? Er sagt weiter: ›Ich denke schon, es sind die Japse. Sie kommen und wollen uns alle umbringen.‹ Da frag' ich ihn: ›Peter‹, frag' ich, ›bist du übergeschnappt?‹ Er sagt, ihm ist schlecht. Dann geht er wieder rein. Natürlich muß er verrückt geworden sein, sonst hätte er sich ja nicht selber erschossen. Aber andere sind auch übergeschnappt. Das war diese Krankheit.«

»Woher wissen Sie das?«

»Na, wenn einer bei Verstand ist, dann verbrennt er sich doch nicht, oder er ertränkt sich nicht, wie? Bis zu diesem Abend waren es alle ganz normale, nette Leute. Dann haben sie anscheinend allesamt den Verstand verloren.«

»Was haben Sie gemacht?«

»Ich hab' mir gesagt: Peter, du träumst, hab' ich mir gesagt. Du hast zu viel getrunken. Ich bin also nach Hause gegangen und hab' mich ins Bett gelegt. Morgen früh geht's dir wieder besser, hab' ich mir gedacht. Aber so gegen zehn Uhr, da hör ich was brummen. Einen Wagen. Da bin ich wieder raus, weil ich sehen wollte, wer das ist. Wissen Sie, das war so ein Militärwagen. Mit

zwei Burschen drin. Ich geh' gerade auf sie zu – der Teufel soll
mich holen, da fallen die auch tot um. So was Unheimliches hab'
ich noch nie erlebt. Aber seltsam ist das doch.«
»Was ist daran seltsam?«
»Das war der einzige andere Wagen, der in der ganzen Nacht
vorbeigekommen ist. Normalerweise fahren 'ne Menge Wagen
durch.«
»Ist denn noch ein anderer Wagen durchgekommen?«
»Ja. Willis von der Autobahnpatrouille. Der ist fünfzehn oder
dreißig Sekunden vor dem ganzen Zirkus durchgekommen. Hat
aber nicht angehalten. Manchmal fährt er nur einfach durch.
Kommt drauf an, wie spät er dran ist. Wissen Sie, er muß sich bei
seiner Streife an einen genauen Plan halten.«
Jackson seufzte und ließ seinen Kopf auf das Kissen zurückfallen.
»Wenn Sie jetzt nichts dagegen haben«, sagte er, »möchte ich
jetzt 'n bißchen schlafen. Ich bin vom vielen Reden ganz fertig.«
Er schloß die Augen. Hall kroch durch die Verbindung zurück,
setzte sich an die Glasscheibe und betrachtete Jackson und das
Baby in dem Bettchen nebenan. Lange Zeit blieb er regungslos
sitzen und starrte in die Isolierkammer hinein.

23 Topeka

Die Halle hatte die Größe eines Fußballplatzes. Sie war spärlich
möbliert; nur ein paar vereinzelte Tische standen herum. Stimmen hallten durch den riesigen Raum, wenn die Techniker sich
beim Anordnen der Wrackteile untereinander durch Zurufe ver-
ständigten. In dieser Halle nahm die Untersuchungskommission
eine Rekonstruktion der Absturzsituation vor. Die verborgenen
Metalltrümmer wurden in dieselbe Lage gebracht, in der man sie
nach dem Aufprall der Phantom im Sand vorgefunden hatte.
Erst dann konnte eine eingehende Untersuchung beginnen.
Major Manchek stand müde und mit verschwollenen Augen in
einer Ecke. Er hielt einen Pappbecher Kaffee in der Hand und
sah den Technikern bei der Arbeit zu. Für ihn hatte diese Szene
etwas Surrealistisches: In einer großen, weißgekalkten Halle in
Topeka rekonstruierte ein Dutzend Männer einen Flugzeugabsturz.
Einer der Biophysiker kam mit einer durchsichtigen Plastiktüte in
der Hand auf Manchek zu. Er hielt sie ihm unter die Nase.

»Das ist gerade aus dem Labor gekommen«, sagte er.

»Was ist das?«

»Sie werden es nie erraten.« Die Augen des Mannes glitzerten erregt.

Na schön, dann werde ich es eben nicht erraten, dachte Manchek ärgerlich. »Also – was ist es?«

»Entpolymerisiertes Polymer«, antwortete der Biophysiker und schnalzte genüßlich mit den Lippen. »Gerade aus dem Labor angekommen.«

»Was für ein Polymer?«

Ein Polymer ist eine chemische Verbindung, in der sich viele Moleküle wiederholen: Sie baut sich aus Tausenden von gleichen Einheiten auf wie eine Lage Dominosteine. Die meisten Kunststoffe wie Nylon und Perlon, aber auch die Zellulose der Pflanzen und das Glykogen im menschlichen Körper sind Polymere.

»Dieses Polymer stammt von dem Kunststoff, der in dem Phantomjäger verwendet wurde. Die Atemmaske des Piloten. Wir haben es uns gedacht.«

Manchek legte die Stirn in Falten. Er betrachtete erstaunt das krümelige schwarze Pulver in der Tüte. »Kunststoff?«

»Ja. Ein entpolymerisiertes Polymer. Es hat sich aufgelöst. Aber das ist nicht die Auswirkung von Vibrationen. Es handelt sich um einen biochemischen Effekt, einen rein organischen Vorgang.«

Allmählich begriff Manchek. »Sie meinen, irgend etwas hat den Kunststoff auseinandergerissen?«

»Ja, so könnte man sagen«, erwiderte der Biophysiker. »Das ist natürlich eine grobe Vereinfachung, aber . . .«

»Was hat ihn auseinandergerissen?«

Der Mann zuckte die Achseln. »Es muß irgendeine chemische Reaktion gewesen sein. Vielleicht Säure. Oder starke Hitze. Oder . . .«

»Oder?«

»Ein Mikroorganismus, glaube ich. Wenn es einen gäbe, der Plastik frißt. Verstehen Sie, was ich damit meine?«

»Ja. Ich denke, ich verstehe, was Sie meinen.«

Er verließ die Halle und ging zu dem Fernschreiber, der in einem anderen Teil des Gebäudes untergebracht war. Dort schrieb er eine Mitteilung für das Wildfire-Team und gab sie dem Techniker zum Absetzen.

Während er warten mußte, fragte er: »Ist denn noch keine Antwort eingegangen?«

»Eine Antwort, Sir?« fragte der Techniker.

»Von Wildfire«, verdeutlichte Manchek. Es erschien ihm unfaß-
bar, daß niemand auf den Absturz des Phantomjägers reagierte.
Die Zusammenhänge lagen doch auf der Hand.
»Wildfire, Sir?« fragte der Techniker unsicher.
Manchek rieb sich die Augen. Er war müde. Und er mußte vor-
sichtig mit dem sein, was er sagte.
»Hat nichts zu sagen«, murmelte er. »Vergessen Sie's.«

Nach seiner Unterhaltung mit Peter Jackson suchte Hall Burton
auf. Der war im Autopsieraum und ging noch einmal seine Prä-
parate vom Vortag durch.
»Etwas gefunden?« fragte Hall.
Burton trat mit einem Seufzer vom Mikroskop zurück. »Nein.
Nichts.«
»Ich muß dauernd an die Geistesstörungen denken«, sagte Hall.
»Die Unterhaltung mit Jackson hat mich wieder darauf gebracht.
An diesem Abend sind in Piedmont viele Leute verrückt gewor-
den – oder zumindest reagierten sie verrückt und neigten zu
Selbstmord. Viele dieser Leute waren alt.«
»Und?« fragte Burton stirnrunzelnd.
»Alte Menschen sind wie Jackson«, fuhr Hall fort. »Vieles funk-
tioniert bei ihnen nicht mehr so richtig. Der Körper weist die
verschiedensten Defekte auf. Die Lungen sind angegriffen. Das
Herz ist geschwächt. Die Leber hat einen Knacks. Die Blutgefäße
sind verkalkt.«
»Und dadurch ändert sich der Krankheitsverlauf?«
»Vielleicht. Ich komme von diesem Gedanken nicht mehr los.
Wodurch wird ein Mensch so plötzlich geistesgestört?«
Burton schüttelte den Kopf.
»Da ist noch etwas«, sagte Hall. »Jackson erinnert sich, daß einer
kurz vor seinem Tode sagte: ›O Gott, mein Kopf!‹«
Burton starrte ins Leere. »Kurz vor dem Tod?«
»Unmittelbar davor.«
»Denken Sie an eine Blutung?«
Hall nickte. »Sieht ganz danach aus. Man sollte diese Möglichkeit
wenigstens überprüfen.«
Wenn die Andromeda-Organismen aus irgendeinem Grunde
eine Blutung im Hirn hervorriefen, konnte es leicht zu plötzli-
chen, ungewöhnlichen Geistesstörungen kommen.
»Aber wir wissen doch, daß der Organismus eine Gerinnung . . .«
»Ja«, unterbrach ihn Hall. »Bei den meisten Opfern. Aber nicht
bei allen. Einige bleiben am Leben. Andere werden verrückt.«

Burton nickte. Dann wurde er plötzlich ganz aufgeregt. Angenommen, der Organismus greift die Blutgefäße an. Eine solche Schädigung muß die Gerinnung auslösen. Sobald die Wand eines Blutgefäßes reißt oder angeschnitten wird oder verbrennt, setzt auf der Stelle die Gerinnung ein. Zuerst legen sich Blutplättchen um die Verletzung, schützen die Stelle und verhindern Blutverluste. Dann sammeln sich die roten Blutkörperchen an. Danach verbindet ein Netz aus Fibrin all diese Elemente. Schließlich verfestigt sich die geronnene Masse.

Das ist der normale Ablauf.

Aber wenn es sich um eine ausgedehnte Schädigung handelt, die an den Lungen beginnt und sich von dort ausbreitet . . .

Hall fuhr fort: »Ich frage mich, ob unser Organismus nicht die Gefäßwände angreift. In diesem Fall würde er die Gerinnung auslösen. Wird die Gerinnung jedoch bei einzelnen Personen verhindert, dann frißt der Organismus vielleicht weiter und verursacht bei diesen Opfern innere Blutungen.«

»Und Geistesstörungen«, sagte Burton. Er suchte hastig in seiner Sammlung von Glasscheibchen. Er fand drei vom Gehirn und prüfte sie.

Kein Zweifel.

Der pathologische Befund war eindeutig. In die innersten Schichten der cerebralen Blutgefäße waren kleine grüne Flecken eingelagert. Burton zweifelte nicht daran, daß sie – bei stärkerer Vergrößerung betrachtet – eine sechseckige Form aufweisen würden.

Rasch suchte er weitere Proben von Blutgefäßen der Lunge, Leber und Milz heraus. In einigen Fällen entdeckte er grüne Einlagerungen in den Gefäßwänden, aber nie so ausgedehnt wie in den Gefäßen des Gehirns.

Der Andromeda-Organismus schien eine Vorliebe für das cerebrale Gefäßsystem zu hegen. Der Grund hierfür ließ sich unmöglich feststellen; immerhin war es bekannt, daß die Adern des Gehirns in verschiedener Hinsicht Besonderheiten aufweisen. So zum Beispiel bleibt das Gefäßsystem im Gehirn unter Bedingungen, bei denen sich normale Blutgefäße ausdehnen oder verengen – bei extremer Kälte oder Überanstrengung –, unverändert; sie versorgen das Gehirn weiterhin gleichmäßig mit Blut. Unter Belastung kann sich die Blutzufuhr zu einem Muskel um das Fünf- bis Zwanzigfache erhöhen. Aber das Gehirn wird stets gleichmäßig versorgt, ob sein Besitzer nun ein Examen durchsteht oder schläft, ob er Holz hackt oder fernsieht. Jede Minute, jeden

Tag, jede Nacht wird dem Gehirn dieselbe Blutmenge zugeführt. Die Wissenschaft weiß nicht, warum das geschieht, und sie weiß auch nicht, wie die Gehirngefäße diesen Steuerungsprozeß bewerkstelligen. Doch das Phänomen ist bekannt, und die cerebralen Gefäße gelten als Sonderfall unter den Arterien und Venen des Körpers. Etwas an ihnen unterscheidet sie eindeutig von anderen Gefäßen.

Und nun war ein Organismus aufgetaucht, der gerade sie bevorzugt zerstörte.

Aber je länger Burton darüber nachdachte, um so weniger außergewöhnlich erschien ihm die Wirkungsweise des Andromeda-Organismus. Syphilis zum Beispiel ruft eine Entzündung der Aorta hervor – auch das ist eine sehr spezifische, ungewöhnliche Reaktion. Schistosomiase, eine Parasitenkrankheit, zeigt eine Vorliebe für Blase, Darm und Dickdarmgefäße, je nach Art des Befallenen. Ein ähnlich spezifischer Befall war also nicht ausgeschlossen.

»Aber da taucht noch ein weiteres Problem auf«, sagt er. »Wir wissen, daß die Gerinnung bei den meisten Leuten in den Lungen einsetzte. Vermutlich beginnt dort auch die Gefäßzerstörung. Der Unterschied . . .«

Er hielt inne.

Die Ratten fielen ihm ein, die er mit Gerinnungshemmern behandelt hatte. Sie waren zwar auch eingegangen, aber er hatte sie nicht seziert.

»Großer Gott!« stieß er hervor.

Er holte rasch eine der Ratten aus dem Kühlfach und öffnete sie. Sie blutete. Schnell führte er einen Schnitt über den Schädel und legte das Gehirn frei. Hier fand er eine ausgedehnte Blutung, die sich über die graue Oberfläche des Gehirns erstreckte.

»Da haben Sie's«, sagte Hall.

»Wenn das Tier normal ist, stirbt es an der von den Lungen ausgehenden Gerinnung. Wird die Gerinnung verhindert, dann zerstört der Organismus die Blutgefäße im Hirn, und es kommt zu einer Hämorrhagie . . .«

»Und zum Irrsinn.«

»Ja.« Burton konnte nun seine Erregung kaum noch meistern. »Die Koagulation kann durch irgendeine abweichende Zusammensetzung des Blutes verhindert werden. Oder durch einen Mangel an Vitamin κ. Durch ein Syndrom von Absorptionsstörungen. Mangelhafte Leberfunktion. Beeinträchtigung der Proteinsynthese. Ein Dutzend verschiedener Ursachen ist denkbar.«

»Die man mit größerer Wahrscheinlichkeit bei älteren Menschen antrifft«, sagte Hall.

»Hat Jackson denn irgend etwas davon?«

Hall überlegte lange, dann antwortete er: »Nein. Seine Leber ist angegriffen, aber nicht entscheidend gestört.«

Burton seufzte. »Dann sind wir wieder genau dort, wo wir angefangen haben.«

»Nicht ganz. Sowohl Jackson als auch der Säugling sind nämlich am Leben geblieben. Bei ihnen kam es, soweit wir wissen, zu keiner Blutung, sie blieben von der Krankheit unberührt. Vollkommen unberührt.«

»Was soll das heißen?«

»Das soll heißen, daß bei ihnen irgendwie der primäre Prozeß verhindert wurde, nämlich das Eindringen der Organismen in die Gefäßwände des Körpers. Der Andromeda-Organismus ist gar nicht in die Lungen gelangt, auch nicht ins Hirn. Er konnte nicht eindringen.«

»Aber warum nicht?«

»Das werden wir genau wissen«, sagte Hall, »sobald wir herausgefunden haben, in welcher Hinsicht ein neunundsechzigjähriger Fuselsäufer mit einem Magengeschwür einem zwei Monate alten Säugling gleicht.«

»Einer scheint jedenfalls so ziemlich das Gegenteil vom andern zu sein«, sagte Burton.

»Ja, so scheint es, nicht wahr?«

Erst Stunden später sollte ihm aufgehen, daß Burton ihm die Lösung des Rätsels gegeben hatte.

Allerdings eine Lösung, die wertlos war.

24 Auswertung

Sir Winston Churchill hat einmal gesagt: »Das wahre Genie zeigt sich in der Fähigkeit, ungewisse und bedenkliche Informationen richtig auszuwerten.« Seltsam am Wildfire-Team war, daß es, trotz aller Brillanz der Mitglieder im einzelnen, als Gruppe die vorhandene Information in mehreren Punkten völlig falsch beurteilte.

Man muß dabei an Montaignes bissige Bemerkung denken: »Menschen, die unter Druck stehen, sind Narren, die sich selbst etwas vormachen.« Das Wildfire-Team arbeitete sicherlich unter erheblichem Druck, aber man war auch auf Fehler vorbereitet. Die Männer hatten sogar vorausgesagt, daß sich Fehler einschleichen würden.

Was sie nicht vorhersehen konnten, war das bestürzende Ausmaß ihres folgenschweren Irrtums. Sie konnten nicht damit rechnen, daß sich ihr Fehler schließlich zusammensetzen würde aus einem Dutzend übersehener Fingerzeige, aus einer Handvoll entscheidender Fakten, die man beiseite geschoben hatte.

Das Team hatte, was auch das Auge hat: einen blinden Fleck. Stone drückte es später so aus: »Wir waren ganz auf unser Problem eingestellt. Alles, was wir taten, war darauf gerichtet, eine Lösung zu finden, ein Mittel gegen die Andromeda-Krankheit. Und wir waren natürlich auf das fixiert, was in Piedmont geschehen war. Wir hatten das Gefühl, daß es keine Lösung geben konnte, wenn wir nicht eine fänden – und daß dann die ganze Welt so enden müßte wie Piedmont. Jeder andere Gedanke erschien uns als abwegig.«

Bei den Kulturen begann dann der Irrtum ernste Ausmaße anzunehmen.

Stone und Leavitt hatten von der Kapsel Tausende von Proben für Kulturen entnommen. Diese waren einer Vielzahl unterschiedlicher Bedingungen hinsichtlich Atmosphäre, Temperatur und Druck ausgesetzt worden. Die Ergebnisse konnte nur noch ein Computer analysieren.

Nach dem Programm WACHSTUM-TRANSMATRIX druckte der Computer nicht das Ergebnis aller möglichen Wachstumskombinationen aus, sondern nur die signifikant positiven und negativen Ergebnisse. Zuvor hatte er jede einzelne Petrischale automatisch gewogen und jede entstandene Kolonie mit Hilfe seines fotoelektrischen Auges begutachtet.

Als sich Stone und Leavitt daranmachten, die Ergebnisse zu sichten, entdeckten sie mehrere überraschende Trends. Die erste Folgerung war, daß der Nährboden überhaupt keine Rolle spielte: Der Organismus gedieh gleich gut auf Zucker, Blut, Schokolade, reinem Agar oder blankem Glas.

Wohl aber war die Zusammensetzung des Gases, das auf die Proben eingewirkt hatte, ebenso entscheidend wie das Licht.

Ultraviolettes Licht förderte unter sämtlichen Bedingungen das Wachstum. Völlige Dunkelheit – in geringerem Maße auch infrarotes Licht – hemmte das Wachstum.

Sauerstoff hemmte das Wachstum in allen Fällen, während Kohlendioxid anregend wirkte. Stickstoff hatte keinerlei Wirkung.

Die besten Wachstumsergebnisse waren demnach in hundertprozentig reinem Kohlendioxid bei ultravioletter Bestrahlung erzielt worden. Das schwächste Wachstum zeigte sich in reinem Sauerstoff bei völliger Dunkelheit.

»Was halten Sie davon?« fragte Stone.

»Sieht nach reiner Umsetzung aus«, sagte Leavitt.

»Ich weiß nicht recht.«

Stone gab dem Computer die Koordinaten für einen Wachstumstest bei geschlossenem Stoffkreislauf ein. Bei einem solchen Test wird der bakterielle Stoffwechsel untersucht, indem man die Aufnahme von Gasen und Nährstoffen sowie die ausgeschiedenen Abfallprodukte mißt. Durchgeführt wird das in einem völlig abgeschlossenen Gefäß. In einem solchen System wird zum Beispiel eine Pflanze Kohlendioxid aufnehmen und Wasser sowie Sauerstoff ausscheiden.

Doch bei der Untersuchung der Andromeda-Organismen fanden sie etwas ganz Ungewöhnliches heraus: Der Organismus lieferte keinerlei Abbauprodukte. In einem Brutraum, der nur Kohlendioxid bei Ultraviolett-Licht enthielt, wuchs er gleichmäßig, bis alles Kohlendioxid aufgebraucht war. Dann hörte das Wachstum auf. Und es waren nicht die geringsten Ausscheidungen nachweisbar, weder in Form von Gas noch von irgendwelchen Abfallstoffen.

Keinerlei Abfall.

»Extremer Wirkungsgrad«, bemerkte Stone.

»Das war zu erwarten«, erwiderte Leavitt.

Dieser Organismus hatte einen denkbar hohen Grad von Anpassung an seine Umwelt erreicht: Er verbrauchte alles und vergeudete nichts. Das waren die perfekten Voraussetzungen für die Existenz im leeren Raum.

Stone dachte eine Weile darüber nach. Dann schlug es bei ihm ein wie eine Bombe. Gleichzeitig zündete es auch bei Leavitt.

»Großer Gott!«

Leavitt griff bereits nach dem Telefon. »Verbinden Sie mich mit Robertson«, sagte er. »Aber sofort.«

»Unglaublich«, sagte Stone leise. »Kein Abfall. Der Organismus braucht keinen Nährboden. Er kann wachsen, wenn Kohlenstoff, Sauerstoff und Sonnenlicht vorhanden sind. Punkt.«

»Hoffentlich sind wir nicht zu spät dran«, sagte Leavitt und betrachtete ungeduldig den Bildschirm am Schaltpunkt des Computers.

Stone nickte. »Wenn dieser Organismus wirklich Materie in

```
0000000000000000000000000000000000000000000000000000000000000000000000000000
00000000000000000000000000000.................0000000000000000000000000000000
00000000000000000000000000.................00000000000000000000000000000000
0000000000000000000000000.............112211.........00000000000000000000000
00000000000000000000000.............11233211.......00000000000000000000000
00000000000000000000...........11223321.......000000000000000000000000
0000000000000000000...........11221.........000000000000000000000000
000000000000000000..........11.........000000000000000000000000
00000000000000000.................00000000000000000000000000
0000000000000000.................000000000000000000000000
0000000000000000.................00000000000000000000000
0000000000000000.................00000000000000000000000
0000000000000000..........11.........00000000000000000000
0000000000000000.........112221.........00000000000000000000
000000000000000..........11234432221.........00000000000000000000
000000000000000.........122345677654321.........00000000000000000000
0000000000000000.......12234567887765421.......00000000000000000000
0000000000000000......12334567899876543221.......0000000000000000000
0000000000000000.......12344556788998765432.........0000000000000000000
0000000000000000.......123455678898765431.........00000000000000000000
0000000000000000.......112356776785421.........00000000000000000000
00000000000000000.......11234564321.........0000000000000000000000
000000000000000000......123221.............00000000000000000000000
0000000000000000000......1221.............0000000000000000000000000
00000000000000000000.....11.........0000000000000000000000000
0000000000000000000000000.............00000000000000000000000000000
00000000000000000000000000000000000000000000000000000000000000000000
```

KULTUR - 778.223.187

ANDROMEDA

LOESUNG - 779

ATMOSPHAERE - 223

BELEUCHTUNG - L87 UV/STARK

ENDERGEBNIS ABTASTUNG

Beispiel eines ausgedruckten Ergebnisses der Abtastung durch das
fotoelektronische Auge, das alle Nährböden untersuchte. In der kreis-
runde Petrischale stellte der Computer zwei voneinander getrennte
Mikrobenkulturen fest. Die Kulturen werden in Abschnitten von jeweils
zwei Qudratmillimetern »abgelesen« und je nach der Bewuchsdichte
nach einer von 1 bis 9 reichenden Skala eingestuft.

Energie und Energie in Materie umsetzt, und zwar direkt, dann
funktioniert er wie ein kleiner Reaktor.«
»Und eine Atomexplosion . . .«
Der Schirm leuchtete auf. Er zeigte Robertson. Der sah müde aus
und rauchte eine Zigarette.
»Jeremy, Sie müssen mir Zeit lassen. Es ist mir noch nicht
gelungen, damit durchzukommen . . .«

216

»Hören Sie«, unterbrach ihn Stone. »Sie müssen dafür sorgen, daß die Direktive 7–12 nicht in Kraft gesetzt wird. Das ist ganz außerordentlich wichtig: Dort, wo es diese Organismen gibt, darf es unter keinen Umständen zu einer Atomexplosion kommen. Das wäre das Allerletzte in der Welt – und zwar buchstäblich –, was wir wollen.«

Er erklärte kurz, was er gefunden hatte.

Robertson stieß einen Pfiff aus. »Dann würden wir dem Organismus also einen phantastisch reichhaltigen Nährboden liefern.«

»Genau das«, sagte Stone.

Das Problem eines günstigen Nährbodens bereitete dem Wildfire-Team besonderes Kopfzerbrechen. So ist es beispielsweise bekannt, daß es unter normalen Bedingungen gewisse Grenzen des Wachstums und ein gewisses Gleichgewicht gibt. Dadurch wird dem üppigen Wuchern von Bakterien Einhalt geboten.

Rechnet man einmal aus, was bei einem ungezügelten Wachstum herauskäme, so gelangt man zu erschreckenden Ergebnissen. Eine einzige Zelle des Bakteriums *Escherichia coli* kann sich unter idealen Bedingungen alle zwanzig Minuten teilen. Auf den ersten Blick sieht das nicht sehr besorgniserregend aus. Aber Bakterien vermehren sich in geometrischer Progression: Aus einer Zelle werden zwei, aus zwei vier, dann acht und so weiter. Wenn man das weiter durchrechnet, läßt sich beweisen, daß eine Zelle von *Escherichia coli* an einem einzigen Tag eine Superkultur bilden kann, so groß und so schwer wie unser ganzer Planet Erde.

Doch dazu kommt es nie, und zwar aus einem einleuchtenden Grund: Das Wachstum kann nicht endlos unter »idealen Bedingungen« weitergehen. Die Nahrung geht aus. Der Sauerstoff ist verbraucht. Die Gegebenheiten innerhalb der Kultur ändern sich und hemmen das weitere Wachstum des Organismus.

Hätte man es andererseits mit einem Organismus zu tun, der in der Lage ist, Materie direkt in Energie umzuwandeln und Energie in Materie, und würde man ihm einen reichlichen Vorrat an Energie bieten – zum Beispiel eine Kernexploison . . .

»Ich werde Ihre Empfehlung an den Präsidenten weiterleiten«, versprach Robertson. »Er wird sich freuen, wenn er erfährt, daß seine Entscheidung hinsichtlich 7–12 richtig war.«

»Beglückwünschen Sie ihn in meinem Namen zu seinem wissenschaftlichen Weitblick«, sagte Stone.

Robertson kratzte sich den Kopf. »Ich habe jetzt weitere Unterlagen über den Phantom-Absturz vorliegen. Es hat ihn westlich von Piedmont in einer Höhe von über siebentausend Metern erwischt. Die Untersuchungskommission hat jetzt Beweise für die Auflösungserscheinungen gefunden, von denen der Pilot sprach. Bei dem zerstörten Material handelt es sich um eine Art von Kunststoff. Er wurde entpolymerisiert.«

»Was schließt die Untersuchungskommission daraus?«

»Sie haben keine Ahnung, was sie davon halten sollen«, gab Robertson zu. »Und da ist noch etwas. Man hat ein paar Knochenreste gefunden, die als menschliche Gebeine identifiziert wurden. Ein Stück vom Oberarm und eins vom Schienbein. Sie fallen dadurch auf, daß sie völlig blank sind – wie poliert.«

»Ist das Fleisch weggebrannt?«

»Sieht nicht so aus«, sagte Robertson.

Stone sah Leavitt fragend an.

»Wie sieht es denn aus?«

»Wie sauber polierte Knochen«, sagte Robertson. »Den Fachleuten kommt das verdammt unheimlich vor. Und noch etwas. Wir haben uns bei der Nationalgarde rings um Piedmont erkundigt. Die Hundertzwölfte ist in einem Umkreis von hundert Meilen stationiert. Es stellte sich heraus, daß sie bei Streifgängen bis auf fünfzig Meilen an Piedmont herangekommen sind. Keine Todesfälle.«

»Keine? Sind Sie ganz sicher?«

»Völlig.«

»Haben sich Menschen in dem Gebiet aufgehalten, das der Phantomjäger überflogen hat«?

»Ja. Zwölf. Sie haben sogar gemeldet, daß sie die Maschine gesichtet haben.«

Leavitt sagte: »Sieht ganz danach aus, als ob der Absturz ein dummer Zufall gewesen ist.«

Stone nickte und sagte zu Robertson: »Ich bin geneigt, Peter recht zu geben. Da es unten auf dem Boden zu keinen Ausfällen gekommen ist . . .«

»Vielleicht ist das Zeug nur in den oberen Luftschichten.«

»Vielleicht. Aber eines wissen wir zumindest: auf welche Weise die Andromeda-Organismen töten. Durch Gerinnung. Es gibt dabei keine Zersetzung, kein Polieren von Knochen oder ähnliches dummes Zeug. Nur das Blut gerinnt.«

»Na schön«, sagte Robertson. »Dann vergessen wir den Flugzeugabsturz vorerst einmal.«

Damit beendeten sie das Gespräch.

Stone sagte: »Ich denke, wir sollten unsere Kulturen von dem Organismus lieber auf biologische Potenz überprüfen.«

»Eine Ratte damit anstecken?«

Stone nickte. »Trotz allem möchte ich feststellen, ob er noch virulent ist. Ob er noch derselbe ist.«

Leavitt stimmte ihm zu. Man mußte darauf achten, ob dieser Organismus nicht mutierte und sich dabei in etwas verwandelte, was radikal andere Wirkungen zeigte.

Als sie gerade mit dem Test anfangen wollten, klang es aus den Lautsprechern in Stockwerk v: »Dr. Leavitt. Dr. Leavitt.«

Leavitt meldete sich. Auf dem Bildschirm erschien ein netter junger Mann in weißem Laborkittel.

»Ja?«

»Dr. Leavitt, wir haben Ihre Elektroenzephalogramme vom Computer zurückbekommen. Ich bin zwar sicher, daß es sich um einen Irrtum handelt, aber . . .«

Er ließ den Satz in der Luft hängen.

»Und?« fragte Leavitt. »Stimmt etwas nicht?«

»Hm – Sir, Ihr Ergebnis wurde mit Stufe vier atypisch, vermutlich gutartig, angegeben. Wir möchten trotzdem noch eine weitere Aufnahme machen.«

Stone sagte: »Dabei kann es sich doch nur um einen Irrtum handeln.«

»Ja«, sagte Leavitt. »Das muß ein Irrtum sein.«

»Zweifellos«, sagte der junge Mann. »Aber wir möchten doch sicherheitshalber noch ein weiteres EEG aufnehmen.«

»Ich habe gerade jetzt ziemlich viel zu tun«, sagte Leavitt.

Stone schob ihn beiseite und wandte sich an den Techniker. »Dr. Leavitt wird ein zweites EEG aufnehmen lassen, sobald er dazu Zeit hat.«

»Sehr gut, Sir«, sagte der junge Mann.

Als der Schirm wieder erloschen war, sagte Stone: »Diese verdammte Routine kann einem wirklich auf die Nerven gehen.«

Sie wollten gerade mit der biologischen Untersuchung der verschiedenen Kulturen beginnen, als der Computer meldete, die vorläufigen Ergebnisse der Röntgen-Kristallographie lägen jetzt vor. Stone und Leavitt stellten die biologischen Tests vorerst zurück und verließen das Labor, um sich die angekündigten Ergebnisse anzusehen. Das war eine außerordentlich bedauerliche Entscheidung, denn hätten sie die Kulturen untersucht, so wären sie darauf gekommen, daß sie mit ihrem Denken falsch lagen und sich auf dem verkehrten Weg befanden.

Die Analyse der Röntgen-Feinstrukturuntersuchung zeigte, daß
sich der Andromeda-Organismus nicht aus verschiedenen Strukturen zusammensetzte, wie eine normale Zelle aus Zellkern,
Mitochondrien und Ribosomen besteht. Bei Andromeda gab es
keine Untereinheiten, keine kleineren Teilchen. Statt dessen
schienen Wand und Inneres aus einer einzigen Substanz zu
bestehen. Diese Substanz ließ ein ganz bestimmtes Beugungsmuster der Röntgenstrahlen entstehen.

Stone betrachtete das Ergebnis und sagte: »Eine Reihe sechsseiti-
ger Ringe.«

»Und nichts weiter«, ergänzte Leavitt. »Wie, zum Teufel, funktioniert das?«

Die beiden vermochten sich nicht zu erklären, wie ein so einfach
gebauter Organismus zu seinem Wachstum Energie nutzen
konnte.

»Ein ganz übliches Ringgebilde«, sagte Leavitt. »Eine Phenol-
gruppe, nichts weiter. Die müßte doch eigentlich inaktiv sein.«

»Und doch kann die hier Energie in Materie umsetzen.«

Leavitt kratzte sich den Kopf. Er mußte wieder an den Vergleich
mit der Stadt denken, an die Analogie zur Gehirnzelle. Das
Molekül war ganz einfach in seinem Aufbau. Als einzelne Einheit verfügte es über keine bemerkenswerten Fähigkeiten. Aber
vereinigt hatten diese Moleküle so große Macht . . .

»Vielleicht gibt es ein kritisches Moment«, meinte er. »Eine
Komplexität in der Struktur, die das ermöglicht, was in einer
ähnlichen, aber einfacheren Struktur unmöglich ist.«

»Das alte Argument mit dem Schimpansenhirn«, sagte Stone.

Leavitt nickte. Soweit sich feststellen läßt, ist das Gehirn eines
Schimpansen ebenso komplex gebaut wie das eines Menschen. Es
gibt zwar gewisse nebensächliche strukturelle Unterschiede, doch
der Hauptunterschied besteht in der Größe. Das menschliche
Gehirn ist größer, es hat mehr Zellen und mehr Querverbin-
dungen.

Gerade das aber läßt auf irgendeine subtile Weise das menschliche Gehirn anders sein als das eines Menschenaffen. (Der Neu-
rophysiologe Thomas Waldren hat dazu einmal scherzhaft
bemerkt, der Hauptunterschied zwischen dem Gehirn eines
Schimpansen und dem eines Menschen bestehe darin, daß »wir
den Schimpansen als Versuchstier benutzen können und nicht
umgekehrt«.)

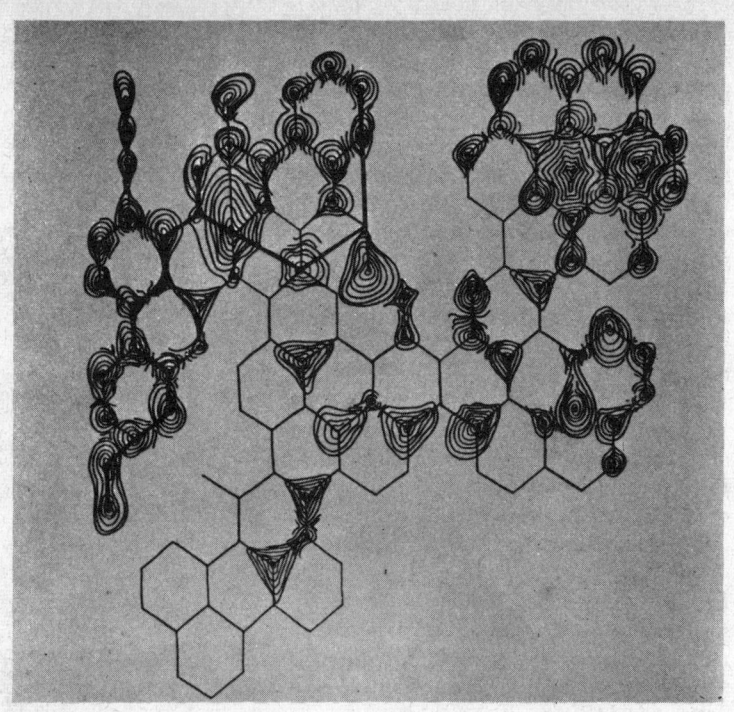

Darstellung der Elektronendichte in der Andromeda-Struktur nach den röntgenographischen Untersuchungen. Die Darstellung läßt auf eine Unterschiedlichkeit in der Aktivität bei sonst einheitlicher Struktur schließen.
Mit freundlicher Genehmigung des Unternehmens Wildfire

Stone und Leavitt rätselten an diesem Problem einige Minuten lang herum. Dann nahmen sie sich die Fourier-Analyse der Elektronendichte vor. Hierbei wird die Wahrscheinlichkeit der Anwesenheit von Elektronen innerhalb der Struktur in einer graphischen Darstellung festgehalten, die einer Höhenschichtenkarte ähnelt.

Etwas Seltsames fiel ihnen auf: Die Struktur war zwar vorhanden, aber das Fourier-Muster ganz unregelmäßig.

»Das sieht fast so aus, als wäre ein Teil der Struktur irgendwie abgeschaltet«, bemerkte Stone.

»Also ist sie doch nicht einheitlich«, sagte Leavitt.

Stone betrachtete seufzend das Diagramm. Dann sagte er: »Bei Gott, ich wollte, wir hätten einen Fachmann für Physikalische Chemie mitgebracht . . .«

Unausgesprochen blieb der Zusatz . . . »anstelle von Hall«.

Erschöpft rieb Stone sich über die Augen, schlürfte seinen Kaffee und wünschte sich Zucker dazu. Er saß allein im Café. Bis auf das gedämpfte Klappern des Fernschreibers in der Ecke war es ganz still.

Nach einer Weile stand er auf und ging hinüber zum Fernschreiber. Er sah die Papierbahnen durch, die das Gerät ausgespuckt hatte. Die meisten der Meldungen sagten ihm überhaupt nichts.

Aber dann fiel ihm eine Meldung auf, die aus dem DEATH-MATCH-Programm stammte. Nach diesem Programm überwachte der Computer die Agenturnachrichten und meldete alle Todesfälle, die den vorher eingegebenen Kriterien entsprachen. In diesem Falle hatte der Computer alle besonderen Todesfälle im Bereich Arizona-Nevada-Kalifornien zu registrieren und auszudrucken.

Die Meldung wäre wohl unbemerkt geblieben, wenn Hall sich nicht zuvor mit Jackson unterhalten hätte. Vorhin hatte Hall noch den Eindruck gehabt, mit nutzlosem Gerede, das ihn nicht weiterbrachte, nur wertvolle Zeit verschwendet zu haben.

Jetzt war er nicht mehr so sicher.

```
WIEDERGABE PROGRAMM

UEBERWACHUNG TODESFAELLE

DEATHMATCH/998

SKALA 7, Y,O.X,4,0

WOERTLICHE WIEDERGABE EINER MELDUNG VON

ASSOCIATED PRESS 778-778


BRUSH RIDGE, ARIZ. ---: Ein Beamter der Autobahn-

streife von Arizona wurde heute angeblich fuer den

Tod von fuenf Personen in einer Raststaette verant-

wortlich gemacht. Einzige Ueberlebende des Zwischen-
```

falls ist Miss Sally Conover, Bedienung in der Raststaette 'Dine-eze' an der Bundesstraße 15, zehn
Meilen suedlich Flagstaff.

Miss Conover sagte vor den Ermittlungsbeamten aus,
der Streifenbeamte Martin Willis habe um 2,40 Uhr
morgens die Raststaette betreten und Kaffee und Kuchen
bestellt. Willis hat die Raststaette in letzter Zeit
haeufig besucht. Nachdem er gegessen hatte, erklaerte er,
er habe heftige Kopfschmerzen und "sein Magengeschwuer
mache sich bemerkbar". Miss Conover gab ihm zwei
Aspirintabletten und einen Eßloeffel Speisesoda. Nach
ihren Angaben soll sich Willis daraufhin argwoehnisch
nach den anderen Gaesten der Raststaette umgesehen und
gefluestert haben: "Sie sind hinter mir her".

Noch bevor die Kellnerin etwas erwidern konnte, zog
Willis seine Dienstwaffe und erschoß die anderen Gaeste
der Raststaette. Dabei ging er ganz systematisch vor
und schoß einem nach dem anderen eine Kugel in die
Stirn. Dann wandte er sich angeblich Miss Conover zu
und sagte laechelnd: "Ich liebe dich, Shirley Temple".
Er steckte sich den Lauf des Revolvers in den Mund und
feuerte die letzte Kugel ab.

Miss Conover wurde von der hiesigen Polizeibehoerde nach
der Befragung auf freien Fuß gesetzt. Die Namen der Opfer
sind zu diesem Zeitpunkt noch nicht bekannt.

ENDE DER WOERTLICHEN WIEDERGABE
ENDE NACHDRUCK
ENDE PROGRAMM

SCHLUSS

Hall erinnerte sich, daß der Streifenbeamte Willis an diesem Abend durch Piedmont gekommen war, und zwar ganz kurz vor dem Ausbruch der Krankheit. Er war durchgefahren, ohne anzuhalten.

Und später war er verrückt geworden.

Gab es da einen Zusammenhang?

Hall war nicht sicher. Möglich wäre es schon. Natürlich fielen ihm mehrere Ähnlichkeiten auf: Willis hatte ein Magengeschwür, er hatte Aspirin eingenommen, und er hatte am Ende Selbstmord begangen.

Aber das bewies natürlich noch nichts. Es konnte sich um eine vollkommen unabhängige Reihe von Ereignissen handeln. Nachprüfenswert erschien ihm die Sache aber doch.

Er drückte einen Knopf auf dem Computer-Schaltpult. Der Bildschirm wurde hell. Ein Mädchen aus der Vermittlung lächelte ihn an. Die Kopfhörer drückten ihre Frisur zusammen.

»Ich möchte den leitenden Polizeiarzt der Autobahnstreife für das Gebiet Arizona sprechen. Westlicher Teil, falls es das geben sollte.«

»Ja, Sir«, sagte sie in geschäftsmäßigem Ton.

Kurze Zeit später wurde der Bildschirm wieder hell. Es war die Vermittlung.

»Wir haben einen Dr. Smithson ausfindig gemacht. Er ist der verantwortliche Arzt für die Autobahnpatrouille westlich von Flagstaff. Er hat zwar keinen TV-Monitor, aber ich kann eine Sprechverbindung mit ihm herstellen.«

»Gut«, sagte Hall.

Es folgte ein Knacken, dann ein mechanisches Summen. Hall betrachtete den Bildschirm, aber das Mädchen hatte sich ausgeschaltet, weil es aus anderen Teilen des Wildfire-Labors Telefonverbindungen herzustellen hatte. Nur sehen konnte er sie noch.

Während er sich diesem erfreulichen Anblick widmete, hörte er eine tiefe, schleppende Stimme fragen: »Ist da jemand?«

»Hallo, Doktor«, sagte Hall. »Hier spricht Dr. Mark Hall in – in Phoenix. Ich rufe wegen einiger Informationen über einen Ihrer Streifenbeamten an, einen gewissen Willis.«

»Das Mädchen vorhin sagte, es handelt sich um irgendeine staatliche Stelle«, brummte Smithson. »Stimmt das?«

»Das ist richtig. Wir brauchen . . .«

»Dr. Hall«, unterbrach ihn die tiefe Stimme. »Vielleicht erklären Sie mir erst einmal, wer Sie und Ihre Dienststelle sind.«

Hall fiel ein, daß es beim Tod des Beamten Willis vermutlich gewisse juristische Schwierigkeiten gab. Deshalb war Smithson so vorsichtig.

Hall sagte: »Ich bin leider nicht befugt, Ihnen genau . . .«

»Hören Sie, Herr Kollege, ich erteile am Telefon keine Auskünfte, schon gar nicht, wenn mir mein Gesprächspartner nicht sagen will, worum es sich handelt.«

Hall holte tief Luft. »Dr. Smithson, ich muß Sie dringend bitten . . .«

»Bitten können Sie, soviel Sie wollen. Tut mir leid, aber ich denke einfach nicht daran . . .«

In diesem Augenblick ertönte in der Leitung eine Glocke. Eine ausdruckslose, mechanische Stimme schaltete sich ein:

»Achtung, bitte. Automatische Ansage. Die Leitungskapazität dieser Sprechverbindung wurde vom Überwachungs-Computer überprüft. Dabei wurde festgestellt, daß dieses Gespräch vom anderen Teilnehmer auf Band aufgenommen wird. Alle Beteiligten werden darauf aufmerksam gemacht, daß auf die unbefugte Bandaufnahme eines vertraulichen Dienstgesprächs durch Dritte eine Mindestgefängnisstrafe von fünf Jahren steht. Sollte die Bandaufnahme fortgesetzt werden, so wird die Verbindung automatisch unterbrochen. Das ist eine automatische Ansage. Danke.«

Es blieb eine ganze Weile still. Hall konnte sich vorstellen, wie erstaunt dieser Smithson sein mußte. Er war selbst verblüfft.

»Verdammt, was ist das eigentlich für ein Laden, von dem aus Sie mich anrufen?« fragte Smithson schließlich.

»Schalten Sie das Ding aus«, sagte Hall.

Wieder folgte eine Pause. Dann ein Knacken. »Also gut. Ich habe ausgeschaltet.«

»Ich rufe aus einer geheimen staatlichen Anlage an«, erklärte Hall.

»So hören Sie doch, Mister . . .«

»Ich will mich ganz unmißverständlich ausdrücken«, unterbrach ihn Hall. »Die Angelegenheit ist ziemlich wichtig. Sie betrifft den Streifenbeamten Willis. Zweifellos schwebt noch ein gerichtliches Verfahren, bei dem Sie vermutlich aussagen müssen. Wir könnten in der Lage sein zu beweisen, daß Willis für seine Handlungen nicht verantwortlich war und daß er das Opfer eines rein medizinischen Problems wurde. Aber das können wir nur, wenn Sie uns alles sagen, was Sie über seinen Gesundheitszustand wissen. Und wenn Sie es uns nicht sagen, Dr. Smithson – wenn

Sie's nicht verdammt schnell sagen –, dann können wir Sie wegen Widerstandes gegen die Staatsgewalt und Behinderung einer staatlichen Untersuchung für zwölf Jahre einsperren lassen. Ob Sie mir das glauben oder nicht, ist mir egal. Ich sag's Ihnen jedenfalls, und Sie täten besser daran, mir zu glauben.«

Es entstand eine sehr lange Pause. Dann sagte die tiefe, schleppende Stimme: »Kein Grund zur Aufregung, Doktor. Natürlich werde ich jetzt, wo mir die Sache klar ist . . .«

»Hatte Willis ein Magengeschwür?«

»Magengeschwür? Nein. Das hat er nur gesagt. Oder es wird zumindest behauptet, daß er es gesagt haben soll.«

»Irgendein anderes Leiden?«

»Diabetes«, antwortete Smithson.

»Diabetes?«

»Ja. Und er hat die Sache ziemlich auf die leichte Schulter genommen. Wir haben es schon vor fünf oder sechs Jahren bei ihm festgestellt. Damals war er dreißig. Ziemlich schwerer Fall. Wir haben ihm Insulin verordnet, fünfzig Einheiten täglich, aber wie gesagt – er war nachlässig. Einmal oder zweimal wurde er ins Krankenhaus eingeliefert. Koma. Weil er sein Insulin nicht nehmen wollte. Er sagte, ihm sind die Spritzen zuwider. Wir wollten ihn beinahe schon aus dem Dienst entlassen, weil es uns gefährlich erschien, ihn einen Wagen fahren zu lassen. Wir befürchteten eine Azidose und daß er am Steuer ohnmächtig wird. Wir haben ihm ziemlich angst gemacht. Da versprach er, vernünftig zu werden. Das war vor drei Jahren. Soviel ich weiß, hat er seitdem sein Insulin regelmäßig genommen.«

»Sind Sie ganz sicher?«

»Na, ich denke schon. Aber die Bedienung in der Raststätte, diese Sally Conover, sagte einem unserer Ermittlungsbeamten, Willis hätte nach ihrer Meinung getrunken, weil sein Atem nach Alkohol roch. Ich weiß jedoch ganz genau, daß Willis in seinem ganzen Leben noch nie einen Tropfen Alkohol angerührt hat. Er war ausgesprochen fromm. Rauchte und trank nie. War immer auf einen sauberen Lebenswandel bedacht. Deshalb hat ihn sein Diabetes auch so sehr gequält: Er hatte das Gefühl, ihn nicht verdient zu haben.«

Hall lehnte sich in seinem Stuhl zurück. Jetzt kam er der Sache immer näher. Die endgültige Antwort auf alle Fragen war in Reichweite gerückt, der Schlüssel zu allem.

»Noch eine letzte Frage«, sagte Hall. »Ist Willis am Abend seines Todes durch Piedmont gefahren?«

»Ja. Er hat sich über Funk gemeldet. Er war nach seinem Dienstplan ein bißchen spät dran, aber er hat Piedmont passiert. Warum? Hat das etwas mit den Versuchen zu tun, die der Staat dort gerade durchführt?«

»Nein«, antwortete Hall, aber er war sicher, daß ihm Smithson nicht glaubte.

»Hören Sie, für uns ist das eine sehr böse Sache. Wenn Sie irgend etwas wissen, was uns weiterhelfen könnte . . .«

»Wir setzen uns wieder mit Ihnen in Verbindung«, versprach ihm Hall und schaltete ab.

Das Mädchen aus der Vermittlung meldete sich wieder.

»Ist Ihr Gespräch beendet, Dr. Hall?«

»Ja. Aber ich habe eine Frage.«

»Bitte?«

»Können Sie feststellen, ob ich berechtigt bin, jemanden verhaften zu lassen?«

»Ich werde mich erkundigen, Sir. Welche Beschuldigung?«

»Keine. Ich will nur jemanden festhalten.«

Es dauerte nur wenige Sekunden. Sie sah hinüber auf das Schaltpult des Computers neben ihrem Arbeitsplatz.

»Dr. Hall, Sie sind berechtigt, für jede Person, die mit dem Projekt zu tun hat, eine offizielle Befragung durch die Armee zu beantragen. Diese Befragung darf bis zu achtundvierzig Stunden dauern.«

»In Ordnung«, sagte Hall. »Veranlassen Sie das.«

»Ja, Sir. Wer ist die betreffende Person?«

»Dr. Smithson«, antwortete Hall.

Das Mädchen nickte. Dann erlosch der Bildschirm. Hall hatte ein wenig Mitleid mit Smithson – aber auch nur ein wenig. Der Mann würde ein paar Stunden lang schwitzen müssen, aber sonst geschah ihm nichts. Und es war unbedingt erforderlich, jegliches Gerücht im Zusammenhang mit Piedmont zu unterbinden.

Er lehnte sich in seinem Stuhl zurück und dachte über das nach, was er erfahren hatte. Erregung packte ihn. Er hatte das Gefühl, unmittelbar vor einer wichtigen Entdeckung zu stehen.

Drei Leute:

Ein Diabetiker in Azidose, also mit anomaler Vermehrung der Säuren im Blut, weil er es versäumt hatte, sein Insulin zu nehmen.

Ein alter Mann, der Fusel trank und Aspirin nahm – ebenfalls in Azidose.

Ein Säugling.

Einer davon war mehrere Stunden am Leben geblieben, die beiden anderen noch länger, anscheinend für immer. Einer war verrückt geworden, die beiden anderen waren es nicht. Irgendwie hingen sie alle drei zusammen.

Es mußte ein ganz einfacher Zusammenhang sein. Azidose. Beschleunigte Atmung. Kohlendioxidgehalt. Sättigung mit Sauerstoff. Benommenheit. Müdigkeit. Es gab logische Zusammenhänge.

Diese drei Menschen hielten den Schlüssel zur Bezwingung des Andromeda-Organismus in Händen.

In diesem Augenblick gellte schrill die Alarmglocke. Das leuchtend gelbe Licht begann drängend zu blinken.

Hall sprang auf und rannte hinaus.

26 Die Dichtung

Auf dem Korridor zeigte ein blinkendes Signal an, von wo der Alarm ausging: AUTOPSIE. Hall konnte sich denken, was geschehen war. Irgendwie waren die Dichtungen beschädigt worden, und die Folge war eine Verseuchung. So wurde der Alarm gegeben.

Während er noch durch den Korridor eilte, sagte eine ruhige, besänftigende Stimme aus den Lautsprechern: »Dichtungsschaden in der Autopsie. Alarm! Dichtungsschaden in der Autopsie. Alarm!«

Seine Assistentin kam aus dem Labor und erblickte ihn. »Was ist denn los?«

»Burton, soviel ich weiß. Ausbreitung der Infektion.«

»Bei ihm alles in Ordnung?«

»Das bezweifle ich«, sagte Hall und rannte weiter. Sie schloß sich ihm an.

Leavitt stürzte aus dem Labor mit der Aufschrift MORPHOLOGIE. Gemeinsam sprinteten sie den sanft gebogenen Korridor entlang. Hall dachte gerade: Für einen Mann in seinen Jahren ist dieser Leavitt noch sehr gelenkig. Da blieb Leavitt urplötzlich stehen.

Er stand da wie angewurzelt. Sein Blick war starr auf das Warnzeichen und das Licht darüber gerichtet. Beide blinkten – an und aus, an und aus.

Hall drehte sich um und rief: »Kommen Sie!«

Da sagte die Assistentin: »Dr. Hall, ihm fehlt etwas.«

Leavitt rührte sich nicht. Er stand da und hatte die Augen geöffnet, aber sonst benahm er sich, als schlafe er. Die Arme hingen ihm kraftlos zu beiden Seiten herab.

»Dr. Hall.«

Hall blieb stehen. Dann kehrte er um.

»Peter! Kommen Sie, alter Junge, wir brauchen Sie!«

Er sprach nicht weiter, weil ihm Leavitt nicht zuhörte, sondern nur starr das blinkende Licht ansah. Als Hall ihm mit der Hand dicht am Gesicht vorbeistrich, reagierte er nicht. Da fielen Hall wieder die anderen Fälle ein, wo sich Leavitt von blinkenden Lichtern abgewandt hatte – eine Angewohnheit, die er immer mit spaßhaften Bemerkungen abgetan hatte.

»Der verdammte Kerl«, sagte Hall. »Ausgerechnet jetzt.«

»Was hat er denn?« fragte die Assistentin.

Aus Leavitts Mundwinkel tropfte ein wenig Speichel. Hall stellte sich rasch hinter ihn und sagte zu der Assistentin: »Treten Sie dicht vor ihn hin und halten Sie ihm die Augen zu. Er darf die blinkenden Lichter nicht sehen.«

»Warum nicht?«

»Weil das Licht dreimal in der Sekunde blinkt.«

»Sie meinen . . .«

»Jetzt kann's jeden Augenblick losgehen.«

Leavitt klappte zusammen.

Erschreckend schnell gaben seine Knie nach. Er stürzte zu Boden, blieb auf dem Rücken liegen und begann am ganzen Körper zu zittern. Erst zuckten nur seine Hände und Füße, dann ging das Zittern auf Arme und Beine über, schließlich erfaßte es den ganzen Körper. Leavitt biß die Zähne zusammen und stieß einen lauten keuchenden Schrei aus. Sein Kopf trommelte auf den Boden. Hall schob rasch einen Fuß unter Leavitts Kopf und ließ ihn gegen seine Zehen schlagen.

»Versuchen Sie gar nicht erst, ihm den Mund aufzumachen«, sagte Hall. »Sie schaffen es doch nicht. Die Kinnlade ist verkrampft.«

Vor ihren Augen begann sich um Leavitts Hüften ein gelber Fleck auszubreiten.

»Jetzt kann gleich der Status epilepticus eintreten«, sagte Hall. »Laufen Sie in die Apotheke und holen Sie mir hundert Milligramm Phenobarbital. Schnell. Fertiges, in der Spritze. Wenn es sein muß, können wir ihn später unter Dilantin setzen.«

Leavitt schrie durch seine zusammengepreßten Zähne wie ein wildes Tier. Sein Körper trommelte wie eine gespannte Stahlfeder auf den Boden.

Gleich darauf kam die Assistentin mit der Injektionsspritze zurück. Hall wartete, bis Leavitt sich entspannte und der Anfall vorüber war, dann spritzte er ihm das Barbiturat.

»Bleiben Sie bei ihm«, sagte er zu dem Mädchen. »Sollte er einen weiteren Anfall haben, machen Sie es genau wie ich vorhin – schieben Sie ihm den Fuß unter den Kopf. Aber ich glaube, er wird jetzt ruhig bleiben. Versuchen Sie nicht, ihn zu bewegen.«

Hall rannte weiter zum Autopsie-Labor.

Ein paarmal zerrte er heftig an der Tür zu dem Labor, dann merkte er, daß es automatisch verriegelt worden war. Das Labor war verseucht. Er ging weiter zum Hauptkontrollraum. Dort traf er Stone an, der Burton auf dem Bildschirm der internen Fernsehanlage beobachtete.

Burton war voller Angst, bleich, atmete in kurzen, flachen Zügen und brachte kein Wort hervor. Er war ein Mann, der darauf wartet, daß im nächsten Augenblick der Tod zuschlägt – und genauso sah er auch aus.

Stone versuchte ihn zu beruhigen. »Immer mit der Ruhe, mein Junge. Nur die Ruhe. Alles wird wieder gut. Regen Sie sich nur nicht auf.«

»Ich hab' Angst«, stieß Burton hervor. »Herr im Himmel, hab' ich Angst . . .«

»Bleiben Sie ganz ruhig«, redete ihm Stone beruhigend zu. »Wir wissen, daß die Andromeda-Organismen keinen Sauerstoff mögen. Wir pumpen Ihnen jetzt reinen Sauerstoff ins Labor. Das müßte Ihnen für den Augenblick weiterhelfen.«

Stone wandte sich an Hall. »Sie haben sich aber Zeit gelassen. Wo steckt denn Leavitt?«

»Hatte einen Anfall.«

»Was?«

»Das Licht blinkte dreimal in der Sekunde, da hatte er einen Anfall.«

»*Was?*«

»Petit mal. Dann wurde daraus ein Grand-mal-Anfall: tonisch-klonischer Zustand, Harnfluß – alles, was dazugehört. Ich habe ihn unter Phenobarbital gesetzt und bin gekommen, so schnell ich konnte.«

»Leavitt – Epileptiker?«

»Stimmt.«

Stone sagte: »Er muß es nicht gewußt haben. Es wird ihm nicht klargewesen sein.«

Dann fiel Stone die Aufforderung zur Wiederholung des Elektroenzephalogramms ein.

»Doch, er hat's schon gewußt«, sagte Hall. »Er ging allen blinkenden Lichtern, die einen Anfall herbeiführen konnten, aus dem Wege. Ich bin ganz sicher, daß er es gewußt hat. Ich bin auch sicher, daß er wiederholt Anfälle hatte, bei denen er plötzlich nicht wußte, was mit ihm los war, wo er ein paar Minuten aus seinem Leben verliert und sich nachher an nichts erinnern kann.«

»Jetzt geht es ihm besser?«

»Wir werden ihn unter Beruhigungsmitteln halten.«

Stone erklärte: »Wir lassen Burton mit reinem Sauerstoff versorgen. Das müßte ihm helfen, bis wir mehr wissen.«

Stone legte den Schalter für die direkte Sprechverbindung zu Burton um. »Es wird noch ein paar Minuten dauern, bis die Sauerstoffzufuhr einsetzt, aber ich habe ihm gesagt, daß wir damit schon begonnen haben. Er ist da drin luftdicht abgeschlossen, die Infektion kann sich also nicht weiter verbreiten. Die übrigen Räume sind wenigstens noch sauber.«

Hall fragte: »Wie kam das denn? Die Verseuchung, meine ich.«

»Eine Dichtung muß versagt haben«, antwortete Stone und fügte leise hinzu: »Damit mußten wir früher oder später rechnen. Jede Isolation wird nach einiger Zeit undicht.«

Hall fragte: »Sie halten das für einen unglücklichen Zufall?«

»Ja«, sagte Stone, »es ist ein Unfall. Es gibt eine bestimmte Anzahl von Dichtungen mit einer bestimmten Gummidicke – mit der Zeit werden sie alle durchlässig. Burton war zufällig da drin, als eine Dichtung versagte.«

Hall sah die Sache nicht so einfach. Er schaute zu Burton hinein. Der atmete rasch – ein Mann voller Entsetzen.

Hall fragte: »Wie lange ist das jetzt her?«

Stone sah hinauf zu den Stoppuhren. Das waren besondere Zeitmesser, die sich bei einem Unfall automatisch einschalteten. Jetzt gaben die Stoppuhren die Zeit an, die seit dem Dichtungsschaden vergangen war.

»Vier Minuten.«

Hall stellte fest: »Und Burton lebt noch.«

»Ja – Gott sei Dank.« Dann runzelte Stone die Stirn. Er erkannte, was das bedeutete.

»Und warum lebt er noch?« fragte Hall betont.

»Der Sauerstoff . . .«

»Sie sagten doch selbst, daß die Sauerstoffzufuhr noch nicht angelaufen ist. Wodurch ist Burton geschützt?«

In diesem Augenblick hörten sie Burtons Stimme über die Sprechanlage: »Hört mal, ich möchte euch bitten, etwas für mich zu versuchen.«

Stone schaltete sein Mikrophon wieder ein. »Was?«

»Kalocin«, antwortete Burton.

»Nein!« rief Stone sofort.

»Verdammt, es geht um mein Leben.«

»Nein!« wiederholte Stone.

Hall sagte: »Vielleicht sollten wir versuchen . . .«

»Kommt nicht in Frage! Das können wir nicht wagen. Auch nicht ein einziges Mal.«

Kalocin war das vielleicht bestgehütete Geheimnis Amerikas im letzten Jahrzehnt – ein Medikament, das die Firma Jensen Pharmaceuticals im Frühjahr 1965 entwickelt hatte, eine Chemikalie für Versuchszwecke, die unter der Bezeichnung UJ-44759w – oder kurz κ-9 – lief. Sie war im Zuge von Routinetests gefunden worden, die man bei Jensen mit allen neuen Verbindungen anstellte.

Jensen machte es ähnlich wie die meisten pharmazeutischen Firmen: Alle neuen Medikamente werden einem Vielseitigkeitstest unterworfen, bei dem man die Verbindungen festgelegter Testserien zur Entdeckung irgendwelcher bedeutsamer biologischer Wirkungen unterwirft. Diese Tests werden an Versuchstieren vorgenommen – an Ratten, Hunden und Affen. Alles in allem waren es vierundzwanzig verschiedene Tests.

Bei dem Präparat κ-9 stellte man etwas Sonderbares fest: Es verhinderte Wachstum. Ein Jungtier, dem man das Medikament eingab, erreichte nie die Größe eines voll ausgewachsenen Tiers. Diese Entdeckung regte zu weiteren Versuchen an, die zu noch aufsehenerregenderen Ergebnissen führten. Man stellte bei Jensen fest, daß κ-9 die Metaplasie verhinderte, die Verwandlung einer normalen Körperzelle zu neuer und anomaler Form – die Vorstufe des Krebses. Durch einen unbekannten Mechanismus verhinderte κ-9 die Vermehrung des Virus, das eine myelogene Leukämie hervorruft. Tiere, denen die Droge eingegeben wurde, bekamen diese Krankheit nicht, und bei Tieren, die bereits von der Krankheit befallen waren, bewirkte das Mittel eine deutliche Besserung.

Nun war bei Jensen die Begeisterung nicht mehr zu halten. Man erkannte sehr rasch, daß man mit diesem Mittel einen Breitband-Wirkstoff gegen Viren gefunden hatte. Es tötete die Viren von Polio, Tollwut, Leukämie ebenso ab wie die der einfachen Warzen. Seltsamerweise tötete Kalocin aber auch Bakterien.

Und Pilze.

Und Parasiten.

Irgendwie brachte es Kalocin fertig, sämtliche Organismen zu töten, die auf einer einzelligen oder noch einfacheren Struktur beruhten. Auf Organsysteme – Zellengruppen, die zu größeren Einheiten zusammengefaßt sind – wirkte es nicht ein. In dieser Hinsicht war das Mittel absolut selektiv.

Kalocin stellte somit ein universelles Antibiotikum dar. Es tötete alles ab, sogar die weniger wichtigen Keime, die etwa einen harmlosen Schnupfen verursachen. Natürlich kam es auch zu Nebenwirkungen – die normale Darmflora wurde zerstört, so daß mit der Einnahme des Mittels stets ein heftiger Durchfall verbunden war –, doch für eine Heilung von Krebs erschien das als ein tragbarer Preis, den zu zahlen man gern bereit war.

Im Dezember 1965 wurden zunächst noch inoffiziell die zuständigen Regierungsstellen und wichtige Leute des Gesundheitsdienstes mit Kalocin bekannt gemacht. Damals gab es den ersten Widerstand gegen Kalocin. Viele Leute, darunter auch Jeremy Stone, setzten sich für ein Verbot des Mittels ein.

Doch die Argumente, die für ein Verbot sprachen, erschienen rein theoretisch. Die Firma Jensen setzte sich angesichts des erhofften Milliardengeschäfts energisch für einen klinischen Test ein. Schließlich gaben Regierung, Gesundheitsministerium, Arzneimittelüberwachung und andere nach und genehmigten, entgegen den Protesten Stones und anderer Wissenschaftler, die weitere klinische Erprobung.

Im Februar 1966 wurde der erste klinische Versuch eingeleitet. Dafür wählte man zwanzig Patienten mit unheilbaren Krebsleiden und zwanzig gesunde Freiwillige aus dem Staatsgefängnis Alabama aus. Alle vierzig Versuchspersonen nahmen einen Monat lang täglich Kalocin ein. Das Ergebnis fiel erwartungsgemäß aus: Die Gesunden bekamen die unangenehmen Nebenwirkungen zu spüren, die aber nicht ernstzunehmen waren. Die Krebskranken zeigten einen auffälligen Rückgang der Symptome, der mit einer Heilung gleichzusetzen war.

Am 1. März 1966 wurde bei allen vierzig Versuchspersonen das Mittel abgesetzt.

Innerhalb von sechs Stunden waren alle tot.

Es war genau das eingetreten, was Stone von Anfang an vorausgesagt hatte. Er hatte nämlich darauf hingewiesen, daß die

Menschheit im Verlauf einer jahrtausendelangen Bedrohung durch Mikroben allmählich eine sorgsam ausgewogene Immunität gegen die meisten Erreger erworben hat. Auf der Haut, in der Luft, in den Lungen, im Magen und selbst im Blutkreislauf existieren Hunderte verschiedener Viren und Bakterien. Sie alle können tödlich sein; aber der Mensch hat sich ihnen im Laufe der Jahre angepaßt, und nur wenige davon vermögen noch Krankheiten hervorzurufen.

All das stellt einen Zustand des Gleichgewichts dar. Bringt man nun ein neues Mittel ins Spiel, das *alle* Mikroben tötet, so stört man das Gleichgewicht und vernichtet, was sich in Jahrtausenden entwickelt hat. Man öffnet einer Superinfektion Tür und Tor, man beschwört das Problem neuer Mikroorganismen herauf, die Erreger neuer Krankheiten sind.

Stone behielt recht. Die vierzig Freiwilligen starben an unheimlichen Krankheiten, die noch nie zuvor ein Mensch zu Gesicht bekommen hatte. Bei einem Mann schwoll der Körper von Kopf bis Fuß an, begleitet von einer fieberhaften Entzündung, bis er an einem Lungenödem starb. Ein anderer wurde das Opfer eines Organismus, der innerhalb weniger Stunden seinen ganzen Magen zerfraß. Ein dritter wurde von einem Virus befallen, das sein Gehirn zu Gelee auflöste. Und so weiter.

Widerstrebend zog Jensen das Medikament zurück und verzichtete auf weitere Untersuchungen. Den Behörden wurde klar, daß Stone zuvor schon begriffen hatte, was geschehen mußte; sie griffen nun seine früheren Empfehlungen auf und verboten strikt alle weiteren Experimente mit Kalocin. Das Mittel wurde mit allen Kräften unterdrückt.

So war es seit zwei Jahren geblieben.

Nun wollte Burton mit Kalocin behandelt werden.

»Nein«, sagte Stone. »Kommt überhaupt nicht in Frage. Das Zeug mag Sie für den Augenblick retten, aber Sie werden unweigerlich sterben, sobald es abgesetzt wird.«

»Sie da draußen haben leicht reden.«

»Für mich ist das auch nicht leicht, das dürfen Sie mir glauben.« Er schaltete das Mikrophon wieder aus und sagte zu Hall: »Wir wissen, daß Sauerstoff das Wachstum der Andromeda-Organismen hemmt. Deshalb soll ihn Burton bekommen. Er wird ihm guttun – vielleicht macht er ihn ein bißchen benommen; er wird sich beruhigen und langsamer atmen. Der arme Kerl steht ja Todesängste aus.«

Hall nickte. Aber er wurde das Wort »Todesängste« nicht mehr

los. Er dachte darüber nach und erkannte allmählich, daß Stone mit diesem Wort auf etwas Wichtiges gestoßen war. Dieses Wort war der Schlüssel. Es war die Antwort.
Er wollte schon weggehen.
»Wohin wollen Sie?«
»Ich muß nachdenken.«
»Worüber?«
»Über die Todesangst.«

27 Todesangst

Hall ging in sein Labor zurück und betrachtete durch die Glasscheibe den alten Mann und das Kind. Er sah die beiden an und versuchte nachzudenken, aber seine Gedanken bewegten sich hektisch in Kreisen. Es fiel ihm schwer, einen logischen Gedanken zu fassen. Sein Gefühl von vorhin, kurz vor einer wichtigen Entdeckung zu stehen, ging ihm wieder verloren.
Minutenlang starrte er den alten Mann an, während vor seinem inneren Auge Momentaufnahmen aufzuckten. Burton im Sterben, eine Hand an die Brust gedrückt. Los Angeles in Panik. Leichen, überall Leichen. Wild kurvende Autos . . .
Dabei wurde ihm klar, daß auch er Angst hatte. Todesangst. Dieses Wort fiel ihm wieder ein.
Todesangst.
Darin mußte irgendwie die Antwort liegen.
Mühsam zwang er seinen Verstand zu systematischem Denken und ging alles noch einmal durch.
Ein Polizist mit Diabetes. Ein Polizist, der sein Insulin nicht immer nimmt und immer wieder in Keto-Azidose fällt.
Ein alter Mann, der Fusel trinkt; das führt zu Methanolismus – und Azidose.
Ein Säugling, der . . . Ja, was? Wodurch hat das Kind Azidose bekommen?
Hall schüttelte den Kopf. Immer wieder kam er auf das Baby zurück, ein völlig normales, nicht azidotisches Kind.
Er seufzte.
Fang noch einmal ganz von vorn an, sagte er sich. Bleibe logisch. Wenn ein Mensch unter stoffwechselbedingter Azidose leidet, unter irgendeiner Azidose – was tut er dann?
Er hat dann zuviel Säure im Körper. Von einem Überschuß an

Säure stirbt man genauso, als ob man sich Salzsäure in die Venen gespritzt hätte. Zuviel Säure bedeutet den Tod.

Aber der Körper kann das kompensieren, kann für einen Ausgleich sorgen. Durch beschleunigte Atmung. Auf diese Weise blasen die Lungen nämlich Kohlendioxid ab, und im Körper sinkt der Bestand an Kohlensäure, aus der sich im Blut Kohlendioxid bildet.

Eine Möglichkeit, Säure abzubauen.

Rasches Atmen.

Und die Andromeda-Organismen? Was geschieht mit denen, wenn man azidotisch ist und rasch atmet?

Vielleicht verhindert man durch rasches Atmen, daß sich der Organismus lange genug in den Lungen aufhalten kann, um in die Blutgefäße einzudringen. Vielleicht ist das die Antwort. Aber kaum war ihm das eingefallen, da schüttelte er auch schon den Kopf.

Nein. Es mußte etwas anderes sein. Etwas ganz Einfaches. Etwas, das er von Anfang an gewußt, aber nur nicht beachtet hatte.

Der Andromeda-Organismus greift den Körper über die Lungen an.

Er tritt in den Blutkreislauf ein.

Er setzt sich in den Wänden von Arterien und Venen fest, insbesondere im Hirn.

Dort richtet er Schaden an.

Dadurch wird Blutgerinnung hervorgerufen. Sie breitet sich über den ganzen Körper aus, oder es kommt zu Blutungen, zum Wahnsinn, zum Tod.

Aber um in so kurzer Zeit so schwere Schäden anzurichten, bedarf es vieler Organismen. Millionen und Abermillionen, die sich in Arterien und Venen ansammeln. So viele kann man wahrscheinlich nicht einatmen.

Sie müssen sich also im Blutstrom vermehren.

Mit einer hohen Rate. Einer geradezu phantastischen Vermehrungsquote.

Und wenn man übersäuertes Blut hat? Hemmt das die Vermehrung?

Vielleicht.

Wieder schüttelte er den Kopf. Ein Mann mit Azidose, wie Willis oder Jackson, war nur ein Fall. Der Säugling aber war ein ganz anderer Fall.

Der Säugling war normal. Wenn er rasch atmete, wurde er alkalotisch – bekam Basenüberschuß im Blut und zu wenig Säure

– und nicht azidotisch. Bei dem Baby würde das andere Extrem eintreten.

Hall sah durch die Glasscheibe. Da wachte der Kleine auf. Er begann auf der Stelle zu schreien. Sein Gesichtchen lief purpurrot an, die kleinen Augen verschwanden in Falten, aus dem winzigen, zahnlosen Mündchen mit dem glatten Gaumen kam ein schauerliches Gebrüll.

Todesangst.

Und dann die Vögel mit der hohen Stoffwechselrate, dem raschen Herzschlag, der schnellen Atmung. Die Vögel, bei denen alles schnell ablief. Auch sie waren am Leben geblieben.

Rasche Atmung?

War es wirklich so einfach?

Er schüttelte den Kopf. So konnte es nicht sein.

Er setzte sich hin und rieb sich die Augen. Sein Kopf schmerzte, er war müde. Aber er mußte an Burton denken, der schon in der nächsten Minute sterben konnte. An Burton, der drüben in seinem hermetisch abgeriegelten Labor saß.

Hall empfand die Spannung als unerträglich. Plötzlich überfiel ihn der unwiderstehliche Drang zu fliehen, dem allen zu entrinnen.

Der Bildschirm flackerte auf. Seine Assistentin erschien und meldete: »Dr. Hall, wir haben Dr. Leavitt ins Krankenrevier gebracht.«

»Ich komme gleich«, hörte Hall sich sagen.

Er wußte, wie seltsam er sich benahm. Es gab für ihn keinen Grund, Leavitt aufzusuchen. Leavitt war gut versorgt. Ihm drohte keinerlei Gefahr. Hall wußte, daß er mit diesem Besuch nur eine Ablenkung von den anderen, drängenderen Problemen suchte. Mit einem Gefühl des Schuldbewußtseins betrat er das Revier.

Seine Assistentin sagte: »Er schläft.«

»Postiktal«, stellte Hall fest. Nach einem Anfall schlafen die Patienten meistens.

»Sollen wir mit Dilantin beginnen?«

»Nein. Warten Sie noch ab. Vielleicht genügt schon Phenobarbital.«

Er begann mit einer langsamen, gründlichen Untersuchung des Kranken. Seine Assistentin sah ihn an und sagte: »Sie sind übermüdet.«

»Ja«, antwortete Hall. »Sonst gehe ich früher zu Bett.«

An einem normalen Tag fuhr er um diese Zeit über die Schnell-
straße nach Hause. Leavitt auch – zu seiner Familie nach Pacific
Palisades. Über die Santa-Monica-Schnellstraße.

Ganz lebhaft sah er für einen Augenblick die langen, im
Schneckentempo dahinkriechenden Autoschlangen vor sich.

Und die Schilder am Straßenrand. Mindestgeschwindigkeit 40,
Höchstgeschwindigkeit 100 km. Während des Stoßverkehrs
kamen ihm diese Schilder immer wie ein grausamer Scherz vor.

Höchstgeschwindigkeit. Mindestgeschwindigkeit. Maximum und
Minimum.

Langsam fahrende Autos sind gefährlich. Man muß dafür sorgen, daß der Verkehr gleichmäßig fließt, daß zwischen Höchst-
und Mindestgeschwindigkeit eine möglichst geringe Spanne liegt,
man muß . . .

Er hielt inne.

»Was war ich für ein Idiot!« sagte er.

Dann setzte er sich an den Computer.

Wenn Hall Wochen später darauf angesprochen wurde, nannte
er dies seine »Autobahn-Diagnose«. Das Prinzip war so einfach,
so klar, so selbstverständlich, daß er sich verblüfft fragte, warum
denn nicht schon längst einer daraufgekommen war.

In höchster Erregung gab er dem Computer das Programm
WACHSTUM ein. Er mußte es dreimal wiederholen, weil er sich
immer wieder vertippte.

Endlich war das Programm vorgeschrieben. Auf dem Bildschirm
sah er nun, was er brauchte: das Wachstum des Andromeda-
Organismus als Funktion des pH-Wertes, des Säure-Base-
Gleichgewichts.

Das Ergebnis war eindeutig:

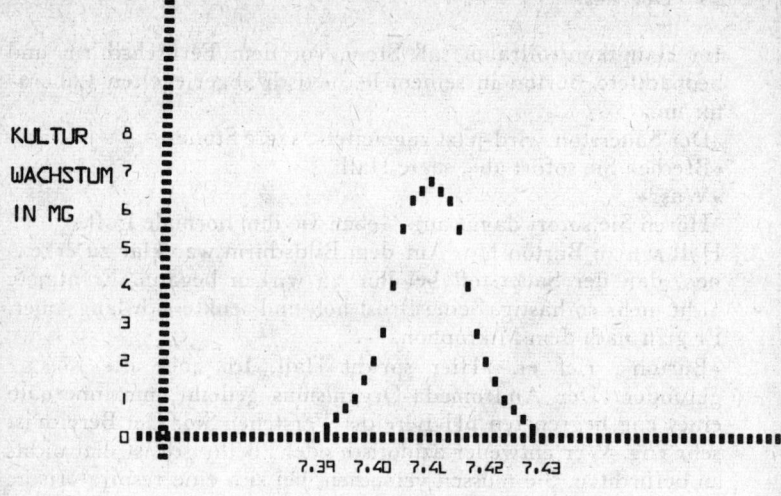

KULTUR
WACHSTUM
IN MG

8
7
6
5
4
3
2
1
0

7.39 7.40 7.41 7.42 7.43

AZIDITAET DES NAEHRBODENS IN PH EINHEITEN

KORRIGIERT AUF ASYMMETRIE

MM - 76

KOORD

0.Y.88.Z.09

GEPRUEFT

ENDE AUSDRUCK

Der Andromeda-Organismus gedieh nur innerhalb enger Grenzen. Wenn der Nährboden zu sauer war, vermehrte sich der Organismus nicht. War er zu alkalisch, vermehrte er sich auch nicht. Nur in dem engen Bereich zwischen pH 7,39 und 7,42 konnte er gut gedeihen.

Hall starrte das Diagramm ein paar Sekunds lang an, dann stürzte er zur Tür. Im Weggehen rief er seiner Assistentin lächelnd zu: »Jetzt ist alles vorbei. Unser ganzer Kummer ist ausgestanden.«

Er ahnte nicht, wie sehr er sich da täuschte.

Im Hauptkontrollraum saß Stone vor dem Fernsehschirm und beobachtete Burton in seinem hermetisch abgeriegelten Laboratorium.

»Der Sauerstoff wird jetzt zugeleitet«, sagte Stone.

»Brechen Sie sofort ab«, sagte Hall.

»Was?«

»Hören Sie sofort damit auf. Geben Sie ihm normale Luft.«

Hall sah zu Burton hin. Auf dem Bildschirm war klar zu erkennen, daß der Sauerstoff bei ihm zu wirken begann. Er atmete nicht mehr so hastig. Seine Brust hob und senkte sich langsamer. Er griff nach dem Mikrophon.

»Burton«, rief er. »Hier spricht Hall. Ich habe die Lösung gefunden. Der Andromeda-Organismus gedeiht nur innerhalb eines eng begrenzten pH-Bereichs. Verstehen Sie? Der Bereich ist sehr eng. Wer entweder azidotisch oder alkalotisch ist, hat nichts zu befürchten. Sie müssen versuchen, bei sich eine respiratorische Alkalose herbeizuführen. Atmen Sie so rasch Sie nur können!«

Burton erwiderte: »Aber das ist doch reiner Sauerstoff. Es kommt zu einer Überversorgung, und dann kippe ich um. Ich bin jetzt schon ein bißchen benommen.«

»Nein. Wir schalten zurück auf Normalluft. Los, fangen Sie an. Atmen Sie so schnell wie nur möglich.«

Hall drehte sich zu Stone um. »Geben Sie ihm Atemluft mit erhöhtem Kohlendioxidgehalt.«

»Aber der Organismus bevorzugt doch Kohlendioxid!«

»Ich weiß, aber er mag keinen ungünstigen pH-Spiegel im Blut. Sehen Sie, da liegt der Hund begraben: Es geht gar nicht um die Luft, sondern um das Blut. Wir müssen in Burtons Blut einen für Andromeda ungünstigen Säuregehalt herstellen.«

Plötzlich begriff Stone. »Das Kind!« rief er. »Es hat geschrien.«

»Ja.«

»Und der alte Knabe mit seinem Aspirin litt unter Hyperventilation.«

»Ja. Und außerdem hat er Fusel getrunken.«

»Dadurch haben beide ihr Säure-Base-Gleichgewicht auf den Kopf gestellt«, sagte Stone.

»Ja«, bestätigte Hall. »Ich kam nicht drauf, weil ich mich in die Azidose verrannt hatte. Ich konnte nicht verstehen, wie der Säugling zu einer Azidose gekommen sein sollte. Die Antwort heißt natürlich: Er hatte gar keine. Das Kind wurde basisch – es hatte zu wenig Säure. Aber das war ja auch in Ordnung. Es spielte keine Rolle, nach welcher Richtung hin man das Gleichgewicht verschob – man konnte zu viel Säure haben oder zu wenig –, solange man nur aus dem für Andromeda günstigen Wachstumsbereich herauskam.«

Er wandte sich wieder an Burton. »Gut so«, sagte er. »Atmen Sie weiter so rasch. Nicht aufhören. Strengen Sie Ihre Lungen an, blasen Sie Kohlendioxid ab. Wie geht's?«

»Okay«, keuchte Burton. »Ich ... ich hab' Angst ... aber ... sonst okay.«

»Gut.«

»Hören Sie«, sagte Stone. »Wir können Burton doch nicht auf ewig so weitermachen lassen. Früher oder später ...«

»Richtig«, fiel ihm Hall ins Wort. »Wir werden sein Blut mit Alkali versorgen.«

Er rief Burton zu: »Sehen Sie sich in Ihrem Labor um. Sehen Sie irgend etwas, womit wir den pH-Wert Ihres Blutes hochtreiben könnten?«

Burton sah sich um. »Nein. Eigentlich nicht.«

»Natron? Askorbinsäure? Essig?«

Burton suchte verzweifelt zwischen den Flaschen und Reagenzgläsern im Regal, dann schüttelte er den Kopf. »Hier hab' ich nichts, was wir dazu gebrauchen können.«

Hall hörte ihn kaum noch. Er hatte Burtons Atemzüge gezählt. Es waren fünfunddreißig pro Minute, tiefe, kräftige Atemzüge. Damit konnte er sich für einige Zeit über Wasser halten, aber früher oder später mußte es ihn erschöpfen. Atmen ist eine harte Arbeit. Dann konnte er ohnmächtig werden.

Er sah sich vom Platz aus im Labor um. Dabei fiel sein Blick auf die Ratte. Die Schwarze Norwegerin saß ganz ruhig in ihrem Käfig in der Ecke des Raums und beobachtete Burton.

Er stutzte.

»Die Ratte ...«

Sie atmete langsam und flach.

Stone bemerkte ebenfalls die Ratte und sagte unwillig:

»Was, zum Teufel ...«

Während sie noch das Tier beobachteten, begannen die Lichter wieder zu blinken. Auf dem Schaltpult des Computers erschien die Schriftzeile:

ERSTE ANZEICHEN FUER SCHADEN BEI DICHTUNG V-112-6886

»Großer Gott!« sagte Stone.

»Zu welcher Schleuse gehört die Dichtung?«

»Es ist eine der Hauptdichtungen zum Mittelschacht hin. Sie verbindet alle Labors. Die Hauptdichtung ist . . .«

Der Computer meldete sich wieder:

ANZEICHEN FUER SCHADEN BEI DEN DICHTUNGEN A-009-5478

V-430-0030

N-966-6656

Höchst erstaunt sahen sie den Bildschirm an.

»Da stimmt etwas nicht«, sagte Stone. »Da ist ganz entschieden der Wurm drin.«

In rascher Folge gab der Computer die Nummern von neun weiteren Dichtungen durch, die ebenfalls im Begriff waren, durchlässig zu werden.

»Das verstehe ich nicht . . .«

Dann sagte Hall: »Das Kind. Natürlich!«

»Das Kind?«

»Und dieses verdammte Flugzeug. Alles paßt zusammen.«

»Wovon reden Sie eigentlich?« fragte Stone.

»Das Kind war gesund und normal«, erklärte Hall. »Es konnte schreien und damit sein Säure-Base-Gleichgewicht stören. Schön und gut. Das hat die Andromeda-Organismen daran gehindert, in seinen Blutkreislauf einzudringen, sich zu vermehren und tödlichen Schaden anzurichten.«

»Ja, ja«, sagte Stone ungeduldig. »Das alles haben Sie mir bereits gesagt.«

»Aber was geschieht, wenn das Kind zu schreien aufhört?«

Stone starrte ihn an. Er brachte kein Wort hervor.

Hall fuhr fort: »Ich meine, früher oder später mußte das Kind doch zu schreien aufhören. Ein Kind kann nicht dauernd brüllen. Früher oder später muß es aufhören, und dann pendelt sich das Säure-Base-Gleichgewicht wieder ein. Damit wird es erneut anfällig gegen die Andromeda-Organismen.«

»Richtig.«

»Aber es ist nicht gestorben.«

»Vielleicht eine spontane Immunisierung . . .«

»Nein. Ausgeschlossen. Es gibt dafür nur zwei Erklärungen. Als das Kind zu schreien aufhörte, waren die Organismen entweder nicht mehr da – weggeblasen, aus der Luft verschwunden –, oder die Organismen . . .«

»Haben sich verändert«, ergänzte Stone. »Sind mutiert.«

»Ja. Sie sind zu einer nichtansteckenden Form mutiert. Und vielleicht mutieren sie immer noch. Jetzt sind sie für den Menschen nicht mehr unmittelbar schädlich – dafür fressen sie jetzt Gummi.«

»Das Flugzeug!«

Hall nickte. »Die Männer von der Nationalgarde haben sich unten in der Nähe aufgehalten, ohne daß ihnen etwas zustieß. Aber der Pilot stürzte mit seiner Maschine ab, weil sich aller Kunststoff vor seinen Augen auflöste.«

»Dann ist Burton jetzt unschädlichen Organismen ausgesetzt. Deshalb lebt auch die Ratte noch.«

»Und deshalb lebt Burton noch«, sagte Hall. »Das rasche Atmen ist gar nicht nötig. Er lebt nur deshalb, weil sich die Andromeda-Organismen abgewandelt haben.«

»Sie könnten sich noch einmal abwandeln«, sagte Stone. »Und wenn sich die meisten Mutationen zum Zeitpunkt der Vermehrung ereignen, dann, wenn der Organismus am raschesten wächst . . .«

Die Sirenen begannen zu heulen. Auf dem Computer erschien eine rote Schriftzeile.

DICHTUNG UNDURCHLAESSIGKEIT NULL. STOCKWERK V

VERSEUCHT UND ABGERIEGELT.

Stone fuhr zu Hall herum. »Rasch!« rief er. »Laufen Sie hinaus. In diesem Labor ist kein Schalter der Selbstvernichtungsanlage. Sie müssen nach nebenan.«

Im ersten Augenblick begriff Hall nicht. Er blieb einfach sitzen. Aber dann, als ihn die Erkenntnis wie ein Schlag traf, stürzte er zur Tür und auf den Korridor hinaus.

In diesem Augenblick hörte er ein Zischen und einen dumpfen Aufprall. Eine massive Stahlplatte glitt aus der Wand und riegelte den Korridor ab.

Stone sah es ebenfalls. Er fluchte wild.

»Das wär's also«, sagte er dann. »Wir sitzen in der Falle. Und wenn die Bombe hochgeht, wird sie die Organismen oben überall verbreiten. Es wird zu Tausenden von Mutationen kommen, von denen jede auf andere Weise tötet. Wir werden Andromeda nie wieder loswerden.«

Aus dem Lautsprecher ertönte eine leblose, mechanische Stimme:

»Das Stockwerk ist abgeriegelt. Alarm! Das Stockwerk ist abgeriegelt. Alarm! Das Stockwerk ist abgeriegelt . . .«
Für einen Augenblick blieb es still, dann war ein kratzendes Geräusch zu hören.
Danach sagte Miß Gladys Stevens aus Omaha in Nebraska ruhig: »Noch drei Minuten bis zur atomaren Selbstvernichtung.«

29 Drei Minuten

Eine andere, an- und abschwellende Sirene heulte auf. Die Zeiger aller Uhren schnellten auf 12 zurück, und die Sekundenzeiger begannen zu kreisen. Alle Stoppuhren glühten rot; ein grüner Strich auf dem Zifferblatt zeigte an, wann sich die Explosion ereignen würde.
Die Stimme aus dem Lautsprecher wiederholte ruhig und gelassen: »Noch drei Minuten bis zur atomaren Selbstvernichtung.«
»Vollautomatisch«, sagte Stone ruhig. »Das Programm schaltet sich ein, sobald das Stockwerk verseucht ist. Das dürfen wir nicht zulassen.«
Hall hielt seinen Schlüssel in der Hand. »Gibt es denn keine Möglichkeit, zu einem von den Schaltern zu gelangen?«
»In diesem Stockwerk nicht. Jeder einzelne Sektor ist gegen die anderen hermetisch abgeriegelt.«
»Aber in den anderen Stockwerken gibt es doch Schalter?«
»Ja . . .«
»Wie komme ich da hinauf?«
»Überhaupt nicht. Alle üblichen Verbindungen sind abgeschnitten.«
»Und was ist mit dem Mittelschacht?« Das Kernstück der Anlage lief durch sämtliche Stockwerke.
Stone zuckte die Achseln. »Der ist abgesichert.«
Hall fiel wieder ein, daß er sich schon einmal mit Burton über die Absicherungsmaßnahmen im Mittelschacht unterhalten hatte. Theoretisch konnte man bis nach oben gelangen, wenn man sich erst einmal im Mittelschacht befand. Um das praktisch zu verhindern, hatte man empfindliche Detektoren eingebaut. Sie waren ursprünglich dafür vorgesehen, das Entweichen von Versuchstieren zu verhindern, die zufällig in den Mittelschacht gelangten. Es handelte sich dabei um Vorrichtungen, die gasförmiges Ligamin, ein wasserlösliches Curare-Präparat, freigaben.

Außerdem waren automatisch zielende Luftgewehre vorhanden, die Ligamin-Pfeile abfeuerten.

Die mechanische Stimme verkündete: »Noch zwei Minuten und fünfundvierzig Sekunden bis zur atomaren Selbstvernichtung.«

Hall rannte schon zurück ins Labor und sah durch die Glasscheibe in den Arbeitsraum hinein. Dahinter befand sich der Mittelschacht. Hall fragte: »Wie groß sind meine Chancen?«

»Es gibt keine«, antwortete Stone.

Hall bückte sich und kroch durch die Verbindung in einen der Plastikanzüge. Er wartete, bis sich die Dichtung hinter ihm geschlossen hatte, dann schnitt er die Verbindung, die er wie einen langen Schwanz hinter sich herschleppte, mit einem Messer ab. Nun atmete er die Luft des Labors. Sie war kühl und frisch, und sie war mit Andromeda-Organismen durchsetzt.

Nichts geschah.

Stone beobachtete ihn vom Labor aus durch die Glasscheibe. Hall sah, wie sich seine Lippen bewegten, aber hören konnte er nichts. Dann wurde der Lautsprecher eingeschaltet. Er hörte Stone sagen: ». . . das beste, was wir entwickeln konnten.«

»Was war das?«

»Das Abwehrsystem.«

»Verbindlichen Dank«, sagte Hall und ging auf die mit Gummi abgedichtete Schleuse zu, die in den Mittelschacht führte.

»Es gibt nur eine einzige Chance«, sagte Stone. »Die Giftdosen sind niedrig. Sie sind für ein zehn Kilogramm schweres Tier berechnet, etwa einen größeren Affen. Sie wiegen siebzig Kilogramm. Sie vertragen eine ziemlich hohe Dosis, ehe Sie . . .«

»Ehe ich zu atmen aufhöre«, sagte Hall. Curare-Opfer ersticken, weil die Brustmuskulatur und das Zwerchfell gelähmt werden. Hall konnte sich vorstellen, daß es sich dabei um eine unangenehme Todesart handelte.

»Halten Sie mir die Daumen«, sagte er.

»Noch zwei Minuten und dreißig Sekunden bis zur atomaren Selbstvernichtung«, sagte Gladys Stevens.

Hall zerschlug mit der Faust die Glasscheibe der Schleuse. Das Glas löste sich in Staub auf. Er kroch in den Mittelschacht.

Alles war still. Hall hatte die Sirenen und Blinklichter des Stockwerks hinter sich gelassen und befand sich in einem kalten, hallenden Metallschacht, der etwa zehn Meter Durchmesser hatte und nüchtern grau gestrichen war. Vor Hall lag der Kern selbst, ein zylindrisches Rohr mit Kabeln und Maschinen. An der Wand sah er eingelassene Klettersprossen, die zum Stockwerk IV hinaufführten.

»Ich habe Sie auf dem Monitor«, hörte er Stone sagen. »Steigen Sie die Leiter hinauf. Jeden Augenblick muß das Gas kommen.«

Eine andere Tonbandstimme schaltete sich ein. »Der Mittelschacht ist verseucht!« verkündete die Stimme. »Das Bedienungspersonal hat diesen Bereich sofort zu verlassen.«

»Los!« schrie Stone.

Hall kletterte. Nachdem er ein Stück an der kreisrunden Wand hinaufgestiegen war, sah er sich um. Weiße Gaswolken verhüllten den Boden.

»Es ist das Gas«, erklärte Stone. »Weiter!«

Hall kletterte rasch die eisernen Sprossen hinauf. Er atmete schwer, vor Anstrengung und vor Erregung.

»Die Detektoren haben Sie jetzt ausgemacht«, sagte Stone mit dumpfer Stimme.

Stone saß im Hauptkontrollraum vor dem Schaltpult des Computers und betrachtete auf dem Schirm Hall, wie er im Innenschacht emporkletterte. Er kam Stone klein, schwach und ungeschützt vor. Stone sah hinüber auf einen anderen Schirm, der die beweglichen Ligamin-Schleudern an den Wänden zeigte. Die winzigen Mündungen nahmen Hall aufs Korn.

»Los! Schneller!«

Auf dem Schirm hob sich Halls Gestalt rot vor einem lebhaft grün gefärbten Hintergrund ab. Vor Stones Augen erschien ein Fadenkreuz, das sich auf Halls Nacken einstellte. Der Computer war so programmiert, daß er auf eine stark durchblutete Stelle zielte. Bei den meisten Lebewesen ist das nicht der Rücken, sondern der Hals.

Hall kletterte die Wand hinauf. Er spürte nur seine Müdigkeit; der Weg war furchtbar weit. Seltsamerweise war er so erschöpft, als wäre er schon stundenlang geklettert. Dann wurde ihm klar, daß bei ihm das Gas bereits zu wirken begann.

»Die Detektoren haben Sie im Fadenkreuz«, rief Stone. »Aber es sind nur noch zehn Meter.«

Hall sah sich um. Er entdeckte einen der Detektoren, der genau auf ihn gerichtet war. In diesem Augenblick wurde abgefeuert. Aus der Mündung kräuselte sich bläulicher Rauch. Hall hörte ein hohes Pfeifen, dann prallte dicht neben ihm etwas gegen die Wand und fiel zu Boden.

»Diesmal daneben. Weiter!«

Ein zweiter Pfeil schlug dicht neben Halls Nacken gegen die

Wand. Hall gab sich Mühe, schneller zu klettern. Über sich sah er die Tür mit der deutlich lesbaren Aufschrift STOCKWERK IV. Stone hatte recht. Es waren nicht einmal mehr zehn Meter.

Ein dritter, ein vierter Pfeil flogen auf ihn zu. Er war immer noch unverletzt. Einen Augenblick lang ärgerte er sich sogar darüber: Die verdammten Computer sind keinen Schuß Pulver wert; nicht einmal ein so großes Ziel treffen sie ... Der nächste Pfeil traf ihn an der Schulter. Ein stechender Schmerz durchzuckte Hall, als die Spitze ins Fleisch eindrang, dann folgte eine zweite Welle brennender Schmerzen, als die giftige Flüssigkeit injiziert wurde. Stone beobachtete alles auf dem Monitor. Der Schirm stellte trocken fest: TREFFER. Dann zeigte er noch einmal, wie der Pfeil durch die Luft flog und Halls Schulter traf. Er wiederholte die Aufzeichnung dreimal.

Die Stimme sagte: »Noch zwei Minuten bis zur Selbstvernichtung.«

»Es ist nur eine geringe Dosis«, sagte Stone zu Hall. »Weiter, weiter!«

Hall kletterte verzweifelt weiter. Schwerfällig wie ein Mann von zweihundert Kilogramm bewegte er sich, aber er ließ nicht locker. Gerade als er die Tür erreichte, schlug ein Pfeil dicht neben seinem Backenknochen an die Wand.

»Ekelhaft.«

»Los! Weiter!«

Die Tür war mit Dichtung und Griff versehen. Hall zerrte daran. Ein weiterer Pfeil traf die Wand.

»Gut so! Weiter, Sie schaffen es schon!« rief Stone.

»Noch neunzig Sekunden bis zur Selbstvernichtung«, verkündete die Lautsprecherstimme.

Der Türgriff gab nach. Zischend öffnete sich die Tür. Er zog sich gerade in die Schleusenkammer hinein, als ein Pfeil ihn am Bein traf. Eine glühend heiße Schmerzwelle durchzuckte ihn. Ganz plötzlich war er um tausend Pfund schwerer geworden. Er bewegte sich im Zeitlupentempo, als er sich umdrehte und die Tür hinter sich zuzog.

»Sie sind jetzt in der Luftschleuse«, sagte Stone. »Öffnen Sie die nächste Tür.«

Hall schob sich auf die innere Tür zu. Sie war Meilen entfernt. Aussichtslos, diesen unendlichen Weg zu schaffen. Seine Füße steckten in Bleiblöcken, seine Beine waren wie aus Granit. Hall war so müde, und die Augen wollten ihm zufallen. Er tat einen Schritt, noch einen und noch einen.

»Noch sechzig Sekunden bis zur Selbstvernichtung.«

Die Zeit verging so schnell. Er begriff das gar nicht. Alles ging so schnell, nur er selbst war unendlich langsam.

Der Türgriff. Er packte ihn wie im Traum. Dann drückte er ihn nieder.

»Sie müssen gegen die Wirkung des Ligamins ankämpfen!« hörte er Stone rufen. »Sie können es!«

Was dann folgte, verschwamm in seiner Erinnerung. Die Türklinke bewegte sich, die Tür ging auf. Undeutlich sah er ein Mädchen, eine Assistentin, im Flur stehen, als er hineinstolperte. Sie sah ihn aus entsetzt aufgerissenen Augen an und tat einen einzigen, unbeholfenen Schritt vorwärts.

»Helfen Sie mir!« bat er.

Sie zögerte. Dann wurden ihre Augen noch größer. Sie machte kehrt und rannte vor ihm davon.

Er sah ihr benommen nach, dann fiel er zu Boden.

Der Schalter des Steuergeräts für die Atombombe war fast in Reichweite, ein metallisch glänzendes Kästchen an der Wand.

»Noch fünfundvierzig Sekunden bis zur Selbstvernichtung«, sagte die Stimme. Und dann packte ihn plötzlich die Wut – weil die Stimme weiblich war und verführerisch klang, weil sie auf Band aufgenommen war, weil jemand das alles so geplant und den Text für eine Reihe erbarmungsloser Ankündigungen geschrieben hatte wie ein Drehbuch, nach dem sich nun die Computer richteten, zusammen mit all den glänzenden, perfekten Maschinen im Labor. Ihm war, als hätte jemand sein Schicksal von Anfang an geplant.

Da wurde er wütend.

Später konnte Hall sich nicht mehr daran erinnern, wie er es fertiggebracht hatte, das letzte Stück kriechend zurückzulegen. Er wußte auch nicht mehr, wie er sich auf den Knien aufgerichtet und die Hand mit dem Schlüssel gehoben hatte. Wohl aber erinnerte er sich, wie er den Schlüssel umdrehte und sah, daß das grüne Licht wieder anging.

»Entwarnung – die Selbstvernichtung ist widerrufen«, verkündete eine ruhige Stimme, als handle es sich um einen ganz normalen Vorgang.

Schwer und erschöpft fiel Hall zu Boden. Ringsum wurde alles dunkel.

30 Der letzte Tag

Wie aus weiter Ferne sagte eine Stimme: »Er kämpft dagegen an.«

»So?«

»Ja – sehen Sie!«

Einen Augenblick später wurde Hall etwas aus dem Hals gezogen. Er mußte husten und nach Luft schnappen. Dann öffnete er
die Augen.

Ein besorgtes weibliches Gesicht beugte sich über ihn. »Alles in
Ordnung? Es läßt rasch nach.«

Hall versuchte zu antworten, aber es ging nicht. Er lag ganz ruhig
auf dem Rücken und spürte die eigenen Atemzüge. Zuerst war
alles noch ein wenig steif, aber dann fiel ihm das Atmen wieder
leichter. Sein Brustkorb hob und senkte sich, ohne daß er sich
besonders anstrengen mußte.

Er wandte den Kopf und fragte: »Wie lange?«

»Etwa vierzig Sekunden«, antwortete das Mädchen. »Das ist
jedenfalls unsere Schätzung. Vierzig Sekunden ohne Atmung.
Als wir Sie fanden, waren Sie ein wenig blau angelaufen, aber
wir haben sofort eine Intubation gemacht und Sie an das Atem-
gerät angeschlossen.«

»Wann war das?«

»Vor zwölf bis fünfzehn Minuten. Ligamin wirkt nicht lange,
aber wir haben uns trotzdem Sorgen um Sie gemacht ... Wie
fühlen Sie sich jetzt?«

»Okay.«

Hall sah sich in dem Raum um. Er lag im Lazarett des Stockwerks
IV. Auf dem Fernsehschirm an der gegenüberliegenden Wand
erschien Stones Gesicht.

»Hello!« sagte Hall.

Stone grinste. »Herzlichen Glückwunsch.«

»Ich nehme an, die Bombe ist nicht hochgegangen?«

»Nein, sie ist nicht hochgegangen.«

»Das ist gut«, sagte Hall und schloß die Augen. Er schlief über
eine Stunde. Als er wieder wach wurde, war der Bildschirm leer.
Eine Krankenschwester sagte ihm, Dr. Stone spreche gerade mit
Vandenberg.

»Was ist nun los?«

»Nach den Vorausberechnungen befinden sich die Organismen jetzt über Los Angeles.«

»Und?«

Die Krankenschwester zuckte die Achseln. »Nichts. Sie scheinen völlig wirkungslos geworden zu sein.«

Wesentlich später sagte Stone: »Vollkommen wirkungslos. Der Organismus hat sich anscheinend durch Mutation in eine gutartige Form verwandelt. Wir warten immer noch auf Berichte über ungewöhnliche Todesfälle oder Erkrankungen, aber nun sind schon sechs Stunden vergangen, und es wird mit jeder weiteren Minute weniger wahrscheinlich. Wir rechnen damit, daß die Andromeda-Organismen zuletzt wieder in den Raum abwandern, weil sie hier zu viel Sauerstoff vorfinden. Aber wenn natürlich die Atombombe im Wildfire-Labor hochgegangen wäre . . .«

Hall fragte: »Wieviel Zeit war denn noch übrig?«

»Als Sie den Schlüssel umgedreht haben? Etwa vierunddreißig Sekunden.«

Hall lächelte. »Also jede Menge Zeit. Kaum ein Grund zur Aufregung.«

»Vielleicht von Ihrem Standpunkt aus«, sagte Stone. »Aber für uns unten im Stockwerk v war es doch recht aufregend. Etwas habe ich Ihnen nämlich nicht gesagt: Um die Wirkung der unterirdischen Explosion noch zu steigern, wird das Stockwerk v dreißig Sekunden vor der Zündung vollkommen luftleer gepumpt.«

»Oh!« sagte Hall nur.

»Aber jetzt ist alles in Ordnung«, fuhr Stone fort. »Wir haben den Organismus und können ihn weiter studieren. Wir haben bereits begonnen, eine Reihe von Mutationsformen zu bestimmen. Es ist höchst erstaunlich, wie vielseitig dieser Organismus ist.« Er lächelte. »Ich denke, wir können als ziemlich sicher annehmen, daß die Organismen jetzt in die oberen Luftschichten aufsteigen werden, ohne uns hier unten weiteren Ärger zu bereiten. Also wären die Probleme vorerst gelöst. Und was uns hier im Labor betrifft, so wissen wir inzwischen genau, wie die Mutationen ablaufen. Das ist außerordentlich wichtig. Daß wir genau Bescheid wissen.«

»Ja – Bescheid wissen«, wiederholte Hall.

»Richtig«, bestätigte Stone. »Man muß immer Bescheid wissen.«

Offiziell wurde der Verlust von ANDROS V – dem bemannten Raumfahrzeug, das beim Wiedereintritt in die Erdatmosphäre verglühte – auf einen technischen Fehler zurückgeführt. Es wurde bekanntgegeben, der Hitzeschild aus Wolfram- und Plastiklamellen sei unter der übermäßigen Wärmeentwicklung durch die Reibung in der Atmosphäre verglüht; die NASA ordnete eine Untersuchung der Fabrikationsmethoden für diesen Hitzeschild an.

Im Kongreß und in der Presse wurden lautstark Forderungen nach besseren Sicherheitsvorkehrungen bei der Raumfahrt erhoben. Unter dem Druck von Regierung und Presse beschloß die NASA, weitere bemannte Raumflüge auf unbestimmte Zeit zu verschieben. Dieser Beschluß wurde von Jack Marriott, der »Stimme von Andros«, auf einer Pressekonferenz in der Zentrale für bemannte Raumflüge in Houston bekanntgegeben. Hier ein Ausschnitt vom Wortlaut der Pressekonferenz:

Frage: Jack, wann tritt diese Vertagung in Kraft?

Antwort: Sofort in diesem Augenblick, wo ich hier zu Ihnen spreche, machen wir den Laden bereits dicht.

F.: Und was glauben Sie, wie lange diese Anordnung gelten wird?

A.: Ich fürchte, das läßt sich nicht beantworten.

F.: Kann es sich auch um Monate handeln?

A.: Kann sein.

F.: Jack, könnte es bis zu einem Jahr dauern?

A.: Das kann ich wirklich nicht sagen. Wir müssen erst die Ergebnisse der Untersuchungskommission abwarten.

F.: Hat dieser Aufschub irgend etwas mit dem Beschluß der Russen zu tun, ihr Raumfahrtprogramm nach dem Absturz von ZOND 19 einzuschränken?

A.: Diese Fragen müssen Sie schon den Russen selbst stellen.

F.: Wie ich sehe, steht Jeremy Stone auf der Liste der Mitglieder der Untersuchungskommission. Wie kommen Sie dazu, ausgerechnet einen Bakteriologen in diese Kommission zu berufen?

A.: Professor Stone hat in letzter Zeit in verschiedenen Beratungsgremien mitgewirkt. Wir schätzen seinen Sachverstand, der sich auf einen sehr breiten Bereich erstreckt.

F.: Wie wird sich diese Verzögerung auf den geplanten Termin für die Landung auf dem Mars auswirken?

A.: Es gibt zweifellos einen Rückschlag in unserer Zeitplanung.

F.: Jack – wie groß wird die Verzögerung sein?

A.: Um ganz ehrlich zu sein: Das möchten wir alle, wie wir hier sitzen, gern selbst wissen. In dem Mißgeschick von ANDROS V sehen wir einen technischen Fehler, ein Versagen in einem der Systeme, und nicht so sehr menschliches Versagen. Die Forscher beschäftigen sich zur Zeit mit diesem Problem. Wir können nichts tun, als das Ergebnis ihrer Ermittlungen abwarten. Damit ist uns die Entscheidung aus der Hand genommen.

F.: Jack, würden Sie das bitte wiederholen?

A.: Die Entscheidung ist uns aus der Hand genommen.

Bibliographie

I. *Zur Thematik des Buches:*

1. Ackner, J.: *Knaurs Lexikon der Naturwissenschaften,* Droemer Knaur, München und Zürich 1969
2. Bogen, H. J.: *Knaurs Buch der modernen Biologie* (Exakte Geheimnisse). Droemer Knaur, München und Zürich 1967. Neuauflage 1969
3. Fuchs, W. R.: *Knaurs Buch der modernen Physik* (Exakte Geheimnisse). Droemer Knaur, München und Zürich 1965, Neuauflage 1969
4. Fuchs, W. R.: *Knaurs Buch der Denkmaschinen – Informationstheorie und Kybernetik* (Exakte Geheimnisse). Droemer Knaur, München und Zürich 1968. Neuauflage 1969
5. Leach, G.: *Unsere Welt morgen.* Droemer Knauer, München und Zürich 1964
6. Lovell, Sir B., und T. Margerison (Herausg.): *Die Welt, in der wir leben werden – Die Forschung unserer Zeit. Band I: Weltall, Strahlen und Materie* (Knaurs Große Kulturen in Farben). Droemer Knaur, München 1968
7. Young, J. Z., und T. Margerison (Herausg.): *Die Welt, in der wir leben werden – Die Forschung unserer Zeit. Band II: Vom Molekül zum Menschen* (Knaurs Große Kulturen in Farben). Droemer Knaur, München 1969

II. *Dokumente, Bücher und Aufsätze nichtvertraulicher und nichtgeheimer Art, die den Hintergrund für dieses Buch abgegeben haben:*

Erster Tag

1. Merrick, J. J.: *Frequencies of Biologic Contact According to Speciation Probabilities.* Proceedings of the Cold Springs Harbor Symposia 10:443–57
2. Toller, G. G.: *Essence and Evolution.* New Haven: Yale Univ. Press, 1953
3. Stone, J., et al.: *Multiplicative Counts in Solid Plating.* J. Biol. Res. 17:323-7
4. Stone, J., et al.: *Liquid-Pure Suspension and Monolayer Media: A Review.* Proc. Soc. Biol. Phys. 9:101-14
5. Stone, J., et al.: *Linear Viral Transformation Mechanisms.* Science 107:2201–4
6. Stone, J.: *Sterilization of Spacecraft.* Science 112:1198–2001
7. Morley, A., et al.: *Preliminary Criteria for a Lunar Receiving Laboratory.* NASA Field Reports, Nr. 7703A, 123pp.

8. Worthington, A., et al.: *The Axenic Environment and Life Support Systems Delivery.* Jet Prop. Lab. Tech. Mem. 9:404;11

9. Ziegler, V. A., et al.: *Near Space Life: A Predictive Model for Retrieval Densities.* Astronaut. Aeronaut. Rev. 19:449-507

10. *Aussage von Jeremy Stone vor den Senats-Unterausschüssen für die Streitkräfte und für Raumfahrt und Verteidigungsbereitschaft (Anhang)*

11. Manchek, A.: *Audiometric Screening by Digital Computer.* Ann. Tech. 7:1033-9

12. Wilson, L. O., et al.: *Unicentric Direktional Routing. J. Space Comm.* 43:34-41

13. *Project Procedures Manual: Scoop.* U.S. Gov't Printing Office, publication Nr. PJS-4431

14. Comroe, L.: *Critical Resonant Frequencies in Higher Vertebrate Animals.* Rev. Biol. Chem. 109:43-59

15. Pockran, A.: *Culture, Crisis and Change.* Chicago: Univ. of Chicago Press, 1964

16. Manchek, A.: *Module Design for High-Impact Landing Ratios.* NASA Field Reports Nr. 3-3476

17. Lexwell, J. F., et al.: *Survey Techniques by Multiple Spectrology.* USAF Technical Pubs. Nr. 55A-789

18. Jaggers, N. A., et al.: *The Direct Interpretation of Infrared Intelligence Data.* Tech. Rev. Soc. 88:111-19

19. Vanderlink, R. E.: *Binominate Analysis of Personality Characteristics: A Predictive Model.* Pubs NIMH 3:199

20. Vanderlink, R. E.: *Multicentric Problems in Personnel Prediction.* Proc. Symp. NIMH 13:404-512

21. Sanderson, L. L.: *Continuous Screen Efficiency in Personnel Review.* Pubs. NIMH 5:98

Zweiter Tag

1. Metterlinck, J.: *Capacities of a Closed Cable-Link Communications System with Limited Entry Points.* J. Space Comm. 14:777-801

2. Leavitt, P.: *Metabolic Changes in Ascaris with Environmental Stress.* J. Microbiol. Parasitol. 97:501-44

3. Herrick, L. A.: *Induction of Petit-Mal Epilepsy with Flashing Lights.* Ann. Neurol. 8:402-19

4. Burton, C., et al.: *Endotoxic properties of Staphylococcus aureus.* NEJM 14:11-39

5. Kenniston, N. N., et al.: *Geographics by Computer: A Critical Review.* J. Geog. Geol. 98:1-34

6. Blakley, A. K.: *Computerbase Output Mapping as a Predictive Technique.* Ann. Comp. Tech. 18:8-40

7. Vorhees, H. G.: *The Time Course of Enzymatic Blocking Agents.* J. Phys. Chem. 66:303-18

8. Garrod, D. O.: *Effects of Chlorazine on Aviary Metabolism: A Rate-Dependent Decoupler*. Rev. Biol. Sci. 9:13–39

9. Bagdell, R. L.: *Prevailing Winds in the Southwest United States*. Gov. Weather Rev. 81:291–9

10. Jaegers, A. A.: *Suicide and Its Consequences*. Ann Arbor: Michigan Univ. Press, 1967

11. Revell, T. W.: *Optical Scanning in Machine-Score Programs*. Comp. Tech. 12:34–51

12. Kendrew, P. W.: *Voice Analysis by Phonemic Inversion*. Ann. Biol. Comp. Tech. 19:35–61

13. Ulrich, V., et al.: *The Success of Battery Vaccinations in Previously Immunized Healthy Subjects*. Medicine 180:901–6

14. Rodney, K. G.: *Electronic Body Analyzers with Multifocal Input*. NASA Field Reports NR. 2–223–1150

15. Stone, J., et al.: *Gradient Decontamination Procedures to Life Tolerances*. Bull. Soc. Biol. Microbiol. 16:84–90

16. Howard, E. A.: *Realtime Functions in Autoclock Transcription*. NASA Field Reports NR. 4–564–0002

17. Edmundsen, T. E.: *Long Wave asepsis Gradients*. Proc. Biol. Soc. 13:343–51

Dritter Tag

1. Karp, J.: *Sporulation and Calcium Dipocolonate Concentrations in Cell Walls*. Microbiol. 55:180

2. *Weekly Reports of the United States Air Force Satellite Tracking Stations*. NASA Res. Pubs, –

3. Wilson, G. E.: *Glove-box Asepsis and Axenic Environments*. J. Biol. Res. 34:88–96

4. Yancey, K. L., et al.: *Serum Electrophoresis of Plasma Globulins in Man and the Great Apes*. Nature 89:1101–9

5. Garrison, H. W.: *Laboratory Analysis by Computer: A Maximin Program*. Med. Adv. 17:9–41

6. Urey, W. W.: *Image Intensification from Remote Modules*. Jet Propulsion Lab Tech. Mem. 33:376–86

7. Isaacs, I. V.: *Physics of Non-Elastic Interactions*. Phys. Rev. 80:97–104

8. Quincy, E. W.: *Virulence as a Function of Gradient Adaptation to Host*. J. Microbiol. 99:109–17

9. Danvers, R. C.: *Clotting Mechanisms in Disease States*. Ann. Int. Med. 90:404–81

10. Henderson, J. W., et al.: *Salicylism and Metabolic Acidosis*. Med. Adv. 23:77–91

Vierter Tag

1. Livingston, J. A.: *Automated Analysis of Amino Acid Substrates.* J. Microbiol. 100:44–57

2. Laandgard, Q.: *X-Ray Crystallography.* New York: Columbia Univ. Press, 1960

3. Polton, S., et al.: *Electron Waveforms and Microscopic Resolution Ratios.* Ann. Anatomy 5:90–118

4. Twombley, E. R., et al.: *Tissue Thromboplastin in Timed Release from Graded Intimal Destruction.* Path. Res. 19:1–53

5. Ingersoll, H. G.: *Basal Metabolism and Thyroid Indices in Bird Metabolic Stress Contexts.* J. Zool, 50:223–304

6. Young. T. C., et al.: *Diabetic Ketoacidosis Induced by Timed Insulin Withdrawal.* Rev. Med. Proc. 96:87–96

7. Ramsden, C. C.: *Speculations on a Universal Antibiotic.* Nature 112:44–8

8. Yandell, K. M.: *Ligamine Metabolism in Normal Subjects.* JAJA 44:109–10

Fünfter Tag

1. Hepley, W. E., et al.: *Studies in Mutagenic Transformation of Bacteria from Non-virulent to Virulent Forms.* J. Biol. Chem. 78:90–9

2. Drayson, V. L.: *Does Man Have a Future?* Tech. Rev. 119:1–13